中国社会科学院历史研究所文化史研究室 主办

刘中玉 主编

形象史學

2017
下半年

（总第十辑）

社会科学文献出版社
SOCIAL SCIENCES ACADEMIC PRESS (CHINA)

《形象史学》编委会（以姓氏笔画为序）

主　任：孙　晓（中国社会科学院历史研究所）
副主任：黄瑞国（莆田学院）
编　委：
　　　　卜宪群（中国社会科学院历史研究所）
　　　　马　怡（中国社会科学院历史研究所）
　　　　王月清（南京大学）
　　　　王震中（中国社会科学院历史研究所）
　　　　池田知久（日本东方学会）
　　　　李　零（北京大学）
　　　　李　旻（美国洛杉矶加州大学）
　　　　扬之水（中国社会科学院文学研究所）
　　　　沙武田（陕西师范大学）
　　　　张先堂（敦煌研究院）
　　　　陈支平（厦门大学）
　　　　尚永琪（吉林省社会科学院）
　　　　杨爱国（山东省石刻艺术博物馆）
　　　　罗世平（中央美术学院）
　　　　郑　岩（中央美术学院）
　　　　柴剑虹（中华书局）
　　　　耿慧玲（台湾朝阳科技大学）
　　　　黄厚明（浙江大学）
　　　　韩丛耀（南京大学）

主　编：刘中玉
编辑部成员：
　　　　王　艺　刘中玉　刘明杉　纪雪娟　安子毓　杜艳茹　杨宝玉　徐林平　翟金明
本辑执行编辑：纪雪娟　安子毓

形象
字学

四 考古与文献

博古图画的再考察 ……………………………………………………… 张 翀 124

越南会安关圣帝庙——澄汉宫碑铭初探 ……………………………… 叶少飞 135

历史时期河西野生动物及环境变迁 ……………………………………… 闫廷亮 150

从周之都——隋唐洛阳城"天下之中"空间设计的创制与播迁 …… 于志飞 王紫微 159

新材料与北宋韩琦家族的历史"拼接" …………………………………… 仝相卿 173

高丽时代接受《史记》《汉书》的表现及其影响 ……………………… 翟金明 左全琴 191

五 妈祖文化与海洋史研究

试论高校传承和弘扬妈祖文化的意义——以莆田学院的实践为例 …… 宋建晓 208

清代海路针经中"印礁"之神明因素探析——以"妈祖印（礁）"为主 …… 叶文艳 216

目 录

一 名家笔谈

敦煌石窟与形象史学 …… 沙武田 …… 008

二 理论探讨

早期艺术研究中考古资料的解读问题 …… 韩鼎 …… 020

三 器物与图像

汉晋六朝瑞应图录中的白色祥瑞 …… 曾磊 …… 030

从青铜酒器管窥西汉时期的社会生活 …… 王元 …… 063

对"释迦乘羊问学图"的探讨 …… 尚永琪 …… 077

林下与南朝竹林七贤砖画为何无竹 …… 王汉 …… 088

南京栖霞寺舍利塔佛传图的内容暨所涉南唐建筑规制诸问题 …… 邵磊 …… 099

一

名家笔谈

敦煌石窟与形象史学

■ 沙武田（陕西师范大学丝绸之路历史文化研究中心）

面对被誉为"世界艺术长廊"的敦煌石窟群和百年来敦煌学界丰富的学术成果，来谈对"形象史学"的思考，表面上看不缺少资料的支撑，但恰恰是研究内容过于丰富，使得对此问题的梳理有较大的困难，有千头万绪的感觉，似乎敦煌洞窟中任何一幅壁画拿来都是形象史学盛宴中的一道色、香、味、俱全的美味。而相似甚至可以说完全相同的研究理路、思想与方法被学术界广泛运用，也使得今天多少有些历史回头看式的方法论总结显得有些苍白。但为了推动学术研究，理论与方法的凝练总是有必要的。

"形象史学"作为新兴的历史学研究方法论和全新的历史观察视角[1]，其最基本的前提是作为研究对象即人类历史进程中"形象"资料的客观存在及其丰富性。人类历史是过去式，发生即历史，历史时期的人和我们今天一样要生产生活，有衣食住行，有你来我往，有政治、经济、艺术、文化、宗教……人类的任何行为都是历史"影像"。我们今天可以用高科技留住日常生活中的任何细微的画面，古代人们的历史画面则是通过各类文字文献、考古遗存、各种形式的图像等载体片段式记载下来。文字文献即典籍史料，是传统史学的核心材料。形象史学的任务，即是通过对这些碎片式的考古遗存、不完整的图像做分析研究，阐释相关的历史问题，以求尽可能复原历史的真实。而在形象史学面对的庞杂考古遗存、各类图像资料中，敦煌石窟最具代表性，其既具备历史考古遗存的特征，又有大量的图像资料，可以说是形象史学研究的富矿。

敦煌石窟是对中古时期1000余年时间历代敦煌人宗教信仰活动的图像记载，从

---

[1] 有关形象史学的讨论，参见张弓《从历史图像学到形象史学》，载中国社会科学院历史研究所文化史研究室编《形象史学研究2013》，人民出版社，2014，第3～9页；刘中玉《形象史学：文化史研究的新方向》，《河北学刊》2014年第1期，第19～22页；郑岩《从图像、史境到形象史学》，《中国社会科学报》2014年9月12日，第A06版。

十六国北朝（北魏、西魏、北周）以来，历经隋、唐（初唐、盛唐、吐蕃时期、晚唐归义军时期）、五代宋（曹氏归义军时期）、沙州回鹘、西夏、元、明、清、民国，没有中断，因此至少可以说是一部完整的敦煌区域"形象的历史"[1]，是敦煌区域历史的形象记忆，其具体的存在形式即是洞窟、彩塑、壁画、纸画、绢画、麻布画、木雕、模印等，这些都是形象史学面对的课题。

综观人类历史文化遗存，没有第二个像敦煌一样，在1000多年的时间里没有间断地经营作为地方信仰的宗教中心，不同时期营建新的洞窟的同时，又积极地维修、管理旧的前期历史时期的洞窟，使得一个地方宗教信仰的历史脉络绵延有序，而且这种延续最终是通过形象历史的形式呈现的，有极强的"可视性"，是"看得见的历史"，与字里行间的历史相辅相成，但呈现方式有本质的区别；其中呈现的历史画面感也有天壤之别，一个是直接的和具象的，一个是间接的和抽象的。因此，今天我们在敦煌看到的每一所洞窟即是不同历史时期的一段历史镜像，任何一幅壁画即是不同历史时期的历史画面和历史记忆，无疑都是形象史学最青睐的对象。

对于敦煌石窟而言，今天的任何研究，或从洞窟整体出发，或从一幅壁画出发；或针对一类图像讨论，或抓住一个画面做分析；或集中于同一时代的洞窟壁画，或观察不同时期的图像；或着眼于壁画艺术风格，或着眼于壁画的内容；或研究整体画面的题材来源，或研究画面中人物情景组合的历史叙事；或关注画面中较大的场景，或关注画面中细小的单元；或出于宗教信仰的需求，或本着学术研究的精神；或以最传统的手段阅读，或以最现代的技术提取；或仅仅是一般的参观，或完全出于学术的钻研……各取所需，命题不一样，问题取向完全不同。正所谓五花八门，不一而足。但有一点是不变的，即均须从洞窟、从壁画出发，均是对有形的、可视的、可见的历史的阐释和解读。

面对敦煌石窟，无论如何，任何个人的、集体的主观行为（以学术研究为主），有三点认识和意义始终是不变的。

第一，面对丰富的敦煌石窟历史文化遗产，只有通过研究、解读、欣赏、临摹、拍摄、参观、保护等人的客观行为，才能体现和实现其历史和现实双重的价值与意义。

第二，所有的研究、解读、欣赏、临摹、拍摄、参观、保护都是基于石窟及其中的壁画，是面对历史实物的主观行为。

第三，任何研究、解读、欣赏、临摹、

---

[1] 段文杰：《形象的历史——谈敦煌壁画的历史价值》，载兰州大学敦煌学研究组编《敦煌学辑刊》第1集，1980，第4～17页；复载《敦煌石窟艺术论集》，甘肃人民出版社，1988，第108～134页；又载《段文杰敦煌石窟艺术论文集》，甘肃人民出版社，1994，第108～134页；又载《敦煌石窟艺术研究》，甘肃人民出版社，2007，第269～293页。

拍摄、参观、保护的主观行为，都可以理解为"形象史学"范畴，即是把敦煌洞窟壁画作为一类珍贵的历史图像，甚至可以说是珍贵的"历史文献"，把其作为特定历史的图像留存，以图证史，以图说史，追寻图像背后的历史。

而要实现上述三点认识和意义，核心前提是把敦煌石窟作为"形象史学"宝贵资料的基本定位。这也符合敦煌洞窟资料的"画面性""可视性"基本特性。有了这样的定位和特性认识，再看敦煌石窟对形象史学的意义，可以概括为以下几个方面。

———

第一，敦煌石窟提升形象史学研究的必要性。

形象史学立足于丰富的考古形象资料和各类形式的有形资料，通过形象史学特有的研究理路与方法，即对图形的全面综合分析解读，对特定的历史问题做出全新的观察，对传统的历史学、文献学研究所无法触及的命题往往有意想不到的收获。如被学术界讨论了几十年的长沙马王堆帛画，一幅墓葬帛画可以为一个传统的史学命题即墓葬生死观提供广阔的讨论空间[1]。对唐长安大明宫考古遗址的揭示，结合丰富的唐代文献资料，基本可以复原当时权力中心的特有建筑格局与功能[2]。像大量的考古墓葬、遗址形象资料所揭示出来的往往也仅仅是一个专题式的历史命题，而敦煌石窟则完全不一样，敦煌壁画被认为是中古社会的"形象历史"，包罗万象，其中不仅仅是不同历史时期的艺术呈现，更重要的是壁画中百科全书式的历史画面，有历史时期人们现实社会生活衣食住行的镜像，有丰富的不同阶层人们生产生活的形象史料，是包罗万象式的"形象史学"[3]。因此，有至为丰富形象史料的敦煌石窟，是形象史学研究的前沿阵地，有排头兵地位和意义，敦煌的洞窟与壁画所具有的考古一手资料特性，画面的历史真实性和形象性，画面记载强调日常生活细节的特性，都可以为形象史学研究的必要性和意义做完美的注解。

第二，敦煌石窟对形象史学的特殊意义。

历史学的任务是解释人类漫长历史中的基本现象和规律，其基本的精神是追求历史的客观与真实。有文字记载的人类历史是非常有限的，时间越久远，历史越模

---

1 〔美〕巫鸿：《礼仪中的美术——马王堆再思》，载《礼仪中的美术——巫鸿中国古代美术史文编》，郑岩等译，生活·读书·新知三联书店，2005，第101~122页。

2 杜文玉：《唐大明宫研究》，中国社会科学出版社，2015。

3 参见敦煌研究院主编、香港商务印书馆出版的26卷本《敦煌石窟全集》，其中包括建筑、服饰、交通、民俗、科学技术、音乐、舞蹈、洞窟、飞天、图案及各类经变画画卷。

糊。即使是有文字记载的历史,"历史书写"[1]所可能暗含的各种各样的问题,如正史中的人物传记、当权者的态度、作者的好恶、当下的社会价值取向,等等,都可能影响对一个历史记载的取舍、评价、态度。但敦煌壁画总体上是为了解释佛经语言文字和义理思想,是绘画语言的需要,因此壁画中的人物、场景是借用来的历史画面,没有过多的规范和约束,只注重画面情节故事的表达,反而更显真实。另外,正史和大多的文字文献所记载的历史,往往是国家、政治、帝王将相的历史,总之是较为宏观的历史,至少是关注度较高的历史事件、场景和人物,而敦煌壁画在绘制之初是没有这些需求和价值取向的,只要能够说明佛经的说教,能够表达佛教思想,能够达到佛教供养功德目的,都可以入画。进入洞窟的功德主和供养人,包括家族男女老少(图1),没有过多的社会地位的限制,不存在性别的歧视。这样的形象史学,可以达到历史求真的基本要求,因此必然是形象史学最值得关注的对象。因此,从这个角度来讲,敦煌石窟可以大大提升形象史学研究的意义。

第三,敦煌石窟是形象史学最佳的资料库存。

可以毫不夸张地说,没有任何一处遗址能够留下像敦煌石窟一样丰富的形象史料,

图1 莫高窟初唐第375窟主室北半部(下层供养人一圈)

即使是规模庞大的云冈石窟、龙门石窟、大足石刻,因为其使用具有艺术画面表达制约性的雕刻技法,加上其时代较敦煌要更为集中,其各自的历史延续时间较敦煌有限,形象史料远不如敦煌丰富。至于数量庞大的历代墓葬考古形象资料,虽然其总数量让人惊叹,但是同时期、同区域的墓葬往往大同小异,加上历史的消磨和人为的破坏,其中多有残毁,保存往往是不理想的,要想恢复原貌并不容易;即使是经科学考古发掘者,也很少有能够原址保存下来的,因此仍无法见到其原本的面貌,其中的各类器物等陪葬品经考古提取,进入博物馆,原本的信息多半不见了,加上考古报告撰写基本上是以出土物分类方式分门别类地描述与介绍,打乱了相互之间在墓葬特定空间中原本的组合关系。这些行为和做法都使得对墓葬形象资料的信息提取大打折扣,使得墓葬形象史学的

---

1 "历史书写"成为当今史学研究的一个时髦的命题,学术界从不同视角对这一命题做过阐释。我们在这里强调的是文字书写中的主观和感情因素对历史事实的左右,从而造成不真实历史的客观存在。

研究总是不尽如人意。而敦煌的洞窟则完全不同,即使是最早的北凉三窟(图2),今天的面貌和1000多年前也差别不大,基本上是原汁原味的画面,建筑空间结构也不变。另像博物馆的藏品,虽然内容丰富,但多数仅有实物或图像本身,没有原本使用的场合等基本信息,何况大多数的藏品连来源地、时代、用途等基本信息也缺失了,研究起来谈何容易。要在博物馆内找到像敦煌洞窟壁画保留如此完整历史信息的资料,几乎不大可能。因此,整体而言,可以认为敦煌石窟是形象史学最佳的资料库存。

第四,敦煌石窟是对形象史学研究方法和手段多样化的注解。

近年来随着博物馆数字技术的发展,很多的藏品、展品都可以在相关的网站高清晰浏览,甚至有的还可以无偿下载和使用,"数字敦煌"项目也已实现30个洞窟网上任意角度自由浏览,是敦煌石窟研究革命性的事件。文化遗产的数字化和互联网技术结合,给形象史学研究提供更加广阔的空间,大大降低了图像获取难度,使得形象资料调查工作由之前实地现场的考察直接简化为随时随地的网络获取或浏览,研究工作手段更加便捷。同时,高清晰图像资料,也往往使之前用肉眼在现场无法看到或无法看清楚的内容或细节变得可见,诸如敦煌大窟的窟顶或四壁上部的

图2 莫高窟北凉第272窟主室空间

内容，在洞窟中很难看清楚，而通过数字图片则可以解决这些困难。另外，通过如多光谱拍摄技术的运用，不仅可以看到变色之前的内容（图3、图4），可以恢复由于时间久远而漫漶不清或掉色的文字，也可以把残损的内容做虚拟复原，甚至通过数字技术结合学术研究成果，可以虚拟复原现在完全不存在的洞窟彩塑群（图5、图6）。这些都是新时代背景下敦煌石窟研究新的研究方法与手段的运用，也是形象史学在新时代的美妙前景。

反过来，形象史学的运用，可拓展敦煌石窟研究的广度和深度，提升敦煌石窟的历史地位，也可以提炼敦煌石窟更深层次的价值和意义。具体可从以下几个方面做些补充说明。

图3 莫高窟第194窟多光谱拍摄释读出来的五代壁画供养人像

图4 莫高窟第194窟龛下壁画现状

图5 莫高窟第61窟中心佛坛现状

图6　台湾大学洪一平教授复原的第61窟坛上彩塑造像

二

第一，对敦煌石窟研究广度和深度的拓展。

百年来学术界对敦煌石窟的研究，从较宏观的层面上观察，主要是对考古学、历史学、美术学、宗教学、文献学诸多视角的运用，基本的研究思路和方法是把敦煌石窟相关的图像、画面置入特定的研究命题，这些研究必然是把敦煌图像资料作为历史整体证据链条中的一环。这种研究固然必要也重要，但是往往容易把敦煌石窟融入历史的汪洋大海之中，虽然能够体现其重要的历史价值，但是不能凸显其个性的光芒，对整体观察敦煌石窟在学术研究中的深度和广度仍然是不够的。若从形象史学的角度出发，立足于敦煌图像本身，即把敦煌石窟作为切入点，对敦煌石窟形象史料做针对式的研究，可能往往有意想不到的结果。如莫高窟第220窟"翟家窟"底层初唐的壁画，是20世纪40年代剥出来的"考古新发现"，其中主室北壁七佛药师经变中大型的乐舞场景（图7），是目前所知考古资料中最具艺术画面感的"胡旋舞"形象资料，为历史时期颇具胡风的一类舞蹈做出最好的图像注解。但这还远远不够，仔细观察画面，其中三处大型灯景设备，中间水池中立一大型方形木结构"灯楼"，两侧高大的金属质"灯轮"，让人不得不联系到有唐一代在两京地区常常出现于上元日大型集体活动时的各类灯具，其中有唐代诗人在诗歌中描述的长安城上元夜皇室大型灯会中的豪华灯具，著名的唐代宰相兼诗人张说在《十五日夜御前口号踏歌词二首》中是如此描述这一盛况的：

花萼楼前雨露新，长安城里太平人。
龙衔火树千重焰，鸡踏莲花万岁春。
帝宫三五戏春台，行雨流风莫妒来。

图7 莫高窟初唐第220窟药师经变乐舞

西域灯轮千影合，东华金阙万重开。

非常巧合的是，诗人笔下两种长安城里最豪华的灯具"西域灯轮"和"东华金阙"，正是莫高窟第220窟贞观十六年壁画中的场景，敦煌洞窟中的形象史料还原了1000多年前历史最精彩的"影像"[1]。本着这样的研究思路，挖掘敦煌石窟中更多的形象史料，必然会给敦煌石窟研究带来完全不一样的历史景观。

第二，提升敦煌石窟的历史地位。

今天的敦煌成为艺术的殿堂、文化的圣地，是丝绸之路上最耀眼的明珠。但以历史客观态度来讲，敦煌石窟在历史时期仅仅是敦煌当地人的宗教中心，是他们崇佛拜佛所在，也是敦煌人精神寄托地，是一处敦煌的公共文化中心。历史发展到今天，石窟曾经的宗教、信仰、礼仪功能逐渐消失了，代之以历史的、文化的、艺术的新时代意义，敦煌石窟成为今天阅读历史、观察历史、弘扬传统文化、理解古代艺术精神的"历史教科书"，但这部"史书"更偏重有形的、可视的形象历史。而对于今天的普通大众而言，在这个读图的时代，在这个网络信息时代，像敦煌保存下来的这些丰富的形象历史（画面），更容易被接受，更容易被消化，也更容易被传播。漫长历史时期人们的衣食住行作为定格的画面永久保存在洞窟壁画中，其呈现的正是形象的历史。这一点也应该是敦

---

[1] 沙武田：《一幅珍贵的唐长安夜间乐舞图——以莫高窟第220窟舞蹈图中灯为中心的解读》，《敦煌研究》2015年第5期，第34~44页；Sha Wutian, *An Image of Nighttime Music and Dance in Tang Chang'an:Notes on the Lighting Devices in the Medicine Buddha Transformation Tableau in Cave 220* (Mogao Dunhuang,Volume 14 , The Silk Road, 2016), pp.19-41。

煌独特的历史地位所在。而若从严肃的形象史学的研究视角而言，对敦煌石窟历史地位的诠释，可以举出太多的事例，除了模式化了的主尊佛、菩萨、弟子、天人众等图像外，敦煌洞窟中通过时人生活场景表达佛经经义的画面，均是真实历史的形象记忆。单就唐代而言，我们从历代画史资料记载可知，以长安、洛阳两京地区为例，那个时代的寺观壁画盛极一时，且均是名家名画，唐张彦远《历代名画记》虽然用了大量的笔墨记载了两京地区寺观至为珍贵的画作，但张彦远的笔触过于简略，他看重的是绘画作者身份交代，对他认为时人耳熟能详的各类绘画，总是一笔带过，仅提供名称，不交代任何画面细节，因此我们无法从他的文字记载中了解画面更多的信息，更为可惜的是，这些名家高手所作，到今天均成为历史灰尘，早已消失在历史的粉尘当中，要看到实物绝无可能。但是如果把关注的目光移到同时期的敦煌，长安、洛阳两京地区名家高手在寺观遗留下来的丹青妙笔，其粉本被时人传模移写，传到了敦煌，被敦煌人留在石窟当中，一直保存了下来，直到今天仍崭新如初，其代表即是莫高窟唐代洞窟中丰富多样的经变画，像第220、103窟"吴家样"风格的大幅净土变，像第217、103窟作为新的粉本画样的佛顶尊胜陀罗尼经变，其中的青绿山水画（图8），一定是唐长安最时尚的艺术粉本。至于那些一直被人们视为佛教神秘仪轨的正宗的唐密图像，在长安等地曾经吸引过无数人投身其中，但现在要在长安找到一幅这样正宗的图像都是困难的事情，不过长安城里以"开元三大士"为代表传来的秘密图像，今天可以在敦煌的部分洞窟中看到其原来的面貌（图9）。因此，可以说，有了敦煌，历史显得更加精彩，更加有画面感；也可以说，敦煌石窟被丰富的洞窟壁画赋予了其他任何历史遗存无法替代的地位和意义。

第三，提炼敦煌石窟更深层次的价值和意义。

以上的讨论，对敦煌石窟与形象史学关系的叙述，多停留在石窟中可见的历史常识，事实上敦煌石窟中还有更多特有的历史命题，即区域史、民族史、边地情怀、传统文化、人文关怀、丝路现象等更深层的内容可供挖掘，可以在敦煌石窟与形象史学关系命题中得到延展。面对敦煌石窟，即使是普通的观光客也会发问：为什么在敦煌这么一个小小的绿洲，能够留存下来如此历史延续完备、精美绝伦的石窟壁画艺术？难道仅仅是佛教信仰的力量？显然用单纯的佛教信仰来解释这一历史疑问是不会有完美的答案的。事实上处在两关边地的敦煌人把对传统文化的守护，对汉文明的钟情，对丝路文化交流融通所带来的文化多元性给他们生活带来的巨大影响力和其无穷的魅力，对绿洲文明特有的人文情怀，都通过石窟壁画的形式表达了出来，最后形成敦煌地方传统的"历史书写"，成为敦煌形象历史的文化脉络。前代诸期的洞窟与壁画，不仅仅是后代人们膜拜的神灵，更是他们缅怀历史，用来理解传统文化的时代"影像"。像吐蕃统治时期的敦煌人，作为"落蕃人""落蕃官"的唐代子

图8 莫高窟盛唐第217窟南壁佛顶尊胜经变序品山水画面 　图9 莫高窟晚唐第14窟如意轮观音经变 　图10 敦煌绢画SP57吐蕃赞普问疾

民,在吐蕃统治下为了表达特有的"家国情怀",把对唐王朝的怀念和记忆情怀均融入洞窟壁画[1]。而在吐蕃时期所融入的吐蕃特色的全新图像,像洞窟中的八大菩萨曼陀罗、吐蕃赞普问疾图(图10)等,则成为今天研究吐蕃形象历史最宝贵的资料。相类似的情形,也出现在回鹘和西夏时期的洞窟壁画中。

以上,对敦煌石窟与形象史学关系命题的梳理,仅是个人的一孔之见,难成系统。敦煌石窟是具体的历史存在,形象史学是抽象的方法论。作为国际"显学"的"敦煌学",在命名之初,即给传统的学术划分带来了挑战,"以地名学"是不符合科学意义上学科划分的规矩的,但是因为敦煌材料的复杂性、丰富性、多元性,很难用简单的学科划分把敦煌所包括的研究内容和研究对象囊括其中,不得已,学者们创造性地运用了"敦煌学"这样一个名称,看似不合学科规范,却得命题本身的灵魂所在。形象史学是大历史研究的分支,强调的是材料运用的图像性、可视性,有传统文献史料研究无法替代的作用,是历史学发展的必然路径。今天新时代数字技术、摄影技术、网络信息技术的巨大冲击,使得传统的典籍文献无以遁形,加上人们对这些技术的过度依赖和新时

---

1 沙武田:《传统保持　文化守护——敦煌吐蕃期洞窟"重构"现象原因再探》,载余欣主编《中古中国研究》第1卷,中西书局,2017,第233~276页。

代人们对有形历史的钟情,当然也包括视觉历史本身的形象性、说服力、感染力,给形象史学提供了巨大的研究空间。那么敦煌石窟以其特有的形象历史,结合形象史学对形象历史的独特关怀,必然给历史学研究带来无限生机。

二

理论探讨

早期艺术研究中考古资料的解读问题*

■ 韩 鼎（河南大学考古文博系）

　　考古资料是早期（本文指从新石器时代到西周时期）艺术研究的基础，无论是通过美术考古学、历史学、艺术史学的途径，还是从人类学、民族学的角度，研究目的都是要将考古资料还原到其所属的历史与社会环境中加以认识，以"透物见人"为目标，分析早期艺术中所蕴含的社会、思想、信仰等层面的内容。可以说，正确地解读考古资料是早期艺术研究中的最重要环节。

　　目前学界对早期艺术所涉及考古资料的解读往往莫衷一是，对同一件器物常有多种不同认识，个别器物，如人面鱼纹彩陶盆上的纹饰，甚至有多达二三十种理解[1]。造成这一局面的原因主要有以下三个方面。第一，艺术特征方面。早期艺术本身的多变性及超自然性，非写实的特点使之难以与现实事物相对应。第二，文献方面。缺乏同时代文献的注解和佐证，同时，在使用后世文献时又常出现种种纰漏[2]。第三，研究途径方面。不同学术背景的学者往往选择不同学科的理论方法进行诠释，而研究途径的差异对结论会产生重要影响。总之，由于上述原因，想对早期艺术品给出一个广泛认可的解释必然是极为困难的，同时也应看到，这些解释中不乏一些主观性较强的结论，究其原因很多是研究方法上的纰漏，如孤立看待考古资料、主观建立器物间联系、望"纹"生义、以偏概全等。因此，我们在研究过程中应尽力保证研究方法和研究过程的客观性，只有通过较为全面、客观的论证，才可能将答案引导向正确的方向。

---

* 本文系河南省哲学社会科学规划项目"殷墟礼器兽类纹饰研究"（2017CKG003）阶段性成果。

1 刘云辉：《仰韶文化"鱼纹""人面鱼纹"内含二十说述评——兼论"人面鱼纹"为巫师面具形象说》，《文博》1990年第4期，第64~75页。

2 韩鼎：《早期艺术研究中的文献使用问题》，中国社会科学院历史研究所文化史研究室编《形象史学研究》2016上半年，人民出版社，2016，第3~14页。

一 考古资料解读过程中的常见问题

（一）孤立看待资料 主观建立联系

部分学者对考古资料的认识基础仅建构于发掘报告（甚至是网络搜集）的纹饰图片，无视其所附带的考古学信息。这样其实无异于将纹饰抽离于器物载体、埋藏环境、所属文化、所在地域、所属族属等一系列相关背景，而将其变成研究者书桌上一幅孤立的"画"。

一旦将器物纹饰抽离出考古信息的"束缚"，解读手段就变得丰富起来。不同时代、不同地域、不同文化、不同民族的艺术品，凡是与所论纹饰有相近之处，就可被作为辅助理解的论据。又因古今中外的艺术品均能成为论据，这样的论证往往倒显得"论据充分"。如个别文化人类学者在解读早期艺术时，就常通过这样的"全球视野"寻找论据。当然，并不是说这样的论据没有意义，因为无论是"进化论"还是"传播论"，文化人类学的理论告诉我们不同区域的早期文明在许多文化事项上的确有相似之处。但严谨的学人也应明确，这样的论据虽然显得丰富，但其与所论对象间的关系往往难以落实，忽略时代、文化、地域、族属的差异，纵横几千年、跨越几万里，仅因纹饰相似就判断两者具有某种关联（或者彼此可以相互解释），这样的假设缺乏太多证据。由于两者间的联系是研究者自行构设的，所以结论往往具有一定主观性。

如有学者在探讨史前时代不同文明间的远距离交流时，便常以个别艺术品的相似性为支撑材料。如通过古希腊文明中的戈尔工面具与商周时期饕餮纹的部分相似特征，讨论两者间的相互借鉴，进而论证欧亚大陆间的早期交流问题；又如有学者通过美洲印第安文明中个别形象与汉代画像石中伏羲、女娲形象的几处共同特征，论证印第安人源自商人后裔的推测。这样的研究往往会得出令人震撼的结论，不少网站也乐于转载以增加关注，在一般群众中造成不小的影响，但事实却可能与这样的推论相去甚远。

从学术角度来看待这些研究，可发现其对考古资料的解读和使用模式是存在问题的。此类研究的论证过程一般是先将两个文明中的个别形象抽离出其所属文化语境，再通过对比两者的部分相似性来推断两者间的传承关系，并以此为论据论证两个文明间的关联。客观来说，这样的研究过程很难说是严谨的。首先，这些可对比的例证都是精心挑选出来的，并不具有代表性和普遍性。其次，纹饰脱离其所属"语境"是否还有比较的意义也是值得深思的问题。最后，图案相似是否就一定源于文化传播，这更是应该慎重对待的问题，尤其是对像欧洲与东亚、东亚与美洲这样超远距离的文明之间文化传播问题，更应谨慎。若不考虑两者间的传播路线，仅靠相距千万里、相差千余年的几个图像的相似性，是很难得出让人信服的结论的。基于以上三点，我们认为考古资料须以其所在文化为基础认知背景，切不可直接将其抽离于考古信息和历史阶段。仅基于图像特征的比较研究往往过于主观，结论的可信度不高。

（二）望"纹"生义　以偏概全

由于早期艺术缺乏同时代文献的诠释，研究者很容易依靠主观感受判断纹饰意义。这种先入为主的判断对之后探讨方向的确定和支撑论据的选择都产生重要的影响。但直觉的判断是否靠得住，却值得我们深思。首先，我们和古人处于不同的历史环境中，社会、文化、信仰、观念、思维模式等方面差异巨大，面对同样的纹饰，我们很难和古人产生同样的直觉体验。其次，不同的学术背景会对学者的"学术直觉"产生巨大影响。最后，很多现在作为"艺术品"研究的对象，在当时往往有着重要的仪式、信仰层面的功能，不结合器物性质和使用环境，仅凭直觉很难揭示其真实意义。

个别学者的研究模式是依直觉"设定"了早期艺术的意义后，便着力寻找能够支撑该观点的论据。常见的情况是：论者精心挑选各种符合自己观点的论据，漠视不利证据，这样不全面的材料基础，难免会使结论以偏概全。很难想象在论据搜寻过程中，论者错过了所有反例，更可能的情况则是有意将反例排除于所选论据之外。但这样"精致"的论证往往是经不起推敲的，一个反例可能就会颠覆其所有观点。

为了避免望"纹"生义、以偏概全情况的出现，在最初就应对相关资料进行全面的搜集整理，并尝试将该纹样置于纹饰发展脉络（纵）和相关纹饰体系（横）之中，再结合考古信息和文化背景，总结纹饰特征，谨慎提出假设，同时，重视反例，通过反例修正假设，并在反复论证的基础上提出观点。总体来说，在全面的资料基础上开展学术探索，要比始于直觉臆测的研究更能推动学术进步。

以饕餮纹的原型研究为例。自中商阶段以后，一部分饕餮纹变得具象化，这就使学者们能够通过部分器官特征来探寻饕餮纹的动物原型，主要观点包括"牛"说、"羊"（或羊鸡结合）说、"虎"说、"龙"说、"雷鸟"说等。同是基于饕餮纹器官特征的研究，结论却产生如此大的差异，其中很重要的原因是不同研究者的探讨对象常集中于饕餮纹的某种类型，研究所依赖的资料基础并不全面。基于不全面的材料基础，却试图得出涵盖全部饕餮纹的结论，以偏概全，自然会导致结论差异巨大。

若将具象饕餮纹与商代青铜器上的写实动物纹进行对比，我们可以判断饕餮纹各器官的动物来源（图1）[1]，主要包括：

1　图1：1、3、5、7、10、11，上海博物馆青铜器研究组编《商周青铜器纹饰》，文物出版社，1984，第75、8、69、54、182、221页。图1：2、4，河南省文物研究所、郑州市博物馆：《郑州新发现商代窖藏青铜器》，《文物》1983年第3期，第53页。图1：6，中国社会科学院考古研究所：《殷墟妇好墓》，文物出版社，1980，第106页。图1：8，中国社会科学院考古研究所：《殷墟青铜器》，文物出版社，1985，第400页。图1：9，石璋如：《小屯（第一本）·遗址的发现与发掘·丙编·殷墟墓葬之五——丙区墓葬》，台北：中研院历史语言研究所，1980，第65页。

牛、羊、虎、蛇、鸟等。牛、羊为饕餮纹提供"角"（图1：1～4），虎为饕餮纹提供"虎口""虎耳"（图1：5、6），鸟为饕餮纹提供"鸟爪""羽纹"，蛇为饕餮纹提供"蛇口""蛇身"（图1：9～11）[1]。可以说，殷墟期的具象饕餮纹正是以这些器官为素材库，通过各器官的重组，形成新饕餮纹的基础形态，这也是饕餮纹形式多变的重要原因[2]。

通过对比可知，任何一个饕餮纹都不是某种现实动物的再现（即使如图1：1所示的饕餮纹，虽然基本上表现的是牛首的形象，却也配备了形似虎牙状的獠牙），而是多种动物的"混合体"。对于这种"混合体"，马承源称之为"各种幻想动物的集合体"[3]，李济称之为"复合动物"，认为它

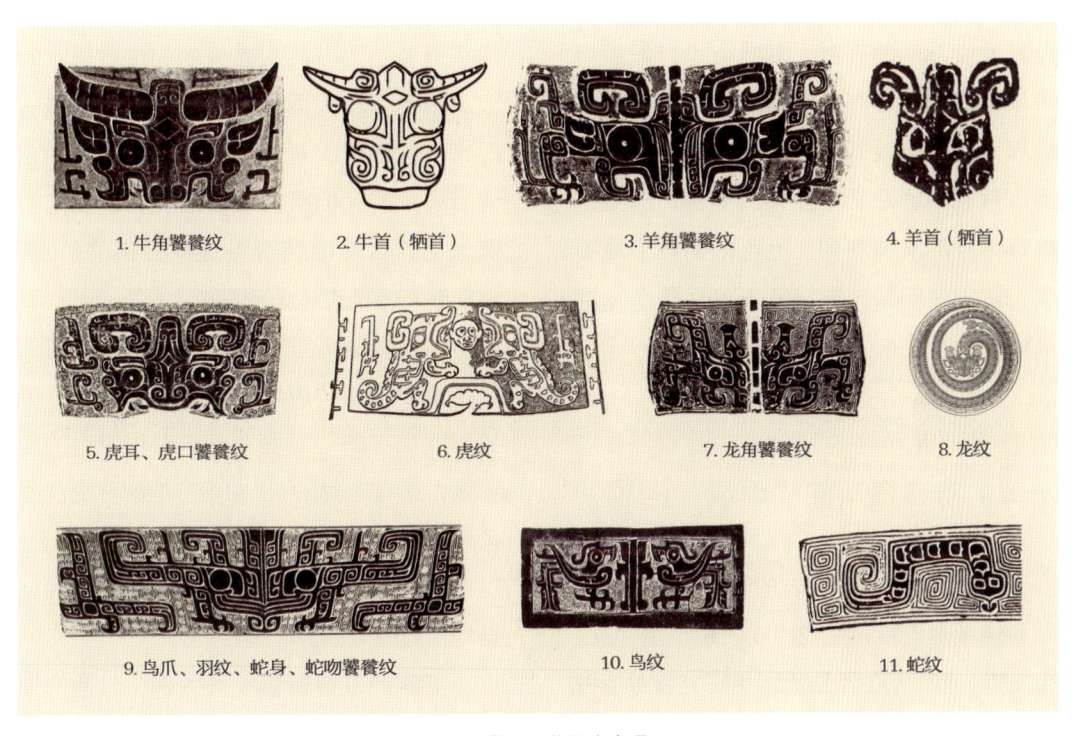

1. 牛角饕餮纹　　2. 牛首（牺首）　　3. 羊角饕餮纹　　4. 羊首（牺首）

5. 虎耳、虎口饕餮纹　　6. 虎纹　　7. 龙角饕餮纹　　8. 龙纹

9. 鸟爪、羽纹、蛇身、蛇吻饕餮纹　　10. 鸟纹　　11. 蛇纹

图1　饕餮纹的器官来源

1　上述动物器官只是常见具象饕餮纹的器官来源，并不能代表全部。

2　韩鼎：《饕餮纹多变性研究》，《中原文物》2011年第1期，第53～60页。

3　《商周青铜器纹饰》，第3页。

是"由不同动物的不同器官或肢体汇合在一起构成的"[1]，应该说这一观点是较为符合真实情况的。

另外，还应该明确，这些能判断器官来源的饕餮纹，只是中商阶段之后才兴起的，而且即使在殷墟期也是具象饕餮纹和抽象饕餮纹并存。因此，基于具象饕餮纹的探讨，其结论是无法覆盖全部饕餮纹的，例如对于二里岗期较抽象的早期饕餮纹，我们无论如何也无法将蛇、虎、鸟、牛、羊等动物器官与之对应。因此，对某一阶段饕餮纹开展的研究，其结论也只能适用于该阶段，不应忽视纹饰自身发展演变的过程以及各阶段的差异，不可将动态的发展历程视为静态、无差异的集合。应重视纹饰自身的发展序列，不可以偏概全地用某一阶段中的某一类特征去定性整个发展过程。

二 考古资料的"语境"问题

上文所论及考古资料的解读问题，如孤立看待考古资料、主观建立联系、望"纹"生义等，其背后的深层原因是研究者对考古资料"语境"（Context）的漠视。正如词语的意义只有通过其所在语句和语段才能正确认识，同样地，对于考古资料来说，也只有将其置于器物载体、埋藏环境、使用场合、文化背景等考古学提供的原始"语境"中才可能做出较客观的解读。

语言学的理论告诉我们，一个词语只有放在所属语句中才有较确定的意义，而该语句又必须结合整段、整篇文章的思想和主旨才能正确认识（否则就很容易断章取义、以偏概全），而文章又必须结合作者的知识体系、文化背景、个人经历、思想发展等方面来分析，作者的思想和创作又必然映射出其所属时代、信仰、文化等方面的部分特征。所以，宽泛地来看，词语的"语境"是有层次差异的，这些层次大致可归类为：词语—语句—文章—作者—时代。这些层次对词语意义的解释效力是逐层弱化的，但所构建的理解背景是愈发宏大的，合理地结合各层次提供的信息，便能够有效推进认识的深度。

与对词语的理解类似，对考古资料的认识也要依其"语境"的层次而开展，因为不同层次的"语境"对于考古资料的解释效力是有差异的，"宏观"的解释层次必须建立在对"微观"层次的认识基础之上，不可将不同层次"语境"所提供的相关证据均视为等效的。

下面就以青铜器纹饰为例（其他早期艺术可结合自身特性大体参照），从器物载体、埋藏环境、使用场合、文化背景这四层"语境"尝试为纹饰的理解笼统地构建一个认识系统（本文仅以提纲性质概述，

---

[1] 李济：《殷墟出土青铜觚形器之研究：花纹的比较》，《李济文集》卷4，上海人民出版社，2006，第15页。

具体论证容另文详述）。需要说明的是，从"语境"中认识纹饰是在已对纹饰自身特征进行细致分析的基础上进行的，如首先要对青铜器纹饰的表现内容、风格特征、构成动物等展开讨论，在此基础上，再将其放入下列不同层次的"语境"中去认识。

（一）纹饰与器物载体

器物是纹饰的依托和载体，我们不能脱离器物去研究纹饰，就像无法脱离句子来理解词语的所指。目前有些研究仅基于纹饰拓片和线图，忽视所属器物所提供的相关信息，如纹饰组合、纹饰分布等。可以说，器物载体是纹饰最直观的"语境"，能为纹饰解读提供诸多重要信息。器物载体层次的"语境"可通过以下几组关系来考虑。

（1）纹饰与器物关系。第一，器物功能与纹饰主题间的联系。第二，纹饰内容与所饰位置的关系。

（2）纹饰与纹饰关系（纹饰组合）。第一，纹饰组合的断代功能。第二，牺首与主体纹饰的关系。第三，对同器饰有两种纹饰风格的认识。第四，对纹饰组合是否具有组合含义的探讨。

（3）纹饰与铭文关系。第一，纹饰与铭文的方向性研究。第二，铭文的纹饰化研究。第三，纹饰与铭文内容关系研究。第四，同族徽铭文器物的纹饰研究。

（4）纹饰与材质关系。第一，陶器、玉石器、骨器、木胎铜钉器与青铜器在器型与纹饰方面的相互借鉴。第二，不同材质，同主题纹饰的特征与比较。第三，同主题，圆雕与浮雕纹饰比较。

（5）纹饰与器物属性关系。第一，外来品与本地铸器的纹饰比较。第二，明器与实用器纹饰比较。

（6）纹饰与铸造工艺的关系。第一，纹饰与工艺水平的动态关系。第二，纹饰与陶范比较研究。第三，扉棱的功能。第四，铅、锡比例与纹饰关系。

（二）器物（及纹饰）与埋藏环境

以巫鸿为代表的艺术史学家为理解墓葬的"空间性""物质性""时间性"等属性做出了杰出的贡献[1]。该研究也可视为向理解纹饰提供了相对于器物载体更高一层的"语境"。虽然早期墓葬相比于后世墓葬可能难以提供如此丰富的理解角度，但探讨器物与墓葬、随葬器物之间、器物与墓主人等关系，仍可为更好地理解纹饰提供重要的"语境"。

（1）纹饰与墓葬等级。第一，特定纹饰出现。第二，纹饰总体覆盖比例。

（2）器物与墓主人关系。第一，器物（及纹饰）与墓主人身份关系。第二，器物（及纹饰）与墓主人性别关系。第三，器物与墓主人经历的关系（自作器、祭器、明

1　参见〔美〕巫鸿《黄泉下的美术：宏观中国古代墓葬》，施杰译，生活·读书·新知三联书店，2016。

器、日用品、战利品、贡品、封赏品、收藏品等）。

（3）窖藏、祭祀坑与墓葬器物纹饰比较。第一，窖藏与墓葬不同"语境"下的器物及纹饰异同。第二，器物及纹饰组合方面的差异。第三，窖藏器物纹饰与祭祀关系。

（三）纹饰与祭祀

祭祀是青铜器作为礼器最重要的功能，它们以食器、酒器等形式在仪式中盛装祭品向祖先献祭，其上纹饰也与祭祀目的有着密切的联系。张光直先生就曾指出青铜器上铸刻的神话性动物花纹是沟通人间和祖先世界的媒介[1]。也就是说，青铜器纹饰并不仅是装饰图案，同时也具有重要的功能，它和青铜礼器一样在祭祀仪式中充当人神的中介，甚至可以说，是纹饰加强了青铜器作为人神媒介的性质。因此，商周时期的祭祀仪式和宗教信仰为理解青铜器纹饰意义提供了可参考的语境。

（1）纹饰与礼器的性质。第一，礼器的祭祀功能与纹饰的关系。第二，容器、乐器、仪仗性兵器在祭祀中的角色与功能，以及纹饰起到的作用。第三，纹饰对礼器的"媒介"功能的加强。

（2）纹饰与巫觋形象。第一，青铜器上的巫觋的形象。第二，人兽主题。第三，饕餮纹与面具关系。第四，饕餮纹与人兽主题关系。

（3）纹饰与王权、神权关系。第一，商王身份的双重性。第二，青铜钺及纹饰所体现的王权、神权统一。

（4）纹饰与祭祀。第一，纹饰与礼器的陈列。第二，纹饰与牺牲。第三，纹饰所反映的商代宇宙观。

（四）纹饰与文化交流

商周时期，不同区域的地方文化在青铜礼器纹饰上虽表现出一定的地方特征，但整体来说仍与王畿地区纹饰体现出较多的一致性，这种一致性可视为中原文明对周边文明在意识形态领域的影响。又因纹饰和礼器其实是信仰体系和文化传统的外在体现，所以，这种一致性其实表现了商周时期不同区域在意识形态领域多元一体的趋势，这对研究中华民族和中华文明共同体的早期形成非常重要。因此，基于区域文化交流为青铜器纹饰的探讨提供了更广阔的认识"语境"。

（1）同主题纹饰的区域差异。第一，王畿地区—中原商文化区—周边文化区的纹饰差异。第二，青铜礼器文化圈的形成。第三，同主题纹饰所表现出的地方风格，以及本地文化因素的融入模式。

（2）纹饰中的外来因素。第一，王畿地区纹饰中的外来因素。第二，区域文化中纹饰的中原文化因素。第三，外来因素的融入模式（征伐、朝贡、涵化、文化互

1　张光直：《商周神话与美术中所见人与动物关系之演变》，《中国青铜时代》，生活·读书·新知三联书店，1983，第311页。

动等）。

（3）纹饰所体现的文化认同。第一，青铜礼器所体现的祖先崇拜与地方信仰体系的结合。第二，区域文明间精神文化的沟通手段、模式与渠道，以及所体现的文化认同。

（4）纹饰所体现的文化互动的意义。第一，反映意识形态领域多元一体的趋势。第二，推进中华文明共同体早期形成过程的研究。

总　结

考古资料的解读是早期艺术研究中最重要的环节，但目前学界在研究中却常出现孤立看待考古资料、主观建立器物间联系、望"纹"生义、以偏概全等问题。这些问题产生的深层原因是研究者未能在考古资料所属"语境"中展开讨论。

正如"词语"要在其所在的语言环境中才能确定含义，"语境"对于考古资料的正确解读也有着重要的意义。以商代青铜器纹饰为例，通过"载体""埋藏""使用""文化交流"四个方面的探讨，可以为商代青铜器纹饰的解读设立较为全面的认识语境。即使是宏观性的研究也需要在此基础上开展讨论，不可本末倒置。在器物自身提供的"语境"中认识纹饰，可大幅减少研究过程中的主观成分，并可有效规避考古资料解读不规范所造成的种种问题。

三

器物与图像

汉晋六朝瑞应图录中的白色祥瑞*

■ 曾 磊（中国社会科学院历史研究所，出土文献与中国古代文明研究协同创新中心）

以今天科学的眼光看，所谓祥瑞和灾异，大多是稀见的自然现象（也有一些是人为伪造的）。经过汉代学者的发挥，自然现象被当作天意，用以规范世间统治者的行为。西汉晚期之后，谶纬之学渐兴，至东汉时，得到执政者的认可。祥瑞、灾异、谶纬之学地位逐步稳固，甚至上升为国家意识，对两汉社会的许多方面都产生重要影响，对整个中国古代社会亦产生深远影响[1]。

一 白色祥瑞的文化意义

《礼记·中庸》说："国家将兴，必有祯祥。国家将亡，必有妖孽。"[2]国家的兴盛与衰亡，帝王的成功与失败，上天都会有所暗示。《吕氏春秋·制乐》又载："祥者福之先者也。见祥而为不善，则福不至。妖者祸之先者也。见妖而为善，则祸不至。"[3]强调天道对人道的制衡，人君必须施行善政才能趋吉避祸。"天之生

---

* 本文为国家社会科学基金青年项目"秦汉颜色观念研究"（17CZS009）阶段性研究成果。

1 参见陈槃《秦汉间之所谓"符应"论略》，载陈槃《古谶纬研讨及其书录解题》，"国立编译馆"，1991，第1~98页；杨世文《汉代灾异学说与儒家君道论》，《中国社会科学》1991年第3期，第119~126页；王保顶《汉代灾异观略论》，《学术月刊》1997年第5期，第104~108页；叶秋菊《汉代的灾异祥瑞诏书》，《史学月刊》2010年第5期，第119~122页；龚世学《论魏晋南北朝时期符瑞思想的整合》，《兰州学刊》2010年第12期，第146~150页；金霞《两汉魏晋南北朝祥瑞灾异研究》，博士学位论文，北京师范大学历史系，2005；胡晓明《符瑞研究：从先秦到魏晋南北朝》，博士学位论文，南京大学历史系，2011；陈业新《灾害与两汉社会研究》，上海人民出版社，2004；陈侃理《儒学、数术与政治——灾异的政治文化史》，北京大学出版社，2015。

2 （汉）郑玄注，（唐）孔颖达疏《礼记正义》卷五三《中庸》，（清）阮元校刻《十三经注疏》，中华书局，1980年影印本，第1632页。

3 许维遹：《吕氏春秋集释》卷六《制乐》，梁运华整理，中华书局，2009，第144页。

民,非为王也,而天立王以为民也。故其德足以安乐民者,天与之;其恶足以贼害民者,天夺之。"[1]因为有上天的制约,执政者的统治策略必须以民为本,顺应民意。所谓"王道失则灾害生,得则四海输之祥瑞"[2],"祥多者其国安,异众者其国危,天地之常经,古今之通义也"[3]。古人对白色祥瑞和白色灾异的认识,是在"天人合一"的理论模式影响下,人对自然的感应,体现出古人对自然的好奇与敬畏。他们试图从人事出发,去认识自然,解释自然。

《宋书·符瑞志上》的开篇就阐述了圣人和符瑞的关系:

夫体睿穷几,含灵独秀,谓之圣人,所以能君四海而役万物,使动植之类,莫不各得其所。百姓仰之,欢若亲戚,芬若椒兰,故为旗章舆服以崇之,玉玺黄屋以尊之,以神器之重,推之于兆民之上,自中智以降,则万物之为役者也。性识殊品,盖有愚暴之理存焉。见圣人利天下,谓天下可以为利,见万物之归圣人,谓之利万物。力争之徒,至以逐鹿方之,乱臣贼子,所以多于世也。夫龙飞九五,配天光宅,有受命之符,天人之应。《易》曰:"河出《图》,洛出《书》,而圣人则之。"符瑞之义大矣。[4]

文中所谓圣人,实际就是君主。《符瑞志》强调圣人有德,上合天道,下和兆民,所以能够统治天下,得到百姓尊崇。上天亦会降下祥瑞,以示君权神授。而中智之下的世俗之民往往"昧于权利,越次妄据,外不量力,内不知命,则必丧保家之主,失天年之寿,遇折足之凶,伏铁钺之诛"[5]。《符瑞志》又强调符瑞是天命转换的象征,它的作用就是昭示圣人继承大统,维护政权的合法性,所以说"符瑞之义大矣"。但祥瑞的作用不止于此,在国富民昌的时代,帝王们更需要祥瑞粉饰太平。事实上,我们看到的祥瑞记录,也更多的是在所谓政清人和的时代,而在穷途末世,上天则多以灾异警示帝王,甚至在某些情况下,祥

---

1 (清)苏舆:《春秋繁露义证》卷七《尧舜不擅移、汤武不专杀》,钟哲点校,中华书局,1992,第220页。

2 (汉)班固:《汉书》卷三〇《艺文志》,颜师古注引刘向《别录》,中华书局,1962,第1704页。

3 (汉)班固:《汉书》卷三六《刘向传》,第1941页。

4 (梁)沈约:《宋书》卷二七《符瑞志上》,中华书局,1974,第759页。

5 (汉)班固:《汉书》卷一〇〇上《叙传上》,第4208~4209、4211、4212页。

瑞和灾异也会互相转化。

有学者指出，祥瑞思想与上古社会的原始信仰有天然血缘关系，是先秦以来天命思想的重要组成部分，秦汉以后又与谶纬糅合，盛行一时[1]。从学者统计来看，西汉至魏晋时期，祥瑞的种类和数量一直处于不断攀升的状态[2]。在名目众多的祥瑞中，白色祥瑞占据重要一席。《白虎通义·封禅》说到帝王修德行惠，则会"符瑞并臻，皆应德而至"。其中说到"德至鸟兽，则凤皇翔，鸾鸟舞，麒麟臻，白虎到，狐九尾，白雉降，白鹿见，白乌下"[3]。所列举的八种动物祥瑞中，白色祥瑞占了一半。东汉时期谶纬、灾异祥瑞说逐渐盛行，在这种政治文化背景下，东汉帝王特别重视祥瑞，东汉时期的祥瑞数量也特别突出。以章帝元和二年（85）为例，据说当年的祥瑞有"凤皇三十九、麒麟五十一、白虎二十九、黄龙四、青龙、黄鹄、鸾鸟、神马、神雀、九尾狐、三足乌、赤乌、白兔、白鹿、白燕、白鹊、甘露、嘉瓜、秬秠、明珠、芝英、华平、朱草、木连理实，日月不绝，载于史官，不可胜纪"[4]。元和二年祥瑞频出，与章帝该年"巡狩岱宗，柴望山川，告祀明堂"[5]有关。这些祥瑞中，白虎、白兔、白鹿、白燕、白鹊等显得尤为突出，白色祥瑞的比例远高于其他颜色的祥瑞。

二　瑞应图录所见白色祥瑞

前四史中并没有专门的瑞应记录的篇章。传世的汉代典籍中也没有相关的瑞应图录。沈约的《宋书·符瑞志》是正史中第一篇专门记录祥瑞的篇章。《宋书·符瑞志》并没有局限于刘宋一朝，而是对上古以来的祥瑞记录加以整理。六朝时，又有几种瑞应图录流传于世（如孙柔之《瑞应图记》、熊理《瑞应图赞》、顾野王《符瑞图》）。《宋书·符瑞志》和几种瑞应图录中的内容与山东嘉祥武氏祠祥瑞榜题多有相合之处。清人叶德辉在其所辑《瑞应图记叙》中说："余观汉武梁祠石室画像中有祥瑞图三十五榜，与古圣贤列女并录，足证此为汉儒之学……沈约《宋书·符瑞志》存九十余目，其词都与汉画同。乃知若顾、若沈、若孙，其学皆出一家，非无所依据也。"[6]巫鸿也指

1　胡晓明：《符瑞研究：从先秦到魏晋南北朝》，第3页。

2　金霞：《试论两汉魏晋南北朝时期祥瑞现象对皇权的巩固作用》，《青岛大学师范学院学报》2008年第3期，第36~40页；胡晓明：《符瑞研究：从先秦到魏晋南北朝》，第16~17页。

3　（清）陈立：《白虎通疏证》卷六《封禅》，吴则虞点校，中华书局，1994，第283~284页。

4　（汉）刘珍等：《东观汉记校注》卷二《章帝纪》，吴树平校注，中华书局，2008，第77页。

5　（南朝宋）范晔：《后汉书》卷三《章帝纪》，中华书局，1965，第149页。

6　孙柔之《瑞应图记》有多种辑本，今以叶德辉辑本为据。（梁）孙柔之著，（清）叶德辉辑《瑞应图记》，《观古堂所著书》，光绪辛丑年（1901）刊本。图1亦引自该书。

出，《宋书·符瑞志》和孙柔之《瑞应图记》与武梁祠榜题之间的密切关系显而易见。一些榜题与这些文本里的类似部分完全一致，其他榜题则是原文的简写本。因此这两个后世目录或许全部或部分基于东汉文本，而这个东汉文本曾是武梁祠祥瑞图的来源。孙柔之著作的书名支持了这种假设，它也暗示了书中的一些短小段落原本就是祥瑞图像的解释部分[1]。这样的推断是合理的。实际上，汉代可能已经出现与《瑞应图记》类似的图录。班固《白雉诗》："启灵篇兮披瑞图，获白雉兮效素乌。"又《典引篇》："若乃嘉谷灵草，奇兽神禽，应图合谍。"[2]《初学记》卷一五引班固《汉颂论功歌》："因露寝兮产灵芝，象三德兮瑞应图。"[3] 其中的"披瑞图""应图合谍""瑞应图"可能都与瑞应图录相关。陈槃认为这些瑞应图录与谶纬关系十分密切，他说："两汉间瑞应之书，不止一种。大抵巧立名目，互相剽袭。今孙氏书所载事物与见行辑存谶纬相较，俨若重规叠矩。虽详略互有出入，然其渊源实无二致。然则孙氏书虽晚出，故不失为古谶纬之遗文也。"[4] 由此看来，《宋书·符瑞志》和几种瑞应图录的文本原型至少可上溯至东汉[5]。

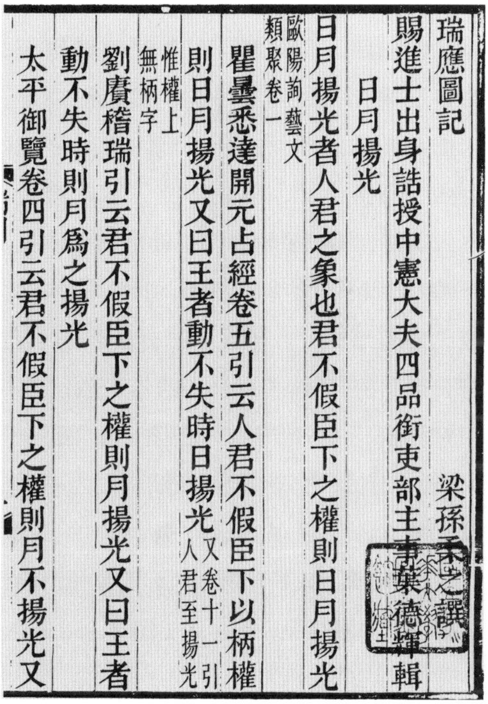
瑞應圖記　梁孫柔之撰
賜進士出身誥授中憲大夫四品銜吏部主事葉德輝輯
日月揚光
日月揚光者人君之象也君不假臣下之權則日月揚光 歐陽詢藝文類聚卷一
瞿曇悉達開元占經卷五引云人君不假臣下以柄權則日月揚光又曰王者動不失時日揚光 又卷十一引人君至揚光惟權上無柄字
劉賡稽瑞引云君不假臣下之權則月揚光又曰王者動不失時則月爲之揚光
太平御覽卷四引云君不假臣下之權則月不揚光又

图 1　孙柔之撰，叶德辉辑《瑞应图记》书影

1 〔美〕巫鸿：《武梁祠——中国古代画像艺术的思想性》，柳扬、岑河译，生活·读书·新知三联书店，2006，第 254~255 页。

2 （南朝宋）范晔：《后汉书》卷四〇下《班固传下》，第 1373、1382 页。

3 （唐）徐坚等：《初学记》卷一五，中华书局，2004，第 377 页。

4 参见陈槃《古谶纬书录解题附录（二）》，载陈槃《古谶纬研讨及其书录解题》，第 636~637、634 页。

5 关于《宋书·符瑞志》和几种瑞应图录的研究，参见王重民《敦煌古籍叙录》，商务印书馆，1958，第 167~174 页；谷内祖道「宋書符瑞志の構成に關する一考察」『大倉山論集』第 8 號，1960，第 102~115 頁；平秀道「宋書符瑞志について」『龍谷大學佛教文化研究所紀要』第 15 集，1976，第 62~76 頁；安居香山「祥瑞思想の展開と宋書符瑞志」『大正大學大學院研究論集』第 9 號，1985，第 17~41 頁；陈槃《古谶纬书录解题附录（二）》，载陈槃《古谶纬研讨及其书录解题》，第 631~664 頁；饶宗颐《敦煌本〈瑞应图〉跋》，《敦煌研究》1999 年第 4 期，第 152~153 页；窦怀永《敦煌本〈瑞应图〉谶纬佚文辑校》，载张涌泉、陈浩主编《浙江与敦煌学：常书鸿先生诞辰一百周年纪念文集》，浙江古籍出版社，2004，第 396~406 页；金霞《〈宋书·符瑞志〉历史价值初探》，《社会科学辑刊》2005 年第 2 期，第 106~111 页；胡晓明《符瑞研究：从先秦到魏晋南北朝》第 7 章"简论《宋书·符瑞志》"，第 107~121 页。

叶德辉辑孙柔之著的《瑞应图记》所载白色祥瑞有16种[1]，笔者又据相关资料补充了27种。现将相关白色祥瑞罗列如下，相关问题亦略加考证。

（1）白麟

《宋书·符瑞志中》："麒麟者，仁兽也。牡曰麒，牝曰麟。不刳胎剖卵则至。麋身而牛尾，狼项而一角，黄色而马足。含仁而戴义，音中钟吕，步中规矩，不践生虫，不折生草，不食不义，不饮洿池，不入坑阱，不行罗网。明王动静有仪则见。牡鸣曰逝圣，牝鸣曰归和，春鸣曰扶幼，夏鸣曰养绥。"[2]《春秋》中有著名的"西狩获麟"的典故，《哀公十四年》载："春，西狩获麟。"《左传》："十四年春，西狩于大野，叔孙氏之车子鉏商获麟，以为不祥，以赐虞人。仲尼观之曰：'麟也。'然后取之。"[3]"获麟"故事曾形成久远的文化影响，麒麟也成为最高等级的祥瑞（图2、图3）[4]。

《春秋》经文和《左传》中均没有提及麒麟的颜色，《宋书·符瑞志中》说麒麟为"黄色"，著名的"小臣墙刻辞"则出现"白麟"[5]一词，刻辞中说"又白麟于大乙"（《甲骨文合集》36481），刘钊释为"[用]白麟侑祭于大乙"，并认为，刻辞中的"白麟"应该是出土文献中最早而且是目前仅见的关于"白麟"祥瑞的记录，同时也是中国历史上最早的祥瑞记录[6]。这一观点需要进一步推敲。甲骨刻辞中虽然出现"白麟"，但我们对殷人的祥瑞观念并不了解，能否将其视作祥瑞尚存疑问。刻辞中的"白麟"可能仅是一种白色鹿属动物，因其色白少见，才用来祭祀大乙。

历史上第一次真正意义上的白麟祥瑞，是在汉武帝时发生的。《史记·封禅书》载，元狩元年（前122）"郊雍，获一角兽，若麃然。有司曰：'陛下肃祗郊祀，上帝报享，锡一角兽，盖麟云。'于是以荐五

---

1 分别为：白泉、白玉、白裘、白乌、白鸠、白鹊、白泽、白象、白獐、白鹿、白狼、白狐、白兔、驺虞、白虎、白马朱鬣。

2 （梁）沈约：《宋书》卷二八《符瑞志中》，第791页。

3 （晋）杜预注，（唐）孔颖达疏《春秋左传正义》卷五九《哀公十四年》，（清）阮元校刻《十三经注疏》，第2172页。

4 董作宾：《"获白麟"解》，中研院历史语言研究所专刊之一《安阳发掘报告》第2期，1930年，第287~335页，收入董作宾《董作宾先生全集》甲编第2册，艺文印书馆，1977，第549~597页。现在学者公认，董作宾所释"麟"字实为"兕"字，但该文对历代获麟事件加以讨论，可供参考。汉画像石中多见麒麟图像，参见牛天伟、金爱秀《汉画神灵图像考述》，河南大学出版社，2009，第335~346页。又，王充将麒麟列为大瑞，《论衡·是应》："夫言凤皇、骐骥之属，大瑞较然，不得增饰"[（汉）王充：《论衡校释（附刘盼遂集解）》卷一七《是应》，黄晖校释，中华书局，1990，第753~754页]。《唐六典》亦将获麟视作大瑞，见（唐）李林甫等《唐六典》卷四《尚书礼部》，陈仲夫点校，中华书局，1992，第114页。

5 对"白麟"一词的释读尚存争议，今从王晖、刘钊、汪涛之说。参见王晖《麒麟原型与中国古代犀牛活动南移考》，《中国历史地理论丛》2008年第2期，第12~22页；刘钊《"小臣墙刻辞"新释——揭示中国历史上最早的祥瑞记录》，《复旦学报》（社会科学版）2009年第1期，第4~11页；[英]汪涛《颜色与祭祀：中国古代文化中颜色涵义探幽》，邱晓娜译，上海古籍出版社，2013，第140页。

6 刘钊：《"小臣墙刻辞"新释——揭示中国历史上最早的祥瑞记录》，《复旦学报》（社会科学版）2009年第1期，第4~11页。

時，時加一牛以燎。錫諸侯白金，以風符应合于天也"[1]。《汉书·武帝纪》又载："元狩元年冬十月，行幸雍，祠五畤。获白麟，作《白麟之歌》。"[2] 所谓《白麟之歌》即《朝陇首》，见《汉书·礼乐志》：

> 朝陇首，览西垠，雷电尞，获白麟。爰五止，显黄德，图匈虐，熏鬻殛。辟流离，抑不祥，宾百僚，山河殷。掩回辕，髳长驰，腾雨师，洒路陂。流星陨，感惟风，籛归云，抚怀心。[3]

汉武帝所获白麟，是瑞中之瑞。《朝陇首》一诗，将白麟作为汉代改制、北逐匈奴的符应，又以为白麟能够抑除不祥。汉武帝显然很在意白麟祥瑞，还专门为此改元。司马相如《封禅文》说："濯濯之麟，游彼灵畤。孟冬十月，君徂郊祀。驰我君舆，帝以享祉。三代之前，盖未尝有。"[4] 强调白麟祥瑞的罕见。汉宣帝诏书称颂武帝功业时也专门提及："封泰山，塞宣房，符瑞应，宝鼎出，白麟获。"[5]

《宋书·符瑞志中》又载："汉武帝太始二年三月，获白麟。"[6] 类似记载又见《后汉书·班彪传》李贤注。《班彪传》说《史记》记事"据楚、汉列国时事，上自黄帝，下讫获麟"。李贤注："武帝太始二年，登陇首，获白麟，迁作《史记》，绝笔于此年也。"[7] 但汉代史籍中并未出现此条记载，此当为后人误记。《汉书·武帝纪》载太始二年（前95）三月诏说：

> 有司议曰，往者朕郊见上帝，西登陇首，获白麟以馈宗庙，渥洼水出天马，泰山见黄金，宜改故名。今更黄金为麟趾褭蹄以协瑞焉。[8]

所谓"郊见上帝，西登陇首，获白麟以馈宗庙"事在元狩元年（前122），有上引《朝陇首》诗可证[9]。所谓"渥洼水出

---

1 （汉）司马迁：《史记》卷二八《封禅书》，中华书局，1959，第1387页。

2 （汉）班固：《汉书》卷六《武帝纪》，第174页。

3 （汉）班固：《汉书》卷二二《礼乐志》，第1068页。

4 （汉）司马迁：《史记》卷一一七《司马相如列传》，第3071页。

5 （汉）班固：《汉书》卷八《宣帝纪》，第243页。

6 （梁）沈约：《宋书》卷二八《符瑞志中》，第791页。

7 （南朝宋）范晔：《后汉书》卷四〇上《班彪传》，第1325页。

8 （汉）班固：《汉书》卷六《武帝纪》，第206页。

9 《汉书》卷二二《礼乐志》："《朝陇首》十七，元狩元年行幸雍获白麟作。"（第1068页）

图2 武氏祠画像石祥瑞图"麒麟"（摹本）[（清）冯云鹏、冯云鹓：《金石索》，商务印书馆，1934年影印本，转引自巫鸿《武梁祠——中国古代画像艺术的思想性》，第256页]

图3 江苏邳州燕子埠汉墓（缪宇墓）画像石"骐麟"（中国画像石全集编辑委员会编《中国画像石全集》第4卷《江苏、安徽、浙江汉画像石》，山东美术出版社、河南美术出版社，2000，第101页）

天马"事，《武帝纪》记在元鼎四年（前113）六月，《礼乐志》记在元狩三年（前120）。所谓"泰山见黄金"事，《汉书补注》引刘攽曰："案元封六年（前105）诏曰'朕礼首山，昆田出珍物，或化为黄金。'而此称泰山似非是。所谓黄金为麟趾裹蹄者，盖用首山金为之耳。故诏先叙三瑞，下乃云'以协瑞焉'。"[1]以为"泰山"是"首山"之误。以上三事时间俱在太始二年（前95）之前。句首的"往者"，也表明此三事为追述。《宋书·符瑞志》和《汉书·班彪传》李贤注误以为太始二年又有获麟事，其实此年只是铸麟趾裹蹄金以协瑞而已。

（2）白龙

《宋书·符瑞志中》中并未提及白龙祥瑞有何吉兆，只说"黄龙者，四龙之长也。不漉池而渔，德至渊泉，则黄龙游于池。能高能下，能细能大，能幽能冥，能短能长，乍存乍亡。赤龙、《河图》者，地之符也。王者德至渊泉，则河出《龙图》"[2]。传世文献中还多见有黄龙祥瑞出现的记载。

---

[1] （清）王先谦：《汉书补注》卷六《武帝纪》，中华书局，1983年影印本，第100页。

[2] （梁）沈约：《宋书》卷二八《符瑞志中》，第796页。

但敦煌本《瑞应图》载："王者精贤有德则白龙见。"（图4）[1]《宋书·符瑞志中》又载："（汉章帝）元和中，白龙见郡国。"[2]汉代文献中未见此条记载。上引章帝元和二年（85）祥瑞中也只有"黄龙""青龙"。孙吴永安四年（261）九月，"布山言白龙见"[3]。《晋书》亦多记有白龙祥瑞。

张衡《东京赋》有"白龙鱼服，见困豫且"[4]之句，是取豫且射白龙之典。《说苑·正谏》载其事，并说"夫白龙，天帝贵畜也"[5]。《水经注·渭水上》："（上封）旧天水郡治，五城相接，北城中有湖水，有白龙出是湖，风雨随之。故汉武帝元鼎三年，改为天水郡。"杨守敬按："《类聚》九引《秦州记》，有湖，冬夏无增减。义熙初，有白龙于此湖升天。"[6]

图4 敦煌本《瑞应图》"白龙"

（3）白泽

《渊鉴类函》卷四三二引《山海经》：

1　上海古籍出版社、法国国家图书馆编《法国国家图书馆藏敦煌西域文献》第17册，上海古籍出版社，2001，第240页，编号P.2683。图4亦引自该书。

2　（梁）沈约：《宋书》卷二八《符瑞志中》，第796页。

3　（晋）陈寿：《三国志》卷四八《吴书·三嗣主传·孙休传》，中华书局，1965，第1159页。

4　（汉）张衡：《东京赋》，载（梁）萧统编，（唐）李善注《文选》卷三，中华书局，1977年影印本，第66页。

5　《说苑·正谏》："吴王欲从民饮酒，伍子胥谏曰：'不可。昔白龙下清泠之渊，化为鱼，渔者豫且，射中其目，白龙上诉天帝，天帝曰："当是之时，若安置而形？"白龙对曰："我下清泠之渊，化为鱼。"天帝曰："鱼固人之所射也，若是豫且何罪？"夫白龙，天帝贵畜也，豫且，宋国贱臣也。白龙不化，豫且不射。今君弃万乘之位，而从布衣之士饮酒，臣恐其有豫且之患矣。'王乃止。[（汉）刘向：《说苑校证》卷一八《辨物》，向宗鲁校证，中华书局，1987，第237~238页]类似记载又见《楚辞·天问》："胡射夫河伯，而妻彼雒嫔？"王逸注："传曰：河伯化为白龙，游于水旁，羿见射之，眇其左目。河伯上诉天帝，曰：'为我杀羿。'天帝曰：'尔何故得见射？'河伯曰：'我时化为白龙出游。'天帝曰：'使汝深守神灵，羿何从得犯？汝今为虫兽，当为人所射，固其宜也。羿何罪欤？'"[（宋）洪兴祖：《楚辞补注》卷三《天问章句》，白化文、许德楠、李如鸾、方进点校，中华书局，1983，第99页]

6　（北魏）郦道元注，（清）杨守敬、熊会贞疏《水经注疏》卷一七《渭水上》，段熙仲点校，陈桥驿复校，江苏古籍出版社，1989，第1493~1494页。《汉书》卷二八下《地理志下》："天水郡，武帝元鼎三年置。"颜师古注："《秦地记》云郡前湖水冬夏无增减，因以名焉。"（第1611页）又《史记》卷一〇《孝文本纪》："文帝十五年，黄龙见成纪，"裴骃《集解》引韦昭曰："成纪县属天水。"（第430页）《秦州记》所记当本于《史记》《汉书》。与此类似的又有公孙述白龙符瑞故事。《后汉书》卷一三《公孙述传》："会有龙出其府殿中，夜有光耀，述以为符瑞，因刻其掌，文曰'公孙帝'。建武元年四月，遂自立为天子，号成家。色尚白。建元曰龙兴元年。"（第535页）此处未提及龙的颜色，但《通鉴地理通释》卷一一引《元和郡县图志》作："初，公孙述殿前井有白龙出，因号白帝城。"[（唐）李吉甫：《元和郡县图志》阙卷佚文卷一《山南道》，贺次君点校，中华书局，1983，第1057页]

"东望山有兽,名曰白泽,能言语,王者有德,明照幽远则至。"[1]《开元占经》卷一一六引《瑞应图》:"黄帝巡于东海,白泽出。能言语,达知万物之精,以戒于民,为除灾害。贤君德及幽遐则出。"[2]《稽瑞》引孙氏《瑞应图记》作:"贤君明德则至。"[3]记录各种精怪的《白泽图》即由此兽得名。《宋书·符瑞志下》有泽兽,"黄帝时,巡狩至于东滨,泽兽出,能言,达知万物之精,以戒于民,为时除害。贤君明德幽远则来"[4]。与白泽当是同物异名。

(4)白虎

白虎在《山海经》中已出现。《山海经·西山经·西次四经》曰"孟山……其兽多白狼白虎",又"鸟鼠同穴之山,其上多白虎、白玉"[5]。《宋书·符瑞志中》:"白虎,王者不暴虐,则白虎仁,不害物。"[6]《艺文类聚》卷九九引《瑞应图》:"白虎者,仁而不害。王者不暴虐,恩及竹苇则见。"又引《孝经援神契》:"德至鸟兽,白虎见。"[7]

和林格尔汉墓壁画前室及后室绘有白虎[8]。四川简阳鬼头山崖墓3号石棺右侧画像亦有白虎,榜题明确(图5)[9]。武氏祠画像祥瑞石第一石第三层:"白□,□王者不暴虐,□白□仁不害人。"高文《汉碑集释》:"此题第二字当是'虎'字,'暴'下是'虐''则'二字。'仁'上是'虎'字。"(图6)[10]

《太平御览》卷八三引《春秋演孔图》曰:"夏民不康,天果命汤,白虎戏朝,白云入房。"注曰:"白虎、白云皆金精也。"[11]《拾遗记》说秦始皇时曾有献白虎者,其

---

1 (清)张英、王士禛等纂《渊鉴类函》卷四三二,中国书店,1985年影印本。

2 (唐)瞿昙悉达:《开元占经》卷一一六《兽占》,九州出版社,2012,第1100页。

3 (唐)刘赓辑《稽瑞》,中华书局,1985,第33页。

4 (梁)沈约:《宋书》卷二九《符瑞志下》,第865页。

5 袁珂校注《山海经校注》卷二《西山经·西次四经》,巴蜀书社,1993,第71、76页。

6 (梁)沈约:《宋书》卷二八《符瑞志中》,第807页。

7 (唐)欧阳询:《艺文类聚》卷九九,汪绍楹校,中华书局,1965,第1716页。

8 内蒙古自治区博物馆文物工作队编著《和林格尔汉墓壁画》,文物出版社,1978,第25页。两处白虎图像该书均未收录。

9 内江市文管所、简阳县文化馆:《四川简阳鬼头山东汉崖墓》,《文物》1991年第3期,第24页。图5亦引自此文。

10 高文:《汉碑集释》,河南大学出版社,1997,第159页。

11 (宋)李昉等:《太平御览》卷八三,中华书局,1960年影印本,第389页。

图5　四川简阳鬼头山崖墓3号石棺"白虎"

图6　武氏祠画像石祥瑞图"白虎"（摹本）[（清）冯云鹏、冯云鹓：《金石索》，商务印书馆，1934年影印本，转引自巫鸿《武梁祠——中国古代画像艺术的思想性》，第256页]

事荒诞不经[1]。司马相如《子虚赋》说云梦泽北部山林中有"白虎玄豹"[2]。汉宣帝元康四年（前62），"南郡获白虎威凤为宝"[3]。元帝时，陈汤、甘延寿诛灭郅支单于后，"南郡献白虎，边陲无警备"[4]。上引章帝元和二年祥瑞中有"白虎二十九"。又元和三年，"白虎见彭城"[5]。汉安帝延光三年（124），"颍川上言麒麟一、白虎二见阳翟"[6]。《三国志·吴书·吴主传》载，赤乌十一年（248）五月："鄱阳言

---

[1] 《拾遗记》卷四载："始皇元年，骞霄国献刻玉善画工名裔。使含丹青以漱地，即成魑魅及诡怪群物之像；刻玉为百兽之形，毛发宛若真矣。皆铭其臆前，记以日月。工人以指画地，长百丈，直如绳墨。方寸之内，画以四渎五岳列国之图。又画为龙凤，骞翥若飞。皆不可点睛，或点之，必飞走也。始皇嗟曰：'刻画之形，何得飞走！'使以淳漆各点两玉虎一眼睛，旬日则失之，不知所在。山泽之人云：'见二白虎，各无一目，相随而行，毛色相似，异于常见者。'至明年，西方献两白虎，各无一目。始皇发槛视之，疑是先所失者，乃刺杀之。检其胸前，果是元年所刻玉虎。"[（晋）王嘉撰，（梁）萧绮录《拾遗记校注》卷四，齐治平校注，中华书局，1981，第185页]

[2] （汉）司马迁：《史记》卷一一七《司马相如列传》，第3004页。

[3] （汉）班固：《汉书》卷八《宣帝纪》，第259页。

[4] （汉）班固：《汉书》卷七〇《陈汤传》，第3027页。又《汉书》卷八四《翟义传》："昔我高宗崇德建武，克绥西域，以受白虎威胜之瑞。"颜师古注引应劭曰："元帝诛灭郅支单于，怀辑西域，时有献白虎者，所以威远胜猛也。"（第3432页）

[5] （汉）刘珍等撰《东观汉记校注》卷二《章帝纪》，吴树平校注，第77页。

[6] （南朝宋）范晔：《后汉书》卷五《安帝纪》，第240页。

白虎仁。"[1]《宋书·符瑞志中》又载："汉献帝延康元年四月丁巳，饶安县言白虎见。又郡国二十七言白虎见。"[2]此条汉代史籍未载。

白虎常用作宫殿名。西汉长安未央宫有白虎殿、白虎阁，东汉洛阳城又有著名的白虎观[3]。白虎用作宫殿名，应当与四灵信仰相关。《三辅黄图》卷三《未央宫》说："苍龙、白虎、朱雀、玄武，天之四灵，以正四方，王者制宫阙殿阁取法焉。"[4]

（5）驺虞

与白虎类似的祥瑞还有驺虞。《诗经·召南·驺虞》："于嗟乎驺虞。"毛亨传："驺虞，义兽也。白虎黑文，不食生物，有至信之德则应之。"[5]司马相如《封禅文》云"囿驺虞之珍群"，又说"般般之兽，乐我君囿。白质黑章，其仪可喜"。司马贞《索隐》注引胡广曰："谓驺虞也。"[6]

（6）白象

《宋书·符瑞志中》："白象者，人君自养有节则至。"[7]《开元占经》卷一一六引《援神契》曰："神灵孳液，百宝为用，则白象素。"又引孙氏《瑞应图记》："王者政教得于四方，则白象至。"又曰："王者自养有道，则白象负不死药来。"[8]和林格尔汉墓壁画祥瑞图榜题有"白養（象）"，图像残损。又有"□人骑白養（象）"（图7）[9]。

《汉书·宣帝纪》云"九真献奇兽"，颜师古注引苏林曰："白象也。"又引晋灼曰："《汉书》驹形，麟色，牛角，仁而爱人。"颜师古以为，此奇兽"非白象也，晋说是矣"[10]。《宋书·符瑞志中》载："宋

---

[1] （晋）陈寿：《三国志》卷四七《吴书·吴主传》，第1147页。

[2] （梁）沈约：《宋书》卷二八《符瑞志中》，第807页。

[3] 《汉书》卷八二《王商传》："河平四年，单于来朝，引见白虎殿。"颜师古注："在未央宫中。"（第3370页）又《三辅黄图》卷六《阁》引《庙记》云："未央宫有白虎阁，属车阁。"陈直校证："白虎、属车二阁，他无所见。"（陈直校证《三辅黄图校证》卷六《阁》，陕西人民出版社，1980，第133页）《后汉书》卷三《章帝纪》载建初四年（79）"下太常，将、大夫、博士、议郎、郎官及诸生、诸儒会白虎观，讲议《五经》同异"（第137页）。

[4] 陈直校证："西汉瓦当中，画瓦以四灵之图像为最多，现皆出于西安枣园村一带。"（陈直校证：《三辅黄图校证》卷四《苑囿》，第56~57页）关于四灵的研究参见王小盾《中国早期思想与符号研究——关于四神的起源及其体系形成》，上海人民出版社，2008；程万里《汉画四神图像》，东南大学出版社，2012。

[5] （汉）毛亨传，（汉）郑玄笺，（唐）孔颖达疏《毛诗正义》卷一《召南·驺虞》，（清）阮元校刻《十三经注疏》，第294页。

[6] （汉）司马迁：《史记》卷一一七《司马相如列传》，第3065、3071页。

[7] （梁）沈约：《宋书》卷二八《符瑞志中》，第802页。

[8] （唐）瞿昙悉达：《开元占经》卷一一六《兽占》，第1101~1102页。

[9] 《和林格尔汉墓壁画》，第34页，第33页。"□人骑白養（象）"图版见第68页，摹本见第118页（图7）。

[10] （汉）班固：《汉书》卷八《宣帝纪》，第259页。

图7　内蒙古和林格尔汉墓壁画"□人骑白羕（象）"（摹本）

文帝元嘉元年十二月丙辰，白象见零陵洮阳。"[1] 又《南齐书·祥瑞志》载："（永明）十一年，白象九头见武昌。"[2]

（7）白熊

《宋书·符瑞志中》："宋文帝元嘉二十年十二月，白熊见新安歙县，太守到元度以献。"[3]

（8）白狼

《山海经·西山经·西次四经》："孟山……其兽多白狼、白虎。"[4]《艺文类聚》卷九九引孙氏《瑞应图记》："白狼，王者仁德明哲则见。"一本曰："王者进退动准法度则见。"[5] 和林格尔汉墓壁画祥瑞图榜题有"白狼"，图像残损[6]。

白狼是商、周两代的符瑞，郭璞《山海经图赞》说："矫矫白狼，有道则游，应符变质，乃衔灵钩。惟德是适，出商出周。"[7]《艺文类聚》卷九九引《尚书中候》："汤牵白狼，握禹录。"[8]《宋书·符瑞志上》："有神牵白狼衔钩而入商朝。"[9]《礼记·大传》孔颖达疏引《元命包》则说："夏，白帝之子。"[10]《稽瑞》引郑玄注《尚书中候》

1　（梁）沈约：《宋书》卷二八《符瑞志中》，第802页。

2　（梁）萧子显：《南齐书》卷一八《祥瑞志》，中华书局，1972，第355页。

3　（梁）沈约：《宋书》卷二八《符瑞志中》，第803页。

4　袁珂校注《山海经校注》卷二《西山经·西次四经》，第71页。

5　（唐）欧阳询：《艺文类聚》卷九九，汪绍楹校，第1717页。

6　《和林格尔汉墓壁画》，第34页。

7　（晋）郭璞著，张宗祥校录《足本山海经图赞》，古典文学出版社，1958，第12页。

8　（唐）欧阳询：《艺文类聚》卷九九，汪绍楹校，第1717页。

9　（梁）沈约：《宋书》卷二七《符瑞志上》，第764页。

10　（汉）郑玄注，（唐）孔颖达疏《礼记正义》卷三四《大传》，（清）阮元校刻《十三经注疏》，第1506页。

曰:"白狼金精。"[1]《续汉书·礼仪志中》:"夏后氏金行。"[2]因此,白狼(金精)是夏的象征,神人将白狼(夏)赠予商汤。《艺文类聚》卷九九引孙氏《瑞应图》:"周宣王时,白狼见,犬戎灭。"[3]《宋书·符瑞志中》亦载:"白狼,宣王得之而犬戎服。"[4]《国语·周语上》则说是周穆王时事,穆王征犬戎,曾"得四白狼四白鹿以归"。韦昭注:"白狼白鹿,犬戎所贡。"[5]

(9)白狐

《初学记》卷二九引《春秋潜潭巴》:"白狐至,国民利。"[6]《宋书·符瑞志中》说:"白狐,王者仁智则至。"[7]《开元占经》卷一一六《兽占》引孙氏《瑞应图》则作:"王者仁智明则白狐出。"又曰:"王者仁智动唯法度则见。"[8]《稽瑞》引孙氏《瑞应图记》:"王者法平则白狐至。"一本云:"王者明德,动准法度则出。宣帝时得之,狄戎衰也。"[9]

和林格尔汉墓壁画祥瑞图榜题有"白孤(狐)",图像残损[10]。《艺文类聚》卷九九引《尚书大传》:"文王拘羑里,散宜生之西海之滨,取白狐青翰献纣,纣大悦。"[11]《东观汉记·章帝纪》:"章帝时,白狐见,群臣上寿。"[12]

古人常将白狐与九尾狐视为一物[13]。《吴越春秋·越王无余外传》说,禹三十未娶,有九尾白狐造访于禹。禹曰:"白者,吾之服也。其九尾者,王者之证也。涂山之歌曰:'绥绥白狐,九尾厖厖。我家嘉

---

[1] (唐)刘赓辑《稽瑞》,第19页。

[2] (晋)司马彪撰,(梁)刘昭注补《续汉书·礼仪志中》,第3122页。

[3] (唐)欧阳询:《艺文类聚》卷九九,汪绍楹校,第1717页。

[4] (梁)沈约:《宋书》卷二八《符瑞志中》,第808页。

[5] 徐元诰:《国语集解》卷一《周语上》,王树民、沈长云点校,中华书局,2002,第9页。《史记》卷一一〇《匈奴列传》亦载:"穆王伐犬戎,得四白狼四白鹿以归。"(第2881页)刘敦愿认为所谓"得四白狼四白鹿以归",应为迫迁或掳掠了犬戎族的白狼与白鹿两个胞族(共八个氏族)东来。参见刘敦愿《周穆王征犬戎"得四白狼四白鹿以归"解——兼论宝鸡茹家庄出土青铜车饰族属问题》,《人文杂志》1986年第4期。

[6] (唐)徐坚等:《初学记》卷二九,第717页。

[7] (梁)沈约:《宋书》卷二八《符瑞志中》,第803页。

[8] (唐)瞿昙悉达:《开元占经》卷一一六《兽占》,第1103页。按,"唯"疑为"准"之误。

[9] (唐)刘赓辑《稽瑞》,第101页。

[10] 《和林格尔汉墓壁画》,第34页。

[11] (唐)欧阳询:《艺文类聚》卷九九,汪绍楹校,第1715页。

[12] (汉)刘珍等:《东观汉记校注》卷二《章帝纪》,吴树平校注,第78页。

[13] 参见傅军龙《九尾白狐与中国古代的祥瑞观》,《北方论丛》1997年第2期,第82~83页。

夷，来宾为王。成家成室，我造彼昌。天人之际，于兹则行。'明矣哉！"大禹于是娶涂山氏为妻[1]。《稽瑞》引《田俅子》又说："殷汤为天子，白狐九尾。"[2]

（10）白貊

《宋书·符瑞志中》："晋成帝咸康八年七月，燕王慕容皝上言白貊见国内。"[3]

（11）白马朱鬣

所谓"白马朱鬣"，《续汉书·舆服志上》说："白马者，朱其髦尾为朱鬣云。"[4]《宋书·符瑞志中》："白马朱鬣，王者任贤良则见。"[5]《开元占经》卷一一八《马占》引《瑞应图》与此类似，又曰："明王在上，则白马朱鬣至。"又曰："王者服乘有度，则白马朱鬣。"[6]《稽瑞》引孙氏《瑞应图记》曰："王者不储秣马，则白马朱鬣赤髦，任贤良则见。"[7]

和林格尔汉墓壁画祥瑞图榜题有"白马"，图像尚可辨认（图8）[8]。据该图黑白摹本，此白马鬃、尾、腿部毛色皆非白色。武氏祠祥瑞石第四石第二层榜题："白马朱鬣，□者□□良，则至。"高文《汉碑集释》："'者'上所阙是'王'字。下阙是'任贤'二字。'则'下所阙或是'见'字，或是'至'字，未可定也。"（图9）[9]

《玉海》卷一九八引《礼纬》："白马朱鬣，瑞于文王。"[10] 又《艺文类聚》卷一二引《琴操》曰："文王四臣散宜生等，周流海内，经历丰土，得美女二人、水中大贝、白马朱鬣，以献于纣，陈于中庭，纣立出西伯。"[11]《太平御览》卷一一引《神异经》："西海上有人焉，乘白马朱鬣，白衣素冠，从十二童子，驰马西海上如飞，名曰'河伯使者'。其所至之国雨水滂沱。"[12] 汉代

---

1 （汉）赵晔：《吴越春秋校注》，张觉校注，岳麓书社，2006，第161~162页。

2 （唐）刘赓辑《稽瑞》，第31页。

3 （梁）沈约：《宋书》卷二八《符瑞志中》，第803页。

4 （晋）司马彪撰，（梁）刘昭注补《续汉书·舆服志上》，第3643页。

5 （梁）沈约：《宋书》卷二八《符瑞志中》，第802页。

6 （唐）瞿昙悉达：《开元占经》卷一一八《马占》，第1118页。

7 （唐）刘赓辑《稽瑞》，第34页。

8 《和林格尔汉墓壁画》，第34页。图8见第137页。

9 高文：《汉碑集释》，第164页。

10 （宋）王应麟辑《玉海》卷一九八，江苏古籍出版社、上海书店出版社，1987，第3634页。

11 （唐）欧阳询：《艺文类聚》卷一二《帝王部》，汪绍楹校，第223页。

12 （宋）李昉等：《太平御览》卷一一，第54页。

立秋日的"貙刘之礼",天子的车马亦要求"白马朱鬣"[1]。

（12）白牟

《稽瑞》引孙氏《瑞应图记》："师旷时获白牟。"[2]

（13）白鹿[3]

《山海经·西山经·西次四经》说："上申之山……兽多白鹿。"[4]白鹿是公认的瑞兽。《宋书·符瑞志中》："白鹿,王者明惠及下则至。"[5]《艺文类聚》卷九九引《孝经援神契》："德至鸟兽,则白鹿见。"又引《礼斗威仪》曰："君乘水而王,其政平,则北海输白鹿。"[6]《初学记》卷二九引孙氏《瑞应图》："王者承先圣法度,无所遗失,则白鹿来。"[7]

《史记·平准书》载,汉武帝元狩四年（前119）,为缓解财政困难,"以白鹿皮方尺,缘以藻缋,为皮币,直四十万。王侯宗室朝觐聘享,必以皮币荐璧,然后得行"。又以银锡为白金,造"白金三品"[8]。对于此事,《史记·封禅书》的记载为："天子苑有白鹿,以其皮为币,以发瑞应,造白金焉。"[9]可见,以白鹿皮造皮币、银锡造白金三品,除了有缓解财政危机的目的外,还有"发瑞应"的愿望。

汉末薛综有《白鹿颂》之作,其中说到白鹿的体态,《初学记》卷二九引其文说："皎皎白鹿,体质驯良。其质皓曜,如鸿如霜。"[10]《焦氏易林·升之乾》说："白鹿鸣呦,呼其老小。喜彼茂草,乐我君子。"[11]汉代神车画像中多见以鹿作为车辆牵引动力的画面[12]。四川出土汉画像砖亦

---

[1] （晋）司马彪撰,（梁）刘昭注补《续汉书·礼仪志中》,第3123页。

[2] （唐）刘赓辑《稽瑞》,第108页。

[3] 参见谢成侠《再论中国稀有鹿类——麋鹿、白鹿和驼鹿的历史和现状》,《中国农史》1994年第4期,第64~65页。

[4] 袁珂校注《山海经校注》卷二《西山经·西次四经》,第70页。

[5] （梁）沈约:《宋书》卷二八《符瑞志中》,第803页。

[6] （唐）欧阳询:《艺文类聚》卷九九《祥瑞部下》,汪绍楹校,第1714页。

[7] （唐）徐坚等:《初学记》卷二九,第714页。

[8] （汉）司马迁:《史记》卷三〇《平准书》,第1426、1427页。

[9] （汉）司马迁:《史记》卷二八《封禅书》,第1387页。

[10] （唐）徐坚等:《初学记》卷二九,第715页。

[11] （汉）焦延寿:《焦氏易林注》卷一二《升之乾》,尚秉和注,常秉义批点,中央编译出版社,2012,第487页。

[12] 王子今:《汉代神车画像》,载陕西历史博物馆馆刊编辑部编,周天游主编《陕西历史博物馆馆刊》第3辑,西北大学出版社,1996,第20~27页。如河南省博物馆藏南阳汉画像石,其中有鹿车升仙的画面。"车下有云气承托。箱内乘一尊者、一驭者。尊者持节。驭者挽缰扬鞭。车前有两只仙鹿拉车,车后有一只仙鹿追随,二羽人手持仙草并行。"（王建中、闪修山:《南阳两汉画像石》,文物出版社,1990,图153）

常见仙人骑鹿的画面[1]。汉代文献中又常见以白鹿作为神仙坐骑。汉乐府《长歌行》有"仙人骑白鹿"[2]之句,仙人鲁女生"乘白鹿,从玉女三十人"[3]。又严忌《哀时命》:"浮云雾而入冥兮,骑白鹿而容与。"[4]曹植《飞龙篇》:"晨游泰山,云雾窈窕。忽逢二童,颜色鲜好。乘彼白鹿,手翳芝草。"[5]

天子出猎常获白鹿祥瑞。上引《国语·周语上》说周穆王征犬戎"得四白狼四白鹿以归"。《史记·司马相如列传》所载

图8 内蒙古和林格尔汉墓壁画"白马"(摹本)　　图9 武氏祠画像石祥瑞图"白马朱鬣"(摹本)[(清)冯云鹏、冯云鹓:《金石索》,商务印书馆,1934年影印本,转引自巫鸿《武梁祠——中国古代画像艺术的思想性》,第261页]

---

1. 较典型的图像如四川成都市郊出土仙人骑鹿画像砖、四川新都出土仙人骑鹿画像砖,分见龚廷万、龚玉、戴嘉陵编著《巴蜀汉代画像集》,文物出版社,1998,图258、259。
2. (宋)郭茂倩编《乐府诗集》卷三〇《相和歌辞五》,中华书局,1979,第442页。
3. (南朝宋)范晔:《后汉书》卷八二下《方术传下》李贤注引《汉武内传》,第2741页。
4. (宋)洪兴祖:《楚辞补注》卷一四《哀时命章句》,白化文、许德楠、李如鸾、方进点校,第265页。
5. (宋)郭茂倩编《乐府诗集》卷六五《杂曲歌辞四》,第926页。《乐府诗集》卷二六《相和歌辞一》载曹操《气出唱》:"愿得神之人,乘驾云车,骖驾白鹿,上到天之门,来赐神之药。"(第383页)《隶释》卷三《张公神碑》:"骖白鹿兮从仙僮,游北岳兮与天通。"[(宋)洪适:《隶释》卷三,中华书局,1986,第42页]

《上林赋》说天子出猎"轶白鹿,捷狡兔"。张守节《正义》引《晋征祥记》:"白鹿色若霜,不与他鹿为群。"[1]东汉多见白鹿瑞兽。汉章帝建初七年(82)"获白鹿"[2],上引章帝元和二年祥瑞中亦有白鹿。安帝延光三年(124)六月,"扶风言白鹿见雍",七月"白鹿、麒麟见阳翟"[3]。桓帝永兴元年(153)"张掖言白鹿见"[4]。有德行的地方长官,也会获得白鹿祥瑞。郑弘为淮阳太守时,"行春天旱,随车致雨。白鹿方道,侠毂而行。弘怪问主簿黄国曰:'鹿为吉为凶?'国拜贺曰:'闻三公车幡画作鹿,明府必为宰相。'"[5]后来郑弘果然位列三公。汉《西狭颂》"五瑞图"摩崖画像有一神鹿形象,其侧榜题明确说为"白鹿"(图10)。出现白鹿祥瑞的原因是太守李翕"昔在渑池,修崤嵚之道,德治精通,致黄龙白鹿之瑞"[6]。

(14)白獐

《开元占经》卷一一六引孙氏《瑞应图记》:"王者德茂,则白獐见。"[7]《宋书·符瑞志中》说:"白獐,王者刑罚理则至。"与《瑞应图记》所载不同。《宋书·符瑞志中》中又载有多次晋宋间献白獐的记录。[8]

图10 《西狭颂》"五瑞图""白鹿"

---

1 (汉)司马迁:《史记》卷一一七《司马相如列传》,第3034页。

2 (南朝宋)范晔:《后汉书》卷三《章帝纪》,第144页。

3 (南朝宋)范晔:《后汉书》卷五《安帝纪》,第239页。

4 (南朝宋)范晔:《后汉书》卷七《桓帝纪》,第298页。

5 (南朝宋)范晔:《后汉书》卷三三《郑弘传》李贤注引《谢承书》,第1156页。

6 上海书画出版社编《西狭颂》,上海书画出版社,2008,第64页,图10亦引自此文。

7 (唐)瞿昙悉达:《开元占经》卷一一六《兽占》,第1102页。

8 (梁)沈约:《宋书》卷二八《符瑞志中》,第809~812页。

（15）白麋

《宋书·符瑞志中》："魏文帝黄初元年，郡国十九言白鹿及白麋见。"[1]

（16）白麂

《宋书·符瑞志中》："孝武帝大明元年二月己亥，白麂见会稽诸暨县，获以献。"[2]

（17）白猴

《梁书·武帝纪中》："（天监九年）林邑国遣使献白猴一。"[3]

（18）白兔

《宋书·符瑞志下》："白兔，王者敬耆老则见。"[4]《艺文类聚》卷九九引《瑞应图》记载与此类似，又曰："王者应事疾，则见。"[5]和林格尔汉墓壁画祥瑞图榜题有"□兔"，可能为"白兔"，图像残损[6]。河北望都1号汉墓壁画前室东壁有白兔图像，榜题为"白兔游东山"（图11）[7]。

《后汉书·光武帝纪下》："（建武十三

图11 河北望都1号汉墓壁画"白兔"

年）九月，日南徼外蛮夷献白雉、白兔。"[8]上引章帝元和二年祥瑞中亦有白兔。又桓帝永康元年（167），"西河言白菟见"[9]。

（19）白狸

《稽瑞》引《天镜》曰："人主恩被于四远，则白狸见。文王时则见，远人服。"[10]

（20）白猬

《稽瑞》引《宋书》曰："文帝元嘉廿

---

1 （梁）沈约：《宋书》卷二八《符瑞志中》，第804页。

2 （梁）沈约：《宋书》卷二八《符瑞志中》，第812页。

3 （唐）姚思廉：《梁书》卷二《武帝纪中》，中华书局，1973，第50页。

4 （梁）沈约：《宋书》卷二九《符瑞志下》，第837页。

5 （唐）欧阳询：《艺文类聚》卷九九，汪绍楹校，第1715页。

6 《和林格尔汉墓壁画》，第34页。

7 北京历史博物馆、河北省文物管理委员会：《望都汉墓壁画》，中国古典艺术出版社，1955，第13页，图版25。

8 （南朝宋）范晔：《后汉书》卷一下《光武帝纪下》，第62页。《东观汉记校注》卷一《光武帝纪》作："越裳献白兔。"（第11页）

9 （南朝宋）范晔：《后汉书》卷七《桓帝纪》，第319页。

10 （唐）刘赓辑《稽瑞》，第96页。

四年，扬州刺史始兴王浚献白猬。"[1]

（21）白鼠

《宋书·符瑞志下》："晋惠帝永嘉元年五月，白鼠见东宫，皇太子获以献。""宋明帝泰始三年二月壬寅，白鼠见乐安，青州刺史沈文秀以献。"[2]

（22）白鹤

和林格尔汉墓壁画祥瑞图榜题有"白鹤"，图像残损[3]。《艺文类聚》卷九〇有王粲《白鹤赋》片段，其中说："白翎禀灵龟之修寿，资仪凤之纯精。"又引曹植《白鹤赋》说："嗟皓丽之素鸟，含奇气之淑祥。"[4]

《汉书·郊祀志下》载，汉宣帝告祠武帝庙曰，"有白鹤集后庭"。又"西河筑世宗庙，神光兴于殿旁，有鸟如白鹤，前赤后青"[5]。《焦氏易林·谦之泰》："白鹤衔珠，夜室为明。怀我德音，身受光荣。"[6]

（23）白鹄

《初学记》卷一六引孙氏《瑞应图》："师旷鼓琴，通于神明而白鹄翔。"[7]

东汉崔琦曾作《白鹄赋》讽谏梁冀[8]。《拾遗记》卷八说，阖闾葬妹"白鹄翔于林中"[9]。据说王子乔成仙时，"乘白鹄住山颠"[10]，《焦氏易林·中孚之旅》："白鹄游望，君子以宁。履德不怠，福禄来成。"[11]《焦氏易林·大畜之井》："白鹄衔珠，夜食为明。膏润优沃，国岁年丰。中子来同，见恶不凶。"[12]

1　（唐）刘赓辑《稽瑞》，第84页。

2　（梁）沈约：《宋书》卷二九《符瑞志下》，第870页。

3　《和林格尔汉墓壁画》，第34页。

4　（唐）欧阳询：《艺文类聚》卷九〇，汪绍楹校，第1567页。

5　（汉）班固：《汉书》卷二五下《郊祀志下》，第1248页。

6　（汉）焦延寿：《焦氏易林注》卷四《谦之泰》，尚秉和注，常秉义批点，第165页。

7　（唐）徐坚等：《初学记》卷一六，第387页。

8　（南朝宋）范晔：《后汉书》卷八〇上《文苑传上·崔琦传》，第2622页。

9　（晋）王嘉撰，（梁）萧绮录《拾遗记校注》卷八，齐治平校注，第185页。

10　（南朝宋）范晔：《后汉书》卷五九《张衡传》李贤注引《列仙传》，第1938页。《后汉书》卷八二上《方术传上·王乔传》李贤注引《列仙传》引作"白鹤"（第2712页）。

11　（汉）焦延寿：《焦氏易林注》卷一六《中孚之旅》，尚秉和注，常秉义批点，第641页。

12　（汉）焦延寿：《焦氏易林注》卷七《大畜之井》，尚秉和注，常秉义批点，第284页。尚秉和注引《搜神记》："哙参行，遇黔鹤，为弋人射伤，收养之，放去。一夜，雌雄各衔一明月珠来以报参。"关于此事，今本《搜神记》作："哙参寓居河内，养母至老。曾有玄鹤，为戎人所射，穷而归参。参抚视，箭创甚重，于是以膏药摩之。月余渐愈，然后飞去。后数十日间，鹤夜到门外。参秉烛视之，见鹤雌雄双至，各衔一明月珠，吐之而去，以报参焉。"[（晋）干宝：《新辑搜神记》卷二九，李剑国辑校，中华书局，2007，第455页] 所说为"黔鹤"或"玄鹤"，颜色与白鹤不同。类似记载又见《焦氏易林注》卷六《噬嗑之恒》："白鹤衔珠，夜食为明。膏润优渥，国岁年丰。"（第229页）《焦氏易林注》卷三《小畜之萃》："白鹤衔珠，夜食为明。怀安德音，身受光荣。"（第107页）

（24）白雉

《山海经·西山经》载："嶓冢之山，鸟多白翰。"郭璞注："白翰，白鵫也，亦名鵫雉，又曰白雉。"又《西次四经》："盂山……其鸟多白雉、白翟"[1]。《艺文类聚》卷九九引《孝经援神契》说："王者德至鸟兽，故雉白首。"注曰："妃房不偏，故白雉应。"又引《春秋感精符》："王者旁流四表，则白雉见。"[2]

四川简阳鬼头山崖墓 3 号石棺左侧画像左侧羽人左上方有一鸟，昂首站立，尾羽较长。鸟上方榜题为"白雉"（图 12）[3]。班固有《白雉诗》："启灵篇兮披瑞图，获白雉兮效素乌。发皓羽兮奋翘英，容洁朗兮于淳精。章皇德兮侔周成，永延长兮膺天庆。"[4] 所谓"皓羽""洁朗"，都是形容白雉的毛羽之色。

汉武帝泰山封禅时曾"纵远方奇兽蜚禽及白雉诸物，颇以加礼"[5]。《宋书·符瑞志下》："汉桓帝永康元年十一月，白雉见西河。汉献帝延康元年四月丁巳，饶安县言白雉见。又郡国十九言白雉见。"[6]

据说周成王时曾有越裳氏向周公贡献

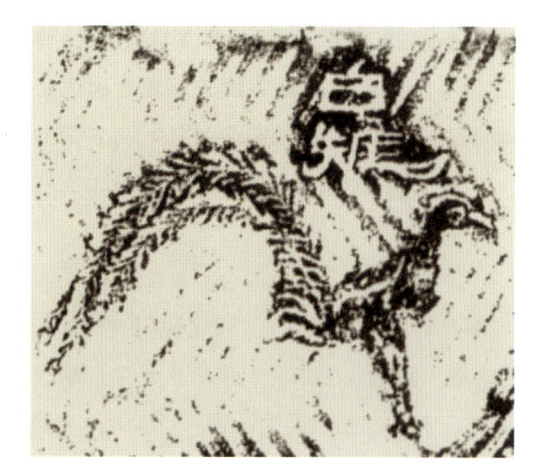

图 12　四川简阳鬼头山崖墓 3 号石棺"白雉"

白雉祥瑞。《宋书·符瑞志下》载："越常，周公时来献白雉、象牙。"[7]《后汉书·南蛮传》：

> 交阯之南有越裳国。周公居摄六年，制礼作乐，天下和平，越裳以三象重译而献白雉，曰："道路悠远，山川岨深，音使不通，故重译而朝。"成王以归周公。公曰："德不加焉，则君子不飨其质。政不施焉，则君子不臣其人。吾何以获此赐也。"其使请

1　袁珂校注《山海经校注》卷二《西山经》，第 33、71 页。

2　（唐）欧阳询：《艺文类聚》卷九九，汪绍楹校，第 1713 页。

3　内江市文管所、简阳县文化馆：《四川简阳县鬼头山东汉崖墓》，《文物》1991 年第 3 期，第 23 页。图 12 亦引自此文。

4　（南朝宋）范晔：《后汉书》卷四〇下《班固传》，第 1373 页。

5　（汉）司马迁：《史记》卷二八《封禅书》，第 1398 页。

6　（梁）沈约：《宋书》卷二九《符瑞志下》，第 863 页。

7　（梁）沈约：《宋书》卷二九《符瑞志下》，第 863 页。

曰："吾受命吾国之黄耇曰：'久矣，天之无烈风雷雨，意者中国有圣人乎？有则盍往朝之。'"周公乃归之于王，称先王之神致，以荐于宗庙。[1]

此事是否真实难以考证，但汉儒多有称颂。《论衡·异虚》说："周时天下太平，越尝献雉于周公，高宗得之而吉。"[2]《中论·爵禄》："周公之为诸侯，犹臣也，及其践明堂之阼，负斧扆而立，则越裳氏来献白雉。"[3]《焦氏易林·讼之既济》："白雉群雏，慕德朝贡。湛露之恩，使我得欢。"《焦氏易林·艮之咸》："且奭辅王，周德孔明。越裳献雉，万国咸康。"[4]《乐府诗集》有《越裳操》诗，郭茂倩引蔡邕《琴操》曰："《越裳操》，周公所作也。"又引《古今乐录》曰："越裳献白雉，周公作歌，遂传之为《越裳操》。"[5]由此也可看出汉儒对白雉祥瑞的重视。

后代统治者甚至有意模仿越裳献白雉的故事。《楚辞·天问》说："昭后成游，南土爰底。厥利惟何？逢彼白雉？"王逸注："言昭王南游，何以利于楚乎？以为越裳氏献白雉，昭王德不能致，欲亲往逢迎之。"[6]《汉书·平帝纪》又载："元始元年春正月，越裳氏重译献白雉一，黑雉二，诏使三公以荐宗庙。"[7]这一政治表演的幕后操纵者是王莽。《汉书·王莽传上》载："始，风益州令塞外蛮夷献白雉，元始元年正月，莽白太后下诏，以白雉荐宗庙。"王莽"风益州令塞外蛮夷献白雉"的目的，自然是模仿周公。群臣也借机奏请王太后封王莽为"安汉公"。王莽受命的策书专门称颂他"功德茂著，宗庙以安，盖白雉之瑞，周成象焉"[8]。值得注意的是，越裳氏所献有白雉、黑雉两种，且黑雉数量也多于白雉，但时人只重视白雉，对黑雉视而不见，因为白雉才能合周公典故。而这恰可以体现出汉代人对白色祥瑞的特别喜好[9]。

---

[1] （南朝宋）范晔：《后汉书》卷八六《南蛮传》，第2835页。

[2] （汉）王充：《论衡校释》卷五《异虚》，黄晖校释，第219页。

[3] （魏）徐干：《中论解诂》，孙启治解诂，中华书局，2014，第177页。

[4] （汉）焦延寿著，尚秉和注，常秉义批点《焦氏易林注》卷二《讼之既济》，第75页；卷一三《艮之咸》，第554页。

[5] （宋）郭茂倩编《乐府诗集》卷五七《琴曲歌辞一》，第831~832页。相关研究参见亓娟莉《〈越裳操〉本事考》，《宝鸡文理学院学报》（社会科学版）2011年第1期，第75~78页。

[6] （宋）洪兴祖：《楚辞补注》卷三《天问章句》，白化文、许德楠、李如鸾、方进点校，第110页。

[7] （汉）班固：《汉书》卷一二《平帝纪》，第348页。

[8] （汉）班固：《汉书》卷九九上《王莽传上》，第4046~4048页。

[9] 与此类似的事件又有光武帝建武二年，"南越献白雉"[（汉）刘珍等：《东观汉记校注》卷一《光武帝纪》，吴树平校注，第8页]。章帝元和元年春正月，"日南徼外蛮夷献生犀、白雉"[（南朝宋）范晔：《后汉书》卷三《章帝纪》，第145页]。

（25）白孔雀

《宋书·符瑞志下》："孝武帝大明五年正月丙子，交州刺史垣闳献白孔雀。"[1]

（26）白鸢

《稽瑞》引《晋中兴书》曰："孝宗永和九年，吴郡献白鸢。"[2]

（27）白乌

《宋书·符瑞志下》："白乌，王者宗庙肃敬则至。"[3]和林格尔汉墓壁画祥瑞图榜题有"白乌"，图像残损[4]。上引班固《白雉诗》："启灵篇兮披瑞图，获白雉兮效素乌。""素乌"当指白乌。《太平御览》卷九二〇引薛综的《白乌颂》说："粲焉白乌，皓体如素。宗庙致敬，乃胥来顾。"[5]

《后汉书·桓帝纪》："（永寿元年）夏四月，白乌见齐国。"[6]又《西南夷传》："肃宗元和中，蜀郡王追为太守，政化尤异，有神马四匹出滇池河中，甘露降，白乌见。"[7]《焦氏易林》卷一五《兑之姤》："徙巢去家，南遇白乌。东西受福，与喜相得。"[8]也是以遇见白乌为瑞。

（28）白鸠

《宋书·符瑞志下》："白鸠，成汤时来至。"[9]《艺文类聚》卷九九引孙氏《瑞应图》："鸠成汤时来。王者养耆老，尊道德，不以新失旧则至。"一本云："成王时来。"[10]

《文选》卷四八载扬雄《剧秦美新》："白鸠丹乌，素鱼断蛇。"李善注引《吴录》："殷汤有白鸠之祥。"[11]《艺文类聚》卷九二引曹植《魏德论讴》，其中说白鸠"班班者鸠，爱素其质。昔翔殷邦，今为魏出"[12]。所谓"昔翔殷邦"，是指当时流传

---

1 （梁）沈约：《宋书》卷二九《符瑞志下》，第872页。

2 （唐）刘赓辑《稽瑞》，第13页。

3 （梁）沈约：《宋书》卷二九《符瑞志下》，第841页。

4 《和林格尔汉墓壁画》，第34页。

5 （宋）李昉等：《太平御览》卷九二〇，第4084页。

6 （南朝宋）范晔：《后汉书》卷七《桓帝纪》，第301页。

7 （南朝宋）范晔：《后汉书》卷八六《西南夷传》，第2847页。《东观汉记校注》卷一三《王阜传》作："王阜为益州太守……政教清静，百姓安业，时有神马见滇河中，甘露降，芝草生，白乌见，连有瑞应。"（第513页）

8 （汉）焦延寿：《焦氏易林注》，尚秉和注，常秉义批点，第613页。

9 （梁）沈约：《宋书》卷二九《符瑞志下》，第848页。

10 （唐）欧阳询：《艺文类聚》卷九九，汪绍楹校，第1713页。

11 （汉）扬雄：《剧秦美新》，载（梁）萧统编，（唐）李善注《文选》卷四八，第680页。

12 （唐）欧阳询：《艺文类聚》卷九二，汪绍楹校，第1600页。

的商汤的白鸠之瑞。《太平御览》卷九二一说，陈留郡有白鸠出于郡界，太守命门下赋曹吏张升作《白鸠颂》："厥名枭鸠，貌甚雍容。丹青绿目，耳象重重。"[1] 四川简阳鬼头山崖墓3号石棺后侧画像上有一只小鸟，立于女娲左侧，昂首翘尾。其侧榜题为"九"，即鸠，但未标明鸠之色彩（图13）[2]。甘肃武威旱滩坡东汉墓出土鸠杖杖首鸠鸟通体以白粉涂饰后再用墨线勾绘，可惜出土后粉墨剥落[3]。

汉晋六朝时期白鸠祥瑞层出不穷。《艺文类聚》卷九九引《古今注》曰："平帝元始三年，济南鸠生白子。"[4] 又《三国志·吴志·吴主传》裴松之注引《吴录》："（赤乌十二年）八月癸丑，白鸠见于章安。"[5]

白鸠又常与孝子相关。《艺文类聚》卷九二引《会稽典录》说，皮延"养母至孝。居丧，有白鸠巢庐侧，遂以丧终"。又说："郑弘迁临淮太守，郡人徐宪在丧致哀，白鸠巢户侧。弘举为孝谦，朝廷称为'白鸠郎'。"[6]《晋书·孝友传·刘殷传》有孝子

图13 四川简阳鬼头山崖墓3号石棺"九"（鸠）

刘殷，"七岁丧父，哀毁过礼"。曾祖母王氏卒，"夫妇毁瘠，几至灭性"，"后有二白鸠巢其庭树"[7]。鸠鸟本身就是尊老的象征，《周礼·夏官·罗氏》："（罗氏）中春罗春鸟，献鸠以养国老。"郑玄注："是时鹰化为鸠。鸠与春鸟变旧为新，宜以养老助生气。"[8] 汉代又有赐高年鸠杖的制度，《续汉

---

[1]（宋）李昉等：《太平御览》卷九二一，第4088页。

[2] 内江市文管所、简阳县文化馆：《四川简阳县鬼头山东汉崖墓》，《文物》1991年第3期，第23页。图13亦引自此文。

[3] 武威地区博物馆：《甘肃武威旱滩坡东汉墓》，《文物》1993年第10期，第32页。

[4]（唐）欧阳询：《艺文类聚》卷九九，汪绍楹校，第1713页。

[5]（晋）陈寿：《三国志》卷四七《吴志·吴主传》，第1147页。

[6]（唐）欧阳询：《艺文类聚》卷九二，汪绍楹校，第1599页。

[7]（唐）房玄龄等：《晋书》卷八八《孝友传·刘殷传》，中华书局，1974，第2288~2289页。类似故事又有《广州先贤传》载顿琦事、《梁书》载庾子事、《南史》载姚察事、《隋书》载李得饶事，以上俱见《太平御览》卷九二一。

[8]（汉）郑玄注，（唐）贾公彦疏《周礼注疏》卷三〇《夏官·罗氏》，（清）阮元校刻《十三经注疏》，第846页。

书·礼仪志中》:"王杖长九尺,端以鸠鸟为饰。鸠者,不噎之鸟也。欲老人不噎。"[1]以白鸠祥瑞褒奖孝子,可谓恰当[2]。

（29）白燕

《宋书·符瑞志下》:"白燕者,师旷时,衔丹书来至。"[3]和林格尔汉墓壁画祥瑞图榜题有"白鷾",图像残损[4]。

上引章帝元和二年祥瑞中即有白燕[5]。《拾遗记》卷七:"魏禅晋之岁,北阙下有白光如鸟雀之状,时飞翔来去。有司闻奏帝所。罗之,得一白燕,以为神物,于是以金为樊,置于宫中。旬日不知所在。论者云:'金德之瑞。昔师旷时,有白燕来巢。'检《瑞应图》,果如所论。白色叶于金德,师旷晋时人也,古今之义相符焉。"[6]《瑞应图记》的记载与《宋书·符瑞志下》有所不同,一说为"白燕来巢",一说为白燕"衔丹书来至"。

《太平御览》卷九二二引京房《易占》说:"山见白燕,其君且得贵女。"[7]《西京杂记》卷四也有类似的故事:"元后在家,尝有白燕衔白石,大如指,坠后绩筐中。后取之,石自割为二,其中有文曰'母天地'。后乃合之,遂复还合。乃宝录焉。后为皇后,常并置玺笥中,谓为天玺也。"[8]衔珠而来的是白燕,白燕所衔亦是白石。

（30）白雀[9]

《宋书·符瑞志下》:"白雀者,王者爵禄均则至。"[10]《艺文类聚》卷九九引《孝经援神契》:"王者奉己约俭,台榭不侈,尊事耆老,则白雀见。"[11]

《太平御览》卷一三引《尚书中候》:"秦穆公出狩,天震大雷,下有火化为白雀,

---

1 （晋）司马彪撰,（梁）刘昭注补《续汉书·礼仪志中》,第3124页。

2 相关研究参见祝中熹《王杖鸠首说》,《文史知识》1995年第11期,第43~46、51页；孙章峰、徐昭峰《鸠·鸠杖·鸠车》,《华夏考古》2006年第3期,第85~88页；李立《"鸠杖"考辨》,《深圳大学学报》（人文社会科学版）2008年第2期,第131~133页；郭浩《汉代王杖制度若干问题考辨》,《史学集刊》2008年第3期,第94~99页；王泽强《中国文化史上"鸠鸟"形象的蕴意、功用及演化》,《山西师大学报》（社会科学版）2008年第5期,第94~98页。

3 （梁）沈约:《宋书》卷二九《符瑞志下》,第840页。

4 《和林格尔汉墓壁画》,第34页。

5 又《宋书》卷二九《符瑞志下》:"汉章帝元和中,白燕见郡国。"（第840页）

6 （晋）王嘉撰,（梁）萧绮录《拾遗记校注》卷七,齐治平校注,第170页。

7 （宋）李昉等:《太平御览》卷九二二,第4092页。

8 （晋）葛洪:《西京杂记》卷四,周天游校注,三秦出版社,2006,第198页。

9 关于白雀祥瑞在后世的影响,参见余欣《符瑞与地方政权的合法性构建:归义军时期敦煌瑞应考》,《中华文史论丛》2010年第4期,第325~378页。

10 （梁）沈约:《宋书》卷二九《符瑞志下》,第843页。

11 （唐）欧阳询:《艺文类聚》卷九九,汪绍楹校,第1711页。

衔丹书集公车。"[1] 是说秦穆公获白雀丹书之瑞。此处的白雀是秦为金德的象征。《宋书·符瑞志下》又说:"汉章帝元和初,白雀见郡国。"[2] 但汉代文献中未见此条记载。魏文帝受禅时曾有白雀祥瑞。《宋书·符瑞志下》载:"魏文帝初,郡国十九言白雀见。"[3]

（31）白鹊

《北堂书钞》卷一〇九引孙氏《瑞应图记》:"师旷鼓琴,通于神明,玉羊、白鹊,翩翔坠投。"[4]

上引章帝元和二年祥瑞中有白鹊。《艺文类聚》卷九二引曹植《魏德论讴》:"鹊之强强,诗人取喻。今存圣世,呈质见素。"[5] 卷八八又引《魏德论》载:"武帝执政日,白鹊集于庭槐。"[6]

（32）白鹅

《宋书·符瑞志下》:"晋成帝咸和九年五月癸酉,白鹅见吴国钱塘,内史虞潭以献。"[7]

（33）白鸽

《宋书·符瑞志下》:"晋武帝泰始二年六月壬申,白鸽见酒泉延寿,延寿长王音以献。"[8]

（34）白鹦鹉

《宋书·符瑞志下》:"孝武帝大明三年正月丙申,婆皇国献赤白鹦鹉各一。""宋文帝元嘉二十四年十月甲午,扬州刺史始兴王浚献白鹦鹉。"[9]

（35）白鸲鹆

《宋书·符瑞志下》:"明帝泰始三年五月乙亥,白鸲鹆见京兆,雍州刺史巴陵王休若以献。"[10]

（36）白龟

《墨子·耕柱》:"昔者夏后开使蜚廉折金于山川,而陶铸之于昆吾,是使翁难卜于白若之龟"[11]。"白若之龟"即白色的善

---

[1] （宋）李昉等:《太平御览》卷一三,第64页。

[2] （梁）沈约:《宋书》卷二九《符瑞志下》,第843页。

[3] （梁）沈约:《宋书》卷二九《符瑞志下》,第843页。

[4] （唐）虞世南:《北堂书钞》卷一〇九,中国书店,1989,第418页。

[5] （唐）欧阳询:《艺文类聚》卷九二,汪绍楹校,第1593页。

[6] （唐）欧阳询:《艺文类聚》卷八八,汪绍楹校,第1517页。

[7] （梁）沈约:《宋书》卷二九《符瑞志下》,第871页。

[8] （梁）沈约:《宋书》卷二九《符瑞志下》,第871页。

[9] （梁）沈约:《宋书》卷二九《符瑞志下》,第872页。

[10] （梁）沈约:《宋书》卷二九《符瑞志下》,第872页。

[11] 孙诒让于"翁难"后增"雉""乙"二字,作:"是使翁难雉乙卜于白若之龟"。孙氏增字解说过于迂曲,今从吴毓江说。[（清）孙诒让:《墨子间诂》卷一一《耕柱》,孙启治点校,中华书局,2001,第423~424页;吴毓江:《墨子校注》卷一一《耕柱》,中华书局,2006,第641页]

龟[1]。《庄子·外物》和《史记·龟策列传》皆载有宋元君得神龟故事。《庄子·外物》载："得白龟焉，其圆五尺。"[2]可见，先秦时已将白龟视作灵物。

秦汉史籍未见有白龟祥瑞。《宋书·符瑞志中》则载有数则宋时白龟祥瑞，如："宋文帝元嘉十九年四月戊申，白龟见吴兴余杭，太守文道恩以献。"[3]又《南齐书·祥瑞志》载："昇明三年，太祖为齐王，白毛龟见东府城池中。"[4]

（37）白鱼

武王盟津之会，曾得白鱼之瑞。《史记·周本纪》载："武王渡河，中流，白鱼跃入王舟中，武王俯取以祭。"[5]武氏祠祥瑞图第四石第一层有白鱼图像，其侧榜题："白鱼，武□□□津，入于王舟。"高文《汉碑集释》："此题'武'下当有'王度津'三字。"（图14）[6]

传世和出土文物中有一类"手抱鱼"带钩，其中铭文有提及"白鱼"的。容庚《汉金文录》著录"袖珍奇钩"铭文："五月丙午，袖珍奇钩，口含明珠，手抱白鱼，位至公侯。"（图15）[7]故宫博物院藏带钩铭文："丙午钩，手抱白鱼中宫珠，位至宫

---

1 对于"白若之龟"，孙诒让《墨子閒诂》以为：

"白"，毕校本改为"目"，云："旧脱'乙'字，又作'白苦之鼋'，误。《艺文类聚》引作'使翁难乙灼目若之龟'。《玉海》引作'使翁难雉乙卜于白若之龟'。当从'目若'者，《周礼》云'北龟者曰若'，《尔雅·释鱼》云'龟左睨不类，右睨不若'。贾公彦疏《礼》，以为'睥睨'，是'目若'之说也。若，顺也。"王云："旧本讹作'白苦之鼋'，毕据《艺文类聚》改为'目若之龟'，引《尔雅》以为'目若'之证，殊属附会。今考《初学记》《路史》《广川书跋》《玉海》并引作'白若之龟'，'白'字正与今本同，未敢辄改。"诒让案：白若，《道藏》本作"目若"，吴钞本、季本作"白苦"，《初学记》引亦作"使翁难乙灼白若之龟"，《江淹集·铜剑赞叙》云"昔夏后氏使九牧贡金，铸成九鼎于荆山之下，于昆吾氏之墟，白若甘攧之地"，虞荔《鼎录》文略同，似皆本此书，亦作"白若"，而以为地名，疑误。但此文旧本讹脱难通，审校文义，当以《玉海》所引校长。

孙诒让以为"白若之龟"无误，吴毓江亦以为是，其说可从。"白"或为龟之颜色。"若"可释作"善"。《尔雅·释诂上》："若，善也。"邢昺疏："若者，惠顺之善也。"[（晋）郭璞注，（宋）邢昺疏《尔雅注疏》卷一《释诂上》，（清）阮元校刻《十三经注疏》，第2568页]《尚书·立政》："我其克灼知厥若"。孙星衍《尚书今古文疏证》引《释诂》："若，善也。"[（清）孙星衍：《尚书今古文疏证》卷二四《立政》，陈抗、盛冬玲点校，中华书局，1986，第475页] 又《汉书》卷七三《韦玄成传》："钦若稽古。"颜师古注："钦，敬也。若，善也。"（第3123页）

2 （清）郭庆藩：《庄子集释》卷九上《外物》，王孝鱼点校，中华书局，2004，第934页。《史记》卷一二八《龟策列传》作："夜半时举网得龟。"（第3230页）未提及龟之颜色。

3 （梁）沈约：《宋书》卷二八《符瑞志中》，第801页。

4 （梁）萧子显：《南齐书》卷一八《祥瑞志》，第356页。

5 （汉）司马迁：《史记》卷四《周本纪》，第120页。《宋书》卷二九《符瑞志下》："白鱼，武王度孟津，中流入于王舟。"（第852页）

6 高文：《汉碑集释》，第163页。据下引冯云鹏、冯云鹓《金石索》"白鱼"摹本榜题，"武"下三字当是"王渡孟"。

7 容庚：《汉金文录》卷六，载容庚著，莞城图书馆编《容庚学术著作全集》第6册，中华书局，2011，第663页。图15亦引自该书。

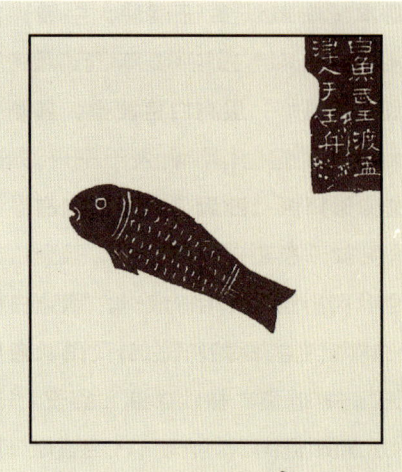

图 14 武氏祠画像石祥瑞图"白鱼"(摹本)[(清)冯云鹏、冯云鹓:《金石索》,商务印书馆,1934 年影印本,转引自巫鸿《武梁祠——中国古代画像艺术的思想性》,第 260 页]

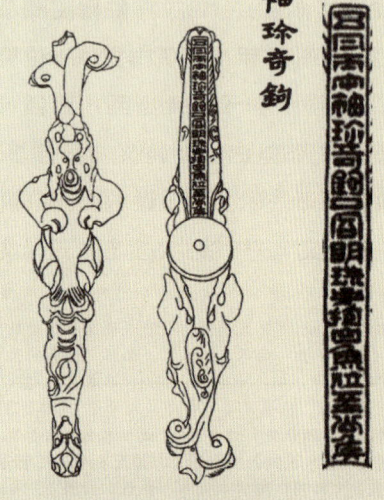

图 15 "袖珍奇钩"及铭文

图 16 河南博物院藏"手抱鱼"陶器座

侯。"[1]均以为白鱼可以宜官高迁。河南博物院藏汉代"手抱鱼"陶器座，鱼身尚残有白彩，亦可为证（图16）[2]。

（38）白泉

《白孔六帖》卷七引《瑞应》："泉色白，自出山泽。得礼制则泽谷之白泉出，饮之使人长寿。"[3]

（39）白玉

《开元占经》卷一一四引《礼稽命征》曰："王者得理制，则泽谷之中有白玉出。"又引《瑞应图》："王者贤良美德则白玉出。"[4]"白玉"，《稽瑞》引作"玉璧"[5]。

（40）白环

《宋书·符瑞志下》："西王母，舜时来献白环白琯。"[6]《太平御览》卷八七二引孙氏《瑞应图记》作："黄帝时，西王母使乘白鹿来献白环。"一本云："帝舜时，西王母遣使献玉环。"[7]卷九〇六又云："黄帝时，西王母使使乘白鹿献白环之休符，以有金方也。"[8]《后汉书·马融传》载其《广成颂》说："纳僬侥之珍羽，受王母之白环。"李贤注："《帝王纪》曰'尧时僬侥氏来贡没羽。西王母慕舜之德，来献白环'也。"[9]《三国志·魏书·东夷传》又载："自虞暨周，西戎有白环之献，东夷有肃慎之贡，皆旷世而至，其遐远也如此。"[10]

以上都是汉儒称颂上古帝王受西王母白环贡献。可见此事在汉代广为流传，但西王母毕竟是神话人物，秦汉史籍中也没有帝王接受西王母白环的记录。《续齐谐

1　杜廼松主编《故宫博物院藏文物珍品大系·青铜生活器》，上海科学技术出版社、商务印书馆（香港）有限公司，2007，第130页图109。

2　相关研究参见孔玉倩《错金银抱鱼带钩》，《文物春秋》2001年第3期，第71~72页；唐冶泽《重庆三峡库区新出土神人手抱鱼带钩考》，《中原文物》2008年第1期，第58~62页；武玮《汉晋时期神人手抱鱼图像释读》，《东南文化》2011年第6期，第75~81页；武玮、张建民《汉代手抱鱼陶器座的定名及图像释读》，载中国汉画学会、河南博物院编《中国汉画学会第十三届年会论文集》，中州古籍出版社，2011，第400~403页，图16亦引自该文；王仁湘《"五月丙午"铭文带钩：由鲁迅先生说带钩写起》，载王仁湘《善自约束——古代带钩与带扣》，上海古籍出版社，2012，第197~202页；傅萍《"神人抱鱼"带钩》，《中国文物报》2015年6月30日，第8版。

3　《白孔六帖》卷七，文渊阁四库全书本。

4　（唐）瞿昙悉达：《开元占经》卷一一四《器服休咎城邑宫殿怪异占》，第1077、1078页。《稽瑞》引《礼稽命征》作："得礼之制，则泽谷之中有白玉、白石。"（第95页）

5　（唐）刘赓辑《稽瑞》，第106页。

6　（梁）沈约：《宋书》卷二九《符瑞志下》，第863页。又《中论·爵禄》："（舜）受终于文祖，称曰'余一人'，则西王母来献白环。"（第177页）

7　（宋）李昉等：《太平御览》卷八七二，第3868页。

8　（宋）李昉等：《太平御览》卷九〇六，第4018页。

9　（南朝宋）范晔：《后汉书》卷六〇上《马融传》，第1969页。

10　（晋）陈寿：《三国志》卷三〇《魏书·东夷传》，第840页。

记》载，杨震之父杨宝九岁时救一黄雀，"其夜有黄衣童子向宝再拜曰：'我西王母使者，君仁爱救拯，实感成济。'以白环四枚与宝：'令君子孙洁白，位登三事，当如此环矣。'"[1] 这里的白环祥瑞成为君子洁白的象征[2]。

（41）白琯

《宋书·符瑞志下》："西王母，舜时来献白环白琯。"[3] 类似记载又见《大戴礼记·少间》："昔舜以天德嗣尧……西王母来献其白琯。"[4]

（42）白珠

《南齐书·祥瑞志》："（永明）七年，越州献白珠。"[5]

（43）白裘

《开元占经》卷一一四引《瑞应图》："王者以身率先人，恶衣服而致美乎黻冕，则献白裘。禹时渠搜民乘白马来献。"又云："王者政本五行，教民种植，以事其先，则献白裘。"又云："王者德茂，不耻恶衣，则四夷来献白裘。黄帝时，南夷乘白鹿来献白裘。"[6] 时代更早的武氏祠画像祥瑞石第四石第二层只余"渠搜来"三字（图17）[7]。《宋书·符瑞志下》又载："渠搜，禹时来献裘。"[8] 均没有提及裘之颜色。

图17 武氏祠画像石祥瑞图"渠搜献裘"（摹本）[（清）冯云鹏、冯云鹓：《金石索》，商务印书馆，1934年影印本，转引自巫鸿《武梁祠——中国古代画像艺术的思想性》，第261页]

---

1 （南朝宋）范晔：《后汉书》卷五四《杨震传》李贤注引，第1759页。

2 参见曾磊《说"白黑"——秦汉颜色观念文化分析一例》，载梁安和、徐卫民主编《秦汉研究》第8辑，陕西人民出版社，2014，第204~213页。

3 （梁）沈约：《宋书》卷二九《符瑞志下》，第863页。

4 （清）王聘珍：《大戴礼记解诂》卷一一《少间》，王文锦点校，中华书局，1983，第216页。

5 （梁）萧子显：《南齐书》卷一八《祥瑞志》，第366页。

6 （唐）瞿昙悉达：《开元占经》卷一一四《器服休咎城邑宫殿怪异占》，第1080页。

7 高文：《汉碑集释》，第156页。

8 （梁）沈约：《宋书》卷二九《符瑞志下》，第863页。

三　白色祥瑞形成的文化心理分析

汉晋传说中，仙境的动物多为纯白。如《史记·封禅书》说，海中蓬莱、方丈、瀛洲三神山"其物禽兽尽白，而黄金银为宫阙"[1]。又《列子·汤问》载，渤海之东有五山，山上"台观皆金玉，其上禽兽皆纯缟"[2]。神仙的坐骑也见有白色者。除上引白鹿外，又有《汉武帝内传》说西王母的车驾"或驾龙虎，或乘狮子，或御白虎，或乘白麟，或乘白鹤，或乘轩车，或乘天马"[3]。屈原想象自己"驾青虬兮骖白螭，吾与重华游兮瑶之圃"[4]。河伯则"乘白鼋兮逐文鱼"[5]。

白色动物亦多长寿。《抱朴子内篇·对俗》说："千岁之鹤，随时而鸣，能登于木，其未千载者，终不集于树上也，色纯白而脑尽成丹。"又引《玉策记》及《昌宇经》："虎及鹿兔，皆寿千岁，寿满五百岁者，其毛色白。""鼠寿三百岁，满百岁则色白"[6]。《仙药》又有"千岁蝙蝠，色白如雪，集则倒县，脑重故也"。又有"千岁燕，其窠户北向，其色多白而尾掘"[7]。白色动物能够长寿，可能是由人年老须发皆白而推理得来的。"商山四皓"的得名即是由于四位老者"须眉皓白"[8]。"须眉皓白"是长寿的象征，四位老者又有仙风道骨，自然沾染了神异色彩。正如学者所指出，从宗教角度来看，无疑其中有由"物老变白"进而到"白而吉祥"的观念[9]。由此引申，食用白色物品甚至可以疗饥延寿[10]。

在汉晋的信仰世界中，层出不穷的白色精灵成为沟通人、鬼、神三界的使者。《三国志·魏书·方技传》载，方士朱建平预言

1　（汉）司马迁：《史记》卷二八《封禅书》，第1370页。

2　杨伯峻：《列子集释》卷五《汤问》，中华书局，1979，第152页。

3　《汉武帝内传》，中华书局，1985，第2页。

4　王逸注："虬、螭、神兽，宜于驾乘。以喻贤人清白，宜可信任也。"[（宋）洪兴祖：《楚辞补注》卷四《九章章句·涉江》，白化文、许德楠、李如鸾、方进点校，第128页]

5　王逸注："言河伯游戏，远出乘龙，近出乘鼋，又从鲤鱼也。"[（宋）洪兴祖：《楚辞补注》卷四《九歌章句·河伯》，白化文、许德楠、李如鸾、方进点校，第77页]

6　王明：《抱朴子内篇校释》卷三《对俗》，中华书局，1985，第47~48页。

7　王明：《抱朴子内篇校释》卷一一《仙药》，第201、202页。

8　（汉）司马迁：《史记》卷五五《留侯世家》，第2047页。

9　铁晓娜：《中国古代早期白色动物母题的文化思考》，《内蒙古社会科学》（汉文版）2007年第3期，第108页。

10　晋代术士鲍靓"尝行部入海，遇风，饥甚，取白石煮食之以自济。"[（唐）房玄龄等：《晋书》卷九五《艺术传·鲍靓传》，第2482页]《真诰》卷五《甄命授》："断谷入山，当煮食白石。昔白石子者，以石为粮，故世号曰白石生。此至人也，今为东府左仙卿。煮白石自有方也。白石之方，白石生所造也。又善《太素传》所谓白石有精，是为白石生也。"[〔日〕吉川忠夫、麦谷邦夫编《真诰校注》，朱越利译，中国社会科学出版社，2006，第186页）

应璩"六十二位为常伯","而当有厄,先此一年,当独见一白狗,而旁人不见也"。果然,"璩六十一为侍中,直省内,欻见白狗,问之众人,悉无见者。于是数聚会,并急游观田里,饮宴自娱,过期一年,六十三卒"[1]。刘贺为昌邑王时,"见大白狗冠方山冠而无尾",班固以为"此服妖,亦犬祸也"。后刘贺被废,死不得置后,班固亦以为是"犬祸无尾之效也"[2]。诸葛融死前,公安有灵鼍鸣,有童谣说:"白鼍鸣,龟背平,南郡城中可长生,守死不去义无成。"后诸葛融果然"刮金印龟,服之而死"[3]。

在汉晋的志怪小说中,白色精怪也多次出现。《西京杂记》卷六载,汉广川王发栾书冢,冢内"有一白狐,见人惊走,左右遂击之,不能得,伤其左脚。其夕,王梦一丈夫,须眉尽白。来谓王曰:'何故伤吾左脚?'乃以杖叩王左脚。王觉,脚肿痛生疮。至死不差"[4]。《列仙传》说,王子乔曾"化为白蜺"[5]。《搜神记》说北平田琰居母丧,曾"见一白狗攫庐,衔衰服,因变为人"[6]。丹阳道士谢非夜半曾遭遇"水边穴中白鼍"[7]。《三国志·蜀书·周群传》载,蜀人周群"少学术于广汉杨厚"[8],不过《拾遗记》中周群则受教于一个化为老翁的白猿[9]。

这些故事中的白色精怪都显示出白色动物带有神异色彩。白色动物的生成其实是基因异化的结果。白色动物的培育,需要长期对遗传基因进行人为干预。在科技并不发达的古代,白色动物的获得大多是靠动物本身的基因突变。今日常见的白狐、白兔在秦汉时代并不多见。《吕氏春秋·用众》说:"天下无粹白之狐,而有粹白之裘,取之众白也。"[10] "粹白之裘"的制作需要众多狐腋的白毛。"天下无粹白之狐",

---

[1] (晋)陈寿:《三国志》卷二九《魏书·方技传·朱建平传》,第809页。

[2] (汉)班固:《汉书》卷二七中之上《五行志中之上》,第1367页。

[3] (晋)陈寿:《三国志》卷五二《吴书·诸葛瑾传》裴松之注引《江表传》,第1236页。

[4] (晋)葛洪:《西京杂记》卷六,周天游校注,第264页。

[5] (汉)班固:《汉书》卷二五上《郊祀志上》颜师古注引应劭曰,第1203页。

[6] (晋)干宝:《新辑搜神记》卷一九,李剑国辑校,第321页。

[7] (晋)干宝:《新辑搜神记》卷一九,李剑国辑校,第327页。

[8] (晋)陈寿:《三国志》卷四二《蜀书·周群传》,第1020页。

[9] (晋)王嘉撰,(梁)萧绮录《拾遗记校注》卷八,齐治平校注,第195页。

[10] 许维遹:《吕氏春秋集释》卷四《用众》,梁运华整理,第102页。类似的说法又见《淮南子·说山》:"天下无粹白狐,而有粹白之裘,掇之众白也。"(何宁:《淮南子集释》卷一六《说山》,中华书局,1998,第1155页)《三国志》卷四七《吴书·吴主传》裴松之注引《江表传》:"天下无粹白之狐,而有粹白之裘,众人之所积也。"(第1143页)

也表明白狐十分少见。《论衡·讥日》引《沐书》曰："子日沐，令人爱之；卯日沐，令人白头。"王充对当时的这一观念加以反驳，说："子之禽鼠，卯之兽兔也。鼠不可爱，兔毛不白。"[1] 王充所谓"兔毛不白"，自然是其依据日常生活经验得出的结论，也从侧面证实了白色动物的难得。《艺文类聚》卷九八引庾翼之语："近得一白兔，尚羸小，且养之，并上。"[2] 庾翼为东晋人，尚以白兔为珍，可知白兔在汉代更是少见。所以东汉时亦将白兔作为祥瑞贡奉。

白色的奇珍异兽因其稀少常受到人们格外的珍视。据说，"赵简子有两白骡而甚爱之"[3]。汉代茂陵富民袁广汉"于北邙山下筑园""养白鹦鹉、紫鸳鸯、牦牛、青兕，奇兽珍禽，委积其间"[4]。汉灵帝曾"于西园宫中驾四白驴，躬自操辔，驰驱周旋，以为大乐；于是公卿贵戚转相仿，至乘轩以为骑从，价与马齐"[5]。

正是因为白色动物的稀有珍贵，白色祥瑞才会得到统治者的格外重视，献瑞者也层出不穷。《左传·哀公七年》："曹伯阳即位，好田弋。曹鄙人公孙彊好弋，获白雁，献之。且言田弋之说，说之。"[6] 人所熟知的"辽东豕"的故事又是一例。《后汉书·朱浮传》载："往时辽东有豕，生子白头，异而献之，行至河东，见群豕皆白，怀惭而还。"[7] 献白豕者"怀惭而还"，自然颜面尽失。但分析献白豕者的原始动机，却是强调白豕之"异"。

《潜夫论·贤难》又载：

> 昔有司原氏者，燎猎中野。鹿斯东奔，司原纵噪之。西方之众有逐狶者，闻司原之噪也，竞举音而和之。司原闻音之众，则反辍己之逐而往伏焉，遇夫俗恶之狶。司原喜，而自以获白瑞珍禽也，尽乌养单囷仓以养之。豕俯仰嚘咿，为作容声，司原愈益

---

[1] （汉）王充：《论衡校释》卷二四《讥日》，黄晖校释，第 993、994 页。

[2] （唐）欧阳询：《艺文类聚》卷九八，汪绍楹校，第 1699 页。

[3] 许维遹：《吕氏春秋集释》卷八《爱士》，梁运华整理，第 191 页。

[4] 陈直校证《三辅黄图校证》卷四《苑囿》，第 84 页。

[5] （汉）应劭：《风俗通义校注·佚文》，王利器校注，中华书局，2010，第 568 页。

[6] （晋）杜预注，（唐）孔颖达疏《春秋左传正义》卷五八《哀公七年》，（清）阮元校刻《十三经注疏》，第 2163 页。汉《铙歌十八曲·上陵》："沧海之雀赤翅鸿，白雁随山林，乍开乍合。"[（宋）郭茂倩编《乐府诗集》卷一六《鼓吹曲词一》，第 229 页] 陈直以为，"西汉获白雁，文献不载。西安北郊曾出雁范，左侧刻有'白雁雌'三大字，篆书略带隶书，笔画奇古，决为西汉中期作品，余在《关中秦汉陶录》卷一已著录，与此篇正合"（陈直：《汉铙歌十八曲新解》，《人文杂志》1959 年第 4 期，第 59 页）。

[7] （南朝宋）范晔：《后汉书》卷三三《朱浮传》，第 1139 页。

珍之。居无何，烈风兴而泽雨作，灌巨豕而恶涂渝，逐骇惧，真声出，乃知是家之艾豭尔。

汪继培笺引王宗炎云："'俗恶'当作'浴垩'。垩，白土也。豕浴于垩则色白，故司原误以为白瑞。及泽雨灌豕，垩涂渝败，乃复艾豭之本质耳。"[1]司原氏误将一只沾染了白垩的猪当作白色祥瑞，于是精心饲养。连这只猪发出的叫声，司原氏都以为与众不同。最后，一场大雨才让它露出本来面目。司原氏将"浴垩之豨"当作"白瑞珍禽"的心理动机，与献白豕者并无二致。

从以上内容来看，当时人多是抱着"物以稀为贵"的心态看待白色祥瑞。白色祥瑞以白色动物为大宗，植物和其他自然事物则较少。祥瑞大都是稀见于世的事物，白色动物正符合稀见于世的标准。并且，这些白色动物大多为野生，为人所捕获而贡献，更容易附加"天人感应"的神秘意义，因此受到格外重视。

有学者又从原始思维角度对古人注重白色动物的现象加以解释。铁晓娜指出，白色作为一种被强调和突出的细节，可以用来增加物体的生命力。她又引用列维－布留尔的说法，以为原始人心目中"物品的形状不但赋予它们以'能力'，而且还限制这些能力的性质和大小"。这些形状还被定义为"可以增加能力的细节"，在原始思维及其指导下的艺术中，这些具有神秘属性的细节被强调、突出，进而保持[2]。动物身上一种平常的颜色在原始思维中也被赋予了近乎魔力的神秘意义。这些细节组成的肖像无疑具有巫术意义，而巫术意义正是通过它反复强调的"可以增加能力的细节"来表现的[3]。

这一观点值得重视。白色作为祥瑞的附加属性被刻意放大，形成白色祥瑞，而白色又可以反过来强化祥瑞的神秘意义[4]。人们的注意力被吸引到白色上来，反而不太关心该动物的原始生物属性和文化寓意。

图 18 陕西西安凤阙遗址出土"白雁雌"陶范题字（陈直撰辑《关中秦汉陶录》，中华书局，2006，第150页）

---

1 （汉）王符著，（清）汪继培笺《潜夫论笺校正》卷一《贤难》，彭铎校正，中华书局，1985，第49~50页。

2 〔法〕列维-布留尔：《原始思维》，丁由译，商务印书馆，1981，第32、38页。

3 铁晓娜：《中国古代早期白色动物母题的文化思考》，《内蒙古社会科学》（汉文版）2007年第3期，第109页。

4 参见曾磊《秦汉白色神秘象征意义试析》，《中国古中世史研究》第43辑（韩国），2017年2月，第31~73页。

从青铜酒器管窥西汉时期的社会生活

■ 王 元（南京大学历史学院）

近些年来，河南、陕西、山西等地出土不少青铜酒器，若限于西汉时期，亦遍及当时的中原及周边各州郡地区。本文拟就与西汉社会相关的青铜酒器及文物史料，从生产经营与政策、宴饮、祭祀、丧葬礼制等几个方面，来窥视西汉社会生活的一些面貌。

一　青铜酒器与生产经营政策

西汉初期，社会经济凋敝，史载"汉兴，接秦之敝，诸侯并起，民失作业，而大饥馑，凡米石五千，人相食，死者过半"[1]。为稳定统治秩序，发展社会生产，西汉统治者确定了"无为而治""与民休息"的治国方针，并制定了相对宽松的经济政策，如"弛商贾之律"[2]及"开关梁，弛山泽之禁"，以致当时"富商大贾周流天下，交易之物莫不通，得其所欲"[3]，铜矿开采和青铜酒器的制造亦随之发展到一个新的阶段。

根据统计，这一时期青铜酒器的种类主要有圆壶、提梁壶、蒜头壶、钫、扁壶、鐎壶、樽、铎、提筒、锜、卮和耳杯等[4]。其中，圆壶、钫、提梁壶、蒜头壶和扁壶为商周以来的传统酒器，鐎壶、樽、铎、提筒、锜、卮和耳杯为新兴酒器。传统酒器大多承自战国晚期铜礼器的风格，如圆壶在器型和纹饰方面就分别呈现了战国时期楚地、秦地及三晋地区的特色[5]。提梁壶

---

[1] （汉）班固：《汉书》卷二十四《食货志》，中华书局，1962，第1127页。

[2] （汉）班固：《汉书》卷二十四《食货志》，第1153页。

[3] （汉）司马迁：《史记》卷一百二十九《货殖列传》，中华书局，2014，第3958页。

[4] 参见吴小平《汉代青铜容器的考古学研究》（岳麓书社，2005，第15～23页）一文对汉代青铜容器种类的总结和归纳。

[5] 高崇文：《两周时期铜壶的形态学研究》，《考古类型学的理论与实践》，文物出版社，1987，第177页。按，西汉时期早期圆壶的耸肩高圈足风格与战国时楚文化的风格类似，弧腰式圈足的风格承自晋文化，直腹和覆斗式特征则为秦文化所有。

为楚式风格，呈细长颈、鼓腹及高圈足的特征[1]。钫亦受楚地影响，呈长颈、深鼓腹风格。蒜头壶是秦文化的代表性器物之一，呈细长颈、垂腹由圆向扁、矮圈足的特征。扁壶为蒜头口，亦与秦文化有所关联。新兴酒器鐎壶由战国时的盉演变而来，特征为曲柄、矮兽蹄足，流有管口和龟首两种，受楚文化影响较大。樽是大型的盛酒器，早期主要为筒形，主要分布在岭南及其周边地区。鋞器身瘦长、兽蹄足、口径较小，多分布在河南、山西、陕西等地。提筒为濮越器，仅流行于西汉初，以实物图像、几何纹饰、勾连云纹、雷纹等为纹饰的主要特点。锜亦为濮越器，特征为侈口、束颈、折肩、圜底、兽蹄足、方銎形柄，受鏊影响较大。卮可能起源于樽，主要具有筒形腹、单形环纽盖的特征。耳杯器型简单，主要为平沿、双耳上翘的风格。

从上述青铜酒器的特征来看，由于西汉早期政治经济相对分立，这一阶段青铜酒器的面貌多受各地传统文化的影响。吴小平曾在其关于汉代青铜容器的论著中，统计过西汉早期越式铜器、秦式铜器、巴文化铜器以及楚式铜器、中原式铜器的出土情况与分布范围[2]，证实了此时期青铜酒器文化面貌的地域多样性。

西汉早期青铜酒器的生产经营方式大致有两种。一种为中央及地方工官所控制的官营作坊形式，生产机构在中央主要为少府属下的"考工""尚方""上林""东园匠"等，产品多为皇室、贵戚及高级官吏所使用，等级性较强。如诒荡宫壶即是少府制下的器物——"诒荡宫铜壶，太初二年（前103），中尚方造，铸工广"[3]。"诒荡宫"应是当时一处宫殿的名称。"中尚方"即"尚方"。从铭文来看，这里的诒荡宫铜壶，当为中央工官"尚方"属下一位名叫"广"的铸工所制作。又《汉金文录》卷二收录的一件铜锺上，有铭文："中私府铜锺容一石重六斤四□十年正月甲寅造。中宫赐今平昌家第十九。五十。"[4]这里的"中私府"为"中宫私府"的省称[5]，"中宫"原指皇后的居住之地，此处应指文帝的窦皇后。"平昌家"则指的是平昌侯刘卬家。从这处酒器铭文，可见当时中央工官制作的青铜酒器，除了服务皇室贵戚，还可作为赏赐分派给地方诸侯。

在地方上，郡国工官和县、侯国的手

---

1 参见《满城汉墓发掘报告》（文物出版社，1980，第247页）、《广州汉墓》（文物出版社，1981，第131页）中提梁壶的器型。

2 吴小平：《汉代青铜容器的考古学研究》，第331页。

3 刘体智：《小校经阁金文拓本》，中华书局，2016，第753页。

4 莞城图书馆编《容庚学术著作全集》第6册《汉金文录》，中华书局，2011，第207页。

5 刘庆柱、李毓芳：《西安相家巷遗址秦封泥考略》，《考古学报》2001年第4期，第427页。

工业部门是青铜酒器生产的主要负责机构。如《汉书·地理志上》载，丹阳郡"有铜官"，广汉郡"有工官"等[1]，这些工官生产了许多青铜器，1961年西安三桥镇高窑村出土的东阿宫钫，就是一例。上有铭文曰："上林共府，初元三年（前46）受东郡。东阿宫钫，容四斗，重廿一斤。神爵三年（前59），卒史舍人、工光造。"可见此钫是由东郡工官制造，供东阿宫使用。在三桥镇同时出土的还有两件圆壶，铭曰"九江共"[2]，（以上皆参见图1）是由九江郡制造并供奉的，据此可以推测，西汉郡县应大多设有官府作坊来制造青铜器，而产品则主要供本郡及上供使用。

县和侯国的手工业部门亦是汉初青铜生产的重要机构。如1962年在山西右玉县出土的两件上刻铭文"中陵胡傅铜温酒樽，重廿四斤，河平三年（前26）造，二"的筒形樽，以及铭文曰"勮阳阴城胡傅铜酒樽，重百廿斤，河平三年造"[3]的盆形樽（参见图2），就是当时中陵、阴城二县的官府作坊制品。

汉初诸侯国强大，其参与青铜器制造亦是当时政局的一种体现。如当时的吴国即"有豫章郡铜山，濞则招致天下亡命者，铸钱，煮海水为盐"[4]。既然有铜山，中央政府可以放任吴王刘濞铸钱、制盐的行为，那么对青铜器皿的制造也必然没有管制。《汉金文录》卷二收录的一件铜钫上，有铭文："囗庙涂钫一容四斗重十八斤十二两长沙元年造。"[5]有研究者参照周世荣《湖南战国秦汉魏晋铜器铭文补记》中收录的一

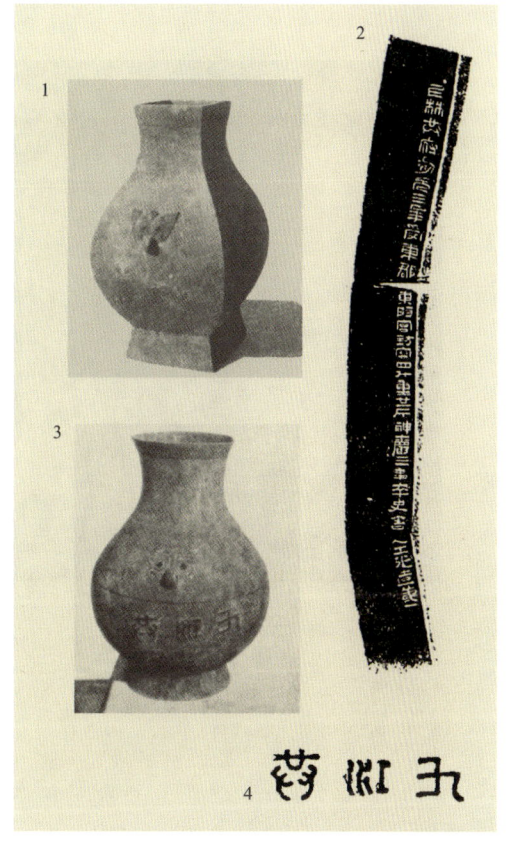

图1　1、2 东阿宫钫及铭文　3、4 圆壶及铭文

1　（汉）班固：《汉书》卷二八《地理志》，第1592、1597、1598页。
2　西安市文物管理委员会：《西安三桥镇高窑村出土的西汉铜器群》，《考古》1963年第2期，第62页。
3　郭勇：《山西右玉县出土的西汉铜器》，《文物》1963年第11期，第4页。
4　（汉）司马迁：《史记》卷一百六《吴王濞列传》，第3416~3417页。
5　《容庚学术著作全集》第6册《汉金文录》，第239页。

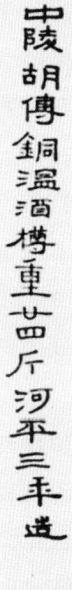

图2 1、2 筒形樽及铭文 3、4 盆形樽及铭文

件铜鼎的铭文，认为《汉金文录》收录的铜钫当为长沙剌王建德的祭器[1]，应由长沙国内的造器机构所制作。关于汝阴国铜器，考古工作者曾经在对阜阳县城郊公社村前双古堆M1、M2发掘清理时，发现一个铜行灯，上有铭文："女阴侯□重二斤□两三年女阴库已工□造。"[2]有研究者指出这两处墓葬应是第一代汝阴侯夏侯婴及其夫人的墓葬[3]。从铭文来看，此时期生产铜制品的应为汝阴库，即府库自作。而西汉前期地方诸侯国的青铜酒器制造，或当与此类似，由专门的王侯府库所生产。

富商豪强所控制的私营作坊是汉初青铜器生产的另一种形式。当时的豪强大家，往往"得管山海之利，采铁石鼓铸，煮海为盐，一家聚众，或至千余人"[4]，青铜酒器的生产自然也是一个组成部分。

西汉中期，中央开始加强对诸侯国及富商的管制。武帝时即对诸侯国实行了推恩令，使得"诸侯惟得衣食租税"。除此之外，武帝还以东郭咸阳、孔仅、桑弘羊等人分主大农，领盐铁丞，管理天下的盐铁事务，结束了自西汉以来"弛山泽之禁"[5]的恩惠。还有收回郡国的铸币权，制定牵制商人的算缗、告缗令，推行平准、均输——"尽笼天下之货物，贵则卖之，贱则买之"[6]。这些政策沉重打击了私人工商业，自是"商贾中家以上大氐破"[7]。此后，青铜铸造逐渐统归中央及郡县工官掌控，不再任由地方诸侯和富商参与。汉初具有强烈地域特征的器物开始消弭。而这一时期青铜酒器的主要种类圆壶、钫、提梁壶、扁壶、鐎壶、樽、铿、锜、卮和耳杯等，大多开始向汉式风格演变。圆壶的战国风格逐渐消弭，秦式消亡，楚式和晋式发生变化，特征为颈稍长、圆鼓腹、矮圈足[8]。提梁壶为短束颈、圆鼓腹。钫的演变特征为浅腹、最大腹径上移。扁壶为颈稍长，肩变窄，腹径变小，圈足略高。鐎壶为柄微曲，流以龟首为主，管口流基本

---

1 钱彦惠：《铭文所见西汉诸侯王器物的生产机构——兼论西汉工官的设置与管理》，《东南文化》2016年第3期，第42页。

2 安徽省文物工作队、阜阳地区博物馆、阜阳县文化局：《阜阳双古堆西汉汝阴侯墓发掘简报》，《文物》1978年第8期，第22页。

3 孙斌来：《汝阴侯漆器的纪年和M1主人》，《文博》1987年第2期，第79页；钱彦惠：《铭文所见西汉诸侯王器物的生产机构——兼论西汉工官的设置与管理》，《东南文化》2016年第3期，第41页。

4 （汉）桓宽：《盐铁论》卷一《复古》，王利器校注，中华书局，1992，第84页。

5 （汉）司马迁：《史记》卷一百二十九《货殖列传》，第3958页。

6 （汉）班固：《汉书》卷二十四《食货志》，第1175页。

7 （汉）班固：《汉书》卷二十四《食货志》，第1170页。

8 吴小平：《汉代铜壶的类型学研究》，《考古学报》2007年第1期，第35页。

消失。樽有盆形和筒形两类，在中原及岭南皆有发现。鋞表现为腹径变宽、器身变矮。锜则颈略长，肩面有弦纹出现。卮和耳杯的形制基本无变化。

西汉晚期，政府的盐铁专营政策一度有所松弛，但在总体趋势上仍是由中央及郡县工官所控制。青铜酒器的生产亦主要由中央及郡县工官掌控。此一时期，青铜酒器的主要种类如圆壶、钫、提梁壶、扁壶、鐎壶、樽、鋞、卮、耳杯等的汉式风格已然形成。圆壶的楚、晋特征彻底消失，呈现出扁垂腹、圈足变高外撇、颈伸长的风格。钫的演变特征为浅腹，最大特征下移。提梁壶为颈变长，圈足变高呈喇叭状，腹稍扁。扁壶为长颈、高圈足。鐎壶、樽与中期相比无太大变化。鋞的腹径继续变宽，器身变矮。锜为腹变浅、扁，平底，柄变宽。卮发展为筒形和碗形两种。耳杯变化不大。

总的来看，西汉时期青铜酒器的演变与其时的生产经营政策关系很大。西汉初期，由于尚未由中央政府统一管理，青铜酒器多沿袭战国时期的铜礼器特点，并兼具地方特色。西汉中期是青铜酒器开始发生变革的时代，随着中央及郡县工官对青铜铸造业的掌控，部分传统酒器消亡，新兴酒器逐渐向主流地位转变。而从这一阶段青铜酒器的形制演变，可以看出青铜酒器的发展实际与汉代青铜器礼器用途消退、实用功能增强的整体趋势相一致[1]。西汉晚期，长时间稳定的政治格局及盐铁专营政策的继续，使得此时期青铜酒器中的一些传统酒器继续消亡，新兴酒器和剩下的部分传统酒器形制均发生剧变，实用性得到进一步增强，并占据主导地位，西汉青铜酒器的文化特征确立。

二　青铜酒器与宴饮、祭祀、丧葬

青铜酒器作为礼制的重要载体，在西汉时期的宴飨、祭祀、丧葬等社会生活中，发挥着不可或缺的作用。西汉饮酒之风颇盛，上至官僚贵族，下至平民百姓，凡遇婚丧嫁娶、送礼待客，无不用酒，所谓"百礼之会，非酒不行"[2]，就是时风的真切写照。当时，贵族们常常"置酒高堂，以御嘉宾"[3]，民间也往往"宾昏酒食，接连成因"[4]。在"论道饮燕，流川浮觞"[5]的宴饮中，青铜酒器占据着重要的礼制及

1　吴小平：《汉代青铜容器的考古学研究》，第295页。

2　（汉）班固：《汉书》卷二十四《食货志》，第1182页。

3　（梁）萧统辑《文选》卷四《蜀都赋》，北京图书馆出版社，2004年影印本，第79页。

4　（汉）桓宽：《盐铁论》卷六《散不足》，王利器校注，第390页。

5　（清）严可均辑《全汉文》卷十三《孔臧》，商务印书馆，1999年标点本，第124页。

实用地位。

西汉时期的宴饮大致可分为大型宴饮和小型宴饮两种形式。一般来说,大型宴饮主要是由官方举办,包括节日朝贺、大射礼、将士出征和军功告捷宴饮等。如西汉初承袭秦制,于十月岁首举行朝贺仪式,"汉七年,长乐宫成……至礼毕,复置法酒。诸侍坐殿上,皆伏抑首,以尊卑次起上寿。觞九行,谒者言罢酒,御史执法,举不如仪者,辄引去。竟朝置酒,无敢喧哗失礼者"[1]。这种为汉代皇帝接受百官、诸侯王、番邦朝贺所举办的朝贺宴饮,具有浓厚的明尊卑、别亲疏的礼制作用。具有礼器性质的青铜酒器如圆壶、提梁壶、蒜头壶、钫、扁壶、鐎壶、樽、鋞、提筒、锜等应大多使用于此。大射礼是西汉天子率诸侯、卿、大夫、士所进行的射礼,而在射礼前后,常有宴饮活动。《仪礼·大射仪》载周代大射礼宴饮活动所使用的青铜酒器有当时常见的"圆壶""方壶""觚""爵"等,均由"司宫"管理[2]。西汉时期的大射礼传承自周代,因此西汉时期大射礼的宴饮活动也当有其时青铜酒器的参与。关于将士出征和军功告捷,《汉书·刘屈氂传》云,武帝征和三年(前90),"贰师将军李广利将兵出击匈奴,丞相为祖道,送至渭桥,与广利辞决"。颜师古注曰:"祖者,送行之祭,因设宴饮焉。"[3]又《汉书·元帝纪》载建昭四年(前35)春正月,汉元帝"以诛郅支单于告祠郊庙,赦天下,群臣上寿置酒,以其图书示后宫贵人"[4]。可见在将士出征和有军功大捷在宗庙祭告的时候,都会有宴饮,而青铜酒器作为三代以来的重要礼器,自当在饮宴用器的范围。除此之外,在西汉皇室行冠礼、大婚等大型宴饮活动中,也当有各式青铜酒器的参与。

小型宴饮盛行于西汉时期的各个阶层,无论是达官显贵、风雅文人,还是市井平民,在待客迎宾、节日庆贺以及平时的家庭聚会中皆可举行。在各地出土的汉画像石(砖)及壁画中,都可看到有关这些小型宴饮的场景。如河南南阳市唐河县出土的一方画像砖,描绘的即是两个人在重檐楼阁建筑内面对面而坐,中间案上放有一樽的宴饮图[5]。在四川彭县出土的一方画像砖,上面刻画有四个人坐在一起宴饮,面前各置一案,案上有樽和勺等酒具[6]。成都

---

[1] (汉)司马迁:《史记》卷九十九《叔孙通列传》,第3297~3298页。

[2] (汉)郑玄:《仪礼注疏》卷十七《大射》,《十三经注疏》,中华书局,2009,第2231页。

[3] (汉)班固:《汉书》卷六十六《刘屈氂传》,第2883页。

[4] (汉)班固:《汉书》卷九《元帝纪》,第295页。

[5] 周新献主编《石上春秋——南阳汉画与汉文化》,中国文联出版社,2003,第138页。

[6] 龚廷万、龚玉、戴嘉陵编著《巴蜀汉代画像集》,文物出版社,1998,图版68。

市郊出土的一方画像石，表现的是在一座房屋之内的三人宴饮图，左边一人手执耳杯，向中间一人做敬酒状，右边一人亦手持有物[1]。此外，还有与仙人对博饮酒的画面，如徐州汉画石中有一幅饮酒图[2]，描绘了墓主人和一位仙人对坐，两人中间是樽案食具和两只耳杯，还有六博棋具和筹码（参见图3），体现了汉人对成仙的追求。由于汉画像石及壁画大多反映的是贵族及较为富裕民众的日常生活，因此在这些饮宴上所使用的酒器，应包括当时较为流行的铜制器皿。酒器种类除了上述汉画像石中所涉及的樽和耳杯，还当有其他青铜实用酒器的存在。

西汉时期的宴饮往往有歌舞、游戏的参与。宴饮之时，宾主分坐，一边觥筹畅饮，一边观舞赏乐。所谓"清樽发朱颜，四坐乐且康"[3]，即是当时宾主欢宴的具体

图3　徐州汉画像石宴饮画像

1　高文编《四川汉代画像砖》，上海人民美术出版社，1987，第66页。

2　徐州市博物馆：《徐州汉画像石》，江苏美术出版社，1985，图版55。

3　逯钦立辑校《先秦汉魏南北朝诗》，中华书局，1983，第289页。

体现。在歌舞表演中，舞乐伎人也是可以陪宾主喝酒的，他们的酒器一般置于自己的前方，种类有樽和耳杯等。如河南南阳汉代画像石中有一幅"鼓舞宴飨"，描绘的即是一个人跽坐，旁边有乐伎在敲鼓起舞，面前的案上放置着鱼、肥鹅、耳杯等的宴饮图[1]。除此之外，有些伎人还会以各种酒器作道具来参演助兴，如樽上倒立、壶上倒立、弄壶等[2]，场面煞是欢乐。而从伎人可在樽、壶上倒立，则可推测这些表演所用的樽、壶等当为质地较为坚实的铜制酒器。它们除为宾主间应酬服务外，还具有表演的实用价值。

宴饮中的游戏亦有青铜酒具的参与。汉代一首乐府古辞云："东厨具肴膳，椎牛亨猪羊。主人前进酒，弹瑟为清商。投壶对弹棋，博弈并复行。朱火飏烟雾，博山吐微香。清樽发朱颜，四坐乐且康。"[3] 这里的投壶是宴饮游戏的一种形式，它起源于春秋时代的射礼，战国时得到发展，西汉时已成为席间宴宾广为盛行的一种游戏。在这种游戏中，一般是"主人奉矢，司射奉中，使人执壶"[4]，壶多为铜制，投矢之时还有鼓乐伴奏，以最后的投中情况和次数多寡计算，筹多者为胜，负者罚酒。其时与投壶相并列的宴饮游戏形式还有六博。史载每遇州闾之会，各地即会有"男女杂坐，行酒稽留，六博投壶，相引为曹"[5] 的盛况。山东武梁祠和四川汉画石（砖）中描绘有六博宴饮画像，画中饮酒人前皆置有六博棋盘及耳杯、酒樽等物[6]，酒具与博戏并举（参见图4），可见酒具在游戏中的重要性。而与铜质投壶和游戏器具相配的青铜酒器，亦应在此列。

祭神祀祖是青铜酒器参与汉代社会生活的另一个重要途径。西汉时期的祭祖礼主要有宗庙祭祀和墓祀两种形式。宗庙祭祀一般为皇家及地位较高的宗室贵族参加。西汉时期，宗庙的祭祖仪式有岁二十五祠、禘祫和非常规祭祀等[7]。其中与酒直接相关的宗庙祭祀为二十五祠中的"酎祭"，《汉书·景帝纪》载，景帝元年举行"高庙

---

1 南阳汉代画像石编辑委员会编《南阳汉代画像石》，文物出版社，1985，图版222。

2 按，樽上倒立、壶上倒立和弄壶是汉代画像砖上的常见题材。如南阳博望镇和东关出土的汉画像石上即刻有一伎人在樽上表演倒立的情景；南阳七孔桥的画像石上则绘制有女伎弄壶的画面。（闪修山、王儒林、李陈广编《南阳汉画像石》，河南美术出版社，1989，第33、57、59页）

3 （唐）欧阳询等编《艺文类聚》，汪绍楹校，上海古籍出版社，1965，第1278页。

4 （清）孙希旦：《礼记集解》卷五十六《投壶》，沈啸寰、王星贤点校，中华书局，1989，第1384页。

5 （汉）司马迁：《史记》卷一百二十六《滑稽列传》，第3887页。

6 高文编《四川汉代画像砖》，图版36。

7 按，西汉时期每月定期在宗庙举行一次月祭，还有特定时节在宗庙举行的尝麦、伏、秋貙、尝粱、先夕馈飨、酎祭、尝稻、饮蒸、尝、腊，合计二十四祠，若遇闰年，则再加一祠，共有二十五祠。详见（汉）班固《汉书》卷七十三《韦贤传》，第3116页。

图4 四川汉画像砖六博拓片

酎"，颜师古注引张晏曰："正月旦作酒，八月成，名曰酎。酎之言纯也。"[1]在这种酎祭仪式中，一般会以各种酒具盛载酎酒，而具有礼器传承功能且做工精良、质地讲究的青铜酒器即应在此列。禘祫是宗庙大祭，《后汉书》引《汉旧仪》有关于西汉祫祭的一段描述："宗庙三年大祫祭，子孙诸帝以昭穆坐于高庙……高祖南面……皇帝上堂盥，侍中以巾奉觯酒从。帝从拜谒。赞飨曰：'嗣曾孙皇帝敬再拜。'前上酒，却行，至昭穆之坐次上酒。"[2]觯为商周时期的流行酒器，由于祫祭中参与人员众多，因此在这样的大型祭典上，也当有汉代青铜酒礼器的参与。非常规祭祀多是因事而祭，比如封禅、祥瑞、封皇子、立后等，而在这些祭典仪式中，亦不能缺少酒和作为礼器的青铜酒器。

墓祀是西汉社会各阶层广为流行的祭祖形式。西汉时期皇室的墓祀活动，与宗庙祭祀并举，主要是在陵园内的寝和便殿举行，可分为"日祭"和"时祭"两种类型，即"日祭于寝，月祭于庙，时祭于便殿。寝，日四上食；庙，岁二十五祠；便殿岁四祠"[3]。除此之外，还有因事祭祖的活动，如《汉书·平帝纪》："乙未，义陵寝神衣在柙中，丙申旦，衣在外床上。寝令以急变闻。用太牢祠。"[4]这样盛大的祭祀活动，自然不会缺乏铜制酒器的参与。民间墓祀的具体礼制则可在各地出土的汉画中一窥全貌。如南阳市英庄汉画像石墓中的一幅墓祀图[5]，上面绘有祠堂，堂内置祭品，祭品左边放五盘，右边放六耳杯，下面还置有奠酒，奠酒中间置一樽，两侧各有一个提梁壶。再下是放肴馔的位置，左置一叠案，中置二圆盒，右置三碗，最后还拴有一犬看护祭品（参见图5）。由于是祭祀礼器，因此这幅墓祀图中的耳杯、樽和提梁壶应为青铜酒器的可能性较大。

以酒祀神灵和山川亦是西汉社会重要

---

1 （汉）班固：《汉书》卷五《景帝纪》，第137页。
2 （南朝宋）范晔：《后汉书》卷九十九《祭祀志》，中华书局，1965，第3195页。
3 （汉）班固：《汉书》卷七十三《韦贤传》，第3115~3116页。
4 （汉）班固：《汉书》卷十二《平帝纪》，第351页。
5 王建中、闪修山：《南阳两汉画像石》，文物出版社，1990，图版26。

的祭祀活动。其中，酒祀神灵为民间和官方所共同享有的形式，而酒祀山川则多是官方进行的。关于酒祀神灵，史书中即有哀帝建平四年（前3）正月"设祭张博具，歌舞祠西王母"[1]的场景。各地出土的汉画常有神仙饮酒和神灵面前放置酒具的画像，这些都是西汉社会以酒敬神风俗的形象反映。以酒祀山川一般是汉代官方为了请雨、禳灾、祈福所进行的活动。祭祀过程中，一般通过献酒燔牲的方式来取悦神明，如《春秋繁露·求雨》中关于春旱求雨仪式的记载："祭之以生鱼八，玄酒，具清酒、膊脯……取三岁雄鸡与三岁猳猪，皆燔之于四通神宇。"[2] 还有关于请求止雨仪式的记载："敬进肥牲清酒以请社灵，幸为止雨，除民所苦。"[3] 在这些献酒仪式中，自然缺不了作为祭祀礼制重要载体的青铜酒器的参与。

以酒驱鬼亦是汉人的时风。上古社会人们认识自然的能力有限，常把疾病、灾难的发生归结于鬼怪的存在，因此每年腊月，汉廷都会公开举行大傩逐疫的巫术活动以除邪驱鬼。而在大傩出发前，一般都会有宴饮场面，大傩和其他人物都可在此狂饮，用酒的迷醉来达到驱鬼免疫的目的。据洛阳西汉壁画墓出土的壁画

图5　南阳县英庄墓祀

描绘，宴饮之时，大傩头目方相氏会跣足，盘坐，右手持角杯饮酒，其他人亦有持角杯饮酒的（参见图6）[4]，张光直先生曾据此推测巫师是要借酒在迷幻之中做想象的飞升[5]，而青铜酒器作为三代以来

1　（汉）班固：《汉书》卷二十七《五行志》，第1476页。

2　（清）苏舆：《春秋繁露义证》卷十六《求雨》，钟哲点校，中华书局，2015，第421页。

3　（清）苏舆：《春秋繁露义证》卷十六《止雨》，钟哲点校，第432页。

4　河南省文化局文物工作队：《洛阳西汉壁画墓发掘报告》，《考古学报》1964年第2期，第117页。

5　张光直：《美术·神话与祭祀》，辽宁教育出版社，1988，第42页。

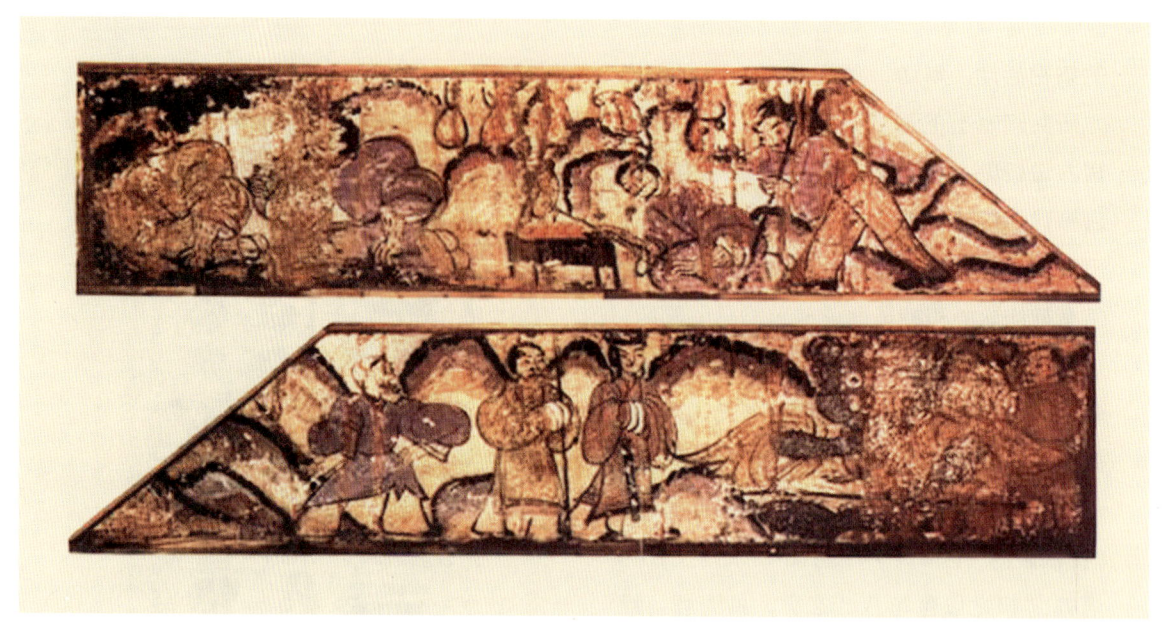

图6 洛阳西汉壁画中的傩仪

可通鬼神的神圣礼器亦应配属于此器用之列。

汉代厚葬之风盛行，所谓"厚资多藏，器用如生人"[1]，就是当时汉人安葬死者情况的真切写照。由于酒在汉代社会中的重要性，汉墓中颇多随葬有青铜酒器。西汉时期的丧葬礼仪以《礼记》为指导，随葬品包含大量盛满酒的酒器，以为人间乐事永随死者享用之意。《礼记·杂记》载安葬礼仪曰："醴者，稻醴也。瓮、甒、筲衡，实见间，而后折入。"这里的瓮、甒和筲衡都是盛酒的器皿，其他如圆壶、提梁壶、蒜头壶、钫、鐎壶、扁壶、樽、铿、提筒、锜、卮和耳杯等青铜酒器亦在陪葬礼制中。

各地出土青铜酒器的西汉墓中以长沙马王堆一号汉墓和河北满城汉墓最为典型。在长沙马王堆出土的遣册中存有"酝酒""肋酒""米酒""白酒"[2]的随葬记录，同时发现的铜钫和钟上还存有酒类或羹类的沉渣，镶玉铜卮和铜扣玳瑁卮亦有出现（参见图7、图8），可见酒与青铜酒具在丧葬礼制中的地位。河北满城汉墓的随葬盛酒器上还有"黍酒""稻酒""上尊酒""黍上尊酒""甘醪"[3]等字样。从其他地方的西汉墓葬亦有铜制储酒器、饮酒

---

1 （汉）桓宽：《盐铁论》卷六《散不足》，王利器校注，第355页。

2 湖南省博物馆、中国科学院考古研究所编《长沙马王堆一号汉墓》，文物出版社，1973，第80页。

3 中国社会科学院考古研究所、河北省文物管理处编《满城汉墓发掘报告》，文物出版社，1980，第126、288、289页。

器随葬的情况来看，西汉以青铜酒器作为随葬品之风应遍及贵族、官僚的各个阶层，体现了青铜酒器在社会生活中的重要性。

三 结语

综上所述，西汉时期的青铜酒器与其时的社会生活有着密切的联系。西汉时期的青铜酒器，从早期继承战国时期的铜器特点，至中、晚期形成西汉独有的文化风貌。这一特征演变，主要是受当时铜器生产经营与政策的影响。西汉早期，由于铜器的生产经营政策相对宽松，铜器生产既有中央及地方工官负责，又有诸侯和富商豪强的参与，所以青铜酒器大多为三代礼器和各地传统文化的沿袭。西汉中晚期，随着中央及地方工官对铜器生产经营的垄断，青铜酒器才逐渐摆脱三代礼器和地域文化的影响，形成汉代以实用性质为主的文化特征。西汉时期的青铜酒器，无论是在政治地位还是在礼制功用上，都远不及三代。但其使用者的范围，却从仅限于上层贵族，转而向各社会阶层扩展。与这一趋势相应，西汉时期青铜酒器的特征也逐渐由礼制性向实用性发展。近年来各地出土的大量青铜酒器证实，西汉时期的青铜酒器，在早期延续战国晚期的文化传统，受礼制的拘束，到了中后期则广泛使用于各层民众的社会生活。比较常见的如在宴饮、游戏、祭祀和丧葬等场景中，往往都有青铜酒器的参与。其中，广为流行的小

图7 镶玉铜卮

图8 铜扣玳瑁卮

型宴饮和游戏体现的主要是青铜酒器的实用功能,大型宴饮、祭祀和丧葬则体现了对三代礼器功能的继承。

西汉时期的青铜酒器,虽然不及三代铜器具有崇高地位,但其所特有的实用性,使得青铜酒器的发展进入了一个新的历史时期。西汉时期的社会生活,除了宴饮、祭祀和丧葬,还当包括民俗、信仰、思想文化等方面,关于青铜酒器与这些社会生活的关系,还有待进一步研究。

对"释迦乘羊问学图"的探讨

■ 尚永琪（吉林省社会科学院）

"释迦乘羊问学图",是对佛传记载中释迦太子青年时代学习文学课程场景的艺术表现。这种场景的描绘,在犍陀罗石刻和中原佛教图像中的表达有很大的差别。犍陀罗石刻中,释迦太子是骑在羊背上前去拜师学习;南北朝时期的壁画中,释迦太子是骑在马上前往拜师;而隋唐时期则演化为释迦太子坐在中式榻上学习的场景。

显然,随着佛教的传播,对佛传及经文内容的表达,会在不同的地域、不同的时间受到当地文化的影响,尤其是图像肯定会以当地主流文化作为表达的手段。所以,人物种族形象、服装、场景的演变,都是必然的。因而,本文在简要追索这种场景变化脉络的基础上,对"乘羊"这个骑乘方式做一点探讨。

一 汉唐之际释迦太子"问学"场景的图像表达

汉唐之际,释迦太子"问学"场景的图像表达逐步中国化的过程非常明显,先看文献方面的表述。

释迦太子"问学"是佛陀传记中一个主要环节,在《佛本行集经》《太子瑞应本起经》《过去现在因果经》《普曜经》中都有详细的描写。

三国时僧人支谦译《太子瑞应本起经》云:

> 及至七岁,而索学书,乘羊车诣师门。时去圣久,书缺二字。以问于师,师不能达,反启其志。至年十岁,妙才益显。[1]

---

[1] (吴)支谦译《太子瑞应本起经》卷上,载《大正新修大藏经》第3册《本缘部上》,台北:佛陀教育基金会,1990年影印本,第474b页。

此云释迦太子"乘羊车"前往拜师学书,作为7岁童子就显现非凡的智慧。

隋天竺三藏阇那崛多译《佛本行集经》云:

> 时净饭王,复为太子多集羖羊,安置宫内。为令太子生欢喜故,真金为鞍,杂宝庄饰。种种璎珞,以严其身,金罗网覆。是时,太子乘彼羊车,至于园林。及其亲叔甘露饭等,自余诸释,各为诸子庄诸羖羊,具足如前。彼诸童子,亦乘羊车,随意游戏。[1]

根据此段描写,彼时净饭王的王宫之内,释迦太子及其身边相伴的王族小伙伴都是乘羊车的,且羊为羖羊,也就是大公羊。

所谓"羊车"可以有如下两解。

(1)以羊当车,即《佛本行集经》卷三所谓"真金为鞍,杂宝庄饰"。显然,这种有鞍子的配置不是用来拉车的,而是用来骑乘的。事实上,在犍陀罗雕像中,释迦太子拜师学书的造像有骑羊的图像。

(2)以羊拉车,上述文献中所谓"乘羊车"在字面意思上显然即是羊与车的结合,中国古代宫廷中也有"羊车"之设与使用;在犍陀罗造像中表现释迦太子求学之场景,也有坐羊拉车的图像。

不论是"以羊拉车",还是"以羊当车",释迦太子前去拜师学书,都是作为一个童子乘羊而去的,所以《悲华经》以佛陀的口气云:

> 我为童子乘羊车时,所可示现种种伎术,为悟一切诸众生故。[2]

据上引《佛本行集经》的记述,所有释迦族的王族儿童平时也都是骑羯羊的。

然而,汉唐之际的中国佛教图像中,释迦太子"问学"一节被表现得非常少,并且略去了"骑羊"这一情节,完全中国化了。唯一可见的同"骑羊问学"相仿的,是释迦太子骑马问学的图像。

在敦煌莫高窟第290窟人字坡东坡的北周时期壁画中,有"太子赴学"的壁画场景:释迦太子骑在马上,马前方有身穿中式衣冠的教师,马后有两个随从,其中一个打着华盖[3]。(图1)

此图虽然将"乘羊车"这样相对不太容易理解的内容,改为"骑马",但是原则上遵守了佛经经文中所表达的释迦太子出宫到教师之门问学的动态场景。

而在敦煌藏经洞发现的唐代(9世纪)绢画中,表现"太子赴学"的场景则被描绘成"于宫中与文武先生讲论",完全是在王宫的中式榻上坐而论道的布局[4]。(图2)

---

[1] (隋)阇那崛多译《佛本行集经》卷一一《姨母养育品第十》,载《大正新修大藏经》第3册《本缘部上》,第703a页。

[2] (北凉)昙无谶译《悲华经》卷六,载《大正新修大藏经》第3册《本缘部上》,第207a页。

[3] 敦煌研究院主编《敦煌石窟全集4:佛传故事画卷》,香港商务印书馆,2004,第70页,图版54。

[4] 马炜、蒙中编著《西域绘画:敦煌藏经洞流失海外的绘画珍品6·(佛传)敦煌藏经洞流失海外的绘画珍品》,重庆出版社,2010,第14~15页。

图 1　太子赴学

图 2　宫中讲论

二 犍陀罗雕塑作品中释迦太子的"乘羊问学"

正如《太子瑞应本起经》等经文所表述的那样,在犍陀罗佛教造像作品中,表现释迦太子问学的场景被忠实地塑造成"骑羊"或"乘羊车"的模式。

在犍陀罗"释迦太子问学"雕塑品中,包括两个场景:(1)太子乘羊去老师家的场景,考古学家称之为"通学";(2)释迦太子教导学童学习的场景,称之为"勉学"。

"通学"的场景有两种:一是释迦太子坐在由羊拉的车上前往老师家;二是释迦太子骑在羊背上前往老师家。"勉学"的场景也至少有两种:一是对话的场景;二是将"书板"放在双膝之上坐着书写的场景。

关于"释迦太子问学"的两个组成部分"通学"与"勉学",《普曜经》有着很详细的描绘:

> 佛告比丘,尔时太子厥年七岁……一切众释前导从,白净王俱行迎菩萨。
>
> 菩萨乘羊车将诣书师,适入书堂欲见其师……尔时菩萨与诸释童俱往,菩萨手执金笔、旃檀书隶,众宝明珠成其书状,侍者送之。
>
> 问师选友:"今师何书而相教乎?"其师答曰:"以梵、佉留而相教耳,无他异书。"菩萨答曰:"其异书者有六十四,今师何书正有二种?"师问:"其六十四书,皆何所名?"太子答曰:"梵书、佉留书、佛迦罗书……皆响书。"太子谓师:"是六十四书,欲以何书而相教乎?"
>
> 时师选友欢然悦豫,弃捐自大。
>
> 时一万童子,与菩萨俱在师所学,见菩萨威德建大圣慧。
>
> 尔时菩萨为诸童子一一分别字之本末,演如是像法门诸音。在于书堂,渐开化训诲,三万二千童子劝发无上正真道意。是故菩萨往诣书堂,示从师受。[1]

这段文献,提示我们三个要点:(1)释迦太子乘羊车去老师选友的门庭,此即"通学",释迦太子是与"诸释童俱往",而这些释童,正是前引《佛本行集经》所云释迦族甘露饭王等王族之子。(2)跟释迦太子一起就学的"三万二千童子"其实是释迦太子的学生,是受释迦太子教导的,此即所谓"勉学"。(3)释迦太子"通学"之时携带了"金笔"和"旃檀书隶"这两样学习用具。

---

[1] (西晋)竺法护译《普曜经》卷三《现书品第七》,载《大正新修大藏经》第3册《本缘部上》,第498a~b页。

图3 羊车通学

图4 骑羊通学

　　至此，我们可以在犍陀罗石刻造像中，来对上述文献中的"通学""勉学"诸要素一一对应认识了。

　　我们先看两个典型的"通学"的犍陀罗片岩雕塑。

　　图3的灰色片岩石雕出土于巴基斯坦恰尔萨达地区（Charsadda Tehsil）[1]。画面中释迦太子坐在两头大角羊拉的车上，驾车人手持缰绳；从羊的毛皮来看，长着像长形松果一样的毛，显然是绵羊。羊车最前面，是身形略小的一个手托物品的引导侍者；车后树下，是两位跟随的侍者。在画面的上方有四人——其实表现的应该是同车驾平行的四位伴随者，他们身形大于侍从，应该是释迦族甘露饭王等王族中的儿童，是释迦太子的学伴。我们可以看到，这四人中，至少两人手中都握着一块很大的长方形板，类似船桨——这是一种特殊的木质书板，即《普曜经》所谓"旃檀书隶"。它兼具书本和练习本的功能，既可以用来抄写经文，也可以用来练习书写。其功能相当于中国古代学生所使用的漆木水牌，经文内容写在上面，诵记完成后，就可以把字擦了，然后再写新的内容，可以反复使用。

　　图4的灰色片岩石雕出土地不详，为英国伦敦私人收藏品[2]。画面中释迦太子骑在高大的有角公羊背上，身后是一位侍者，羊头前是三位手持书写木板即"旃檀书隶"的释迦族儿童。

1　Isao Kurita, *A Revised and Enlarged Edition of Gandharan Art：The Buddha's Life Story*, Tokyo: Nigensha, 2003, p.14.

2　Isao Kurita, *A Revised and Enlarged Edition of Gandharan Art：The Buddha's Life Story*, p.49.

图5　当代毛里塔尼亚儿童使用的书板

至此，产生的一个很有趣的问题是：图像中释迦太子的学伴所持的木质书写板，在今天北非的一些地区还可以见到。现代的毛里塔尼亚儿童在学习《古兰经》的时候，还是使用2000多年前释迦太子及其学伴所使用的这种书板，其形状与使用方法几乎是完全一样的。在西藏地区，被称为"墙星"的书写板也是抄写和学习经文常用的工具，不过在西藏地区，此种木板是横着书写的。

关于"通学"主题的犍陀罗片岩浮雕还可以举出很多例子来，其中比较典型的是图6这件片岩浮雕，维多利亚与艾伯特博物馆藏品，藏品号H.1040[1]。释迦太子骑在绵羊背上，身后是打着华盖的侍者，羊头前迎面站着两人，其中一人手持书板，同释迦太子处于交谈或问答的场景中。我们可以将之同敦煌莫高窟第290窟北周时期"太子赴学"壁画做一比较（参见图1）。虽然片岩浮雕H.1040中的释迦太子骑的是公羊，北周"太子赴学"中的释迦太子骑的是马，但是二者的构图是完全一样的：相同的出场人物、面对释迦的两位人物同释迦太子处于交谈状态、太子身后打华盖的侍者。甚至可以推断，在构图上，二者应该有着一定的继承关系。

关于"勉学"的场景，图7、图8是最有代表性的。

图7片岩浮雕出土于巴基斯坦斯瓦特地区[2]，浮雕左侧是释迦太子射箭展示武艺的场景，右侧则是勉励"诸释童"学习，

1　Isao Kurita, *A Revised and Enlarged Edition of Gandharan Art：The Buddha's Life Story*, p.50.

2　Isao Kurita, *A Revised and Enlarged Edition of Gandharan Art：The Buddha's Life Story*, p.54.

图 6　犍陀罗浮雕中的太子赴学

图 7　太子勉学之一

图 8　太子勉学之二

"发无上正真道意"[1]的场景。坐着的"诸释童"置书板于腿上，正在上面抄写知识，旁边有拿着墨水盒的侍者。

图8片岩浮雕出土于巴基斯坦马拉坎地区[2]，浮雕右侧是释迦太子"通学"场景，左侧是"勉学"场景。释迦站在中间，正在"为诸童子一一分别字之本末，演如是像法门诸音"[3]，此即"勉学"，其身前身后有坐着在书板上记录的童子，也有协助童子学习的侍者。

关于"通学"与"勉学"的文献表述，转化成图像后，在犍陀罗地区的浮雕中有着较多的表现，而在中原地区关于佛陀的传记图像中则少之又少，这是一个值得思考的问题。

图9 汉画像石中的羊车

三 扩展讨论
关于古代儿童骑羊的问题

有了以上的基础，现在我们可以稍加扩展，讨论一下古代儿童骑羊的问题了。

佛传中释迦太子在7岁上学时是乘羊车去见老师的，关于乘羊车，既有坐羊拉车的图像，又有骑羊的图像。关于羊拉车问题，在商代墓葬和西汉王陵中都有羊车实物、驾车之羊骨出土[4]，中国古代宫廷中亦有羊车之设[5]，且不同时代"羊车"之义有虚有实，佛经中更以"羊车"为喻。这些问题学界讨论很多，近年来以彭卫先生所撰《"羊车"考》[6]至为详尽，就不再赘言了。

但是，古代儿童骑羊则一直是一个比较模糊的问题，所以需要做一些扩展性讨论。

在古代骑乘动物的利用史方面，笔者将之主要分为"驯养的骑乘动物"与"想象的骑乘动物"，前者如大象、骆驼、马、牛、毛驴等，后者则有飞马、狮子、豹子等。而羊作为骑乘动物，事实上属于此二类之外的"第三种骑乘动物"行列。众

---

1 （西晋）竺法护译《普曜经》卷三《现书品第七》，载《大正新修大藏经》第3册《本缘部上》，第499a页。

2 Isao Kurita, *A Revised and Enlarged Edition of Gandharan Art: The Buddha's Life Story*, p.50.

3 （西晋）竺法护译《普曜经》卷三《现书品第七》，载《大正新修大藏经》第3册《本缘部上》，第499a页。

4 中国社会科学院考古研究所安阳工作队：《安阳殷墟郭家庄商代墓地》，文物出版社，1998；咸阳市文物考古研究所：《西汉昭帝平陵钻探调查简报》，《考古与文物》2007年第5期，第3～5页。

5 参见《晋书》卷三六《卫玠传》；《晋书》卷三一《胡贵嫔》；《南史》卷一一《后妃传上·潘淑妃》等。

6 彭卫：《"羊车"考》，《文物》2010年第10期，第71～75页。

所周知，人类驯化羊乃是为了其皮毛与肉而非骑乘。然而在实际生活中，却又有"骑羊"这样的实例或记载存在，因而，"乘羊"确实有其值得关注的特别之处。

在历史文献或文学性作品中，我们可以见到的骑羊事例有以下几端：（1）释迦太子骑羊问学；（2）匈奴儿童骑羊射猎；（3）《荷马史诗》中的奥德修斯骑羊逃脱；（4）西藏壁画中，有骑羊的神像。

儿童骑羊的说法，最著者乃是司马迁于2000多年前在《史记》中记载的匈奴孩子的童年生活：

> 匈奴……逐水草迁徙，毋城郭常处耕田之业，然亦各有分地。毋文书，以言语为约束。儿能骑羊，引弓射鸟、鼠；少长，则射狐、兔用为食。士力能毌弓，尽为甲骑。[1]

图10 匈奴儿童骑羊射鸟鼠（采自阿赫迈特然·卡略拉·萨玛杜雷《哈萨克传统军备民族学》，阿拉木图，2007，第31页）

此种"儿能骑羊，引弓射鸟"的生活，可以同佛经中释迦太子骑羊问学的记载做一个互相参照。匈奴儿童的骑羊射鸟鼠仅仅是一种具有游戏性质的骑射训练（见图10），所以射的仅仅是鸟与鼠这些不能解决生活问题的小动物，而这些儿童稍长大一点就可以射狐兔来作为肉食资源。由此对比可见，骑羊是不能射狐兔的，那么骑羊射猎的实用性功能显然非常低。相比照，《佛本行集经》提到释迦太子在宫中乘羊之事，也只是云"彼诸童子，亦乘羊车，随意游戏"[2]，由此可见儿童骑羊的游戏性质。

但是由此并不能否认，一些体型巨大的羊，在特殊情况下，也是可以作为成人骑乘的驮兽的。奥德修斯是荷马史诗《奥德赛》中的主人公，是希腊人的英雄，他曾在牧人的帮助下，藏身在绵羊的肚子下成功逃亡。约公元前510年的一个雅典式黑色图案的花瓶上，栩栩如生地表现了这一幕。这是一种体型巨大的绵羊，能让成

---

[1] （汉）司马迁：《史记》卷一一〇《匈奴列传》，中华书局，1959，第2879页。

[2] （隋）阇那崛多译《佛本行集经》卷一一《姨母养育品第十》，载《大正新修大藏经》第3册《本缘部上》，第703a页。

人骑乘的羊，当然要有足够的体量。

唐代贞观十六年（642），玄奘法师在从印度归国途中[1]，从兴都库什山的塔瓦克山口翻山后，在一山村中曾见到一种羊"大如驴"[2]，应该即是此类可以供成人骑乘的绵羊。需要提及的是，在藏北地区，盐的运输是靠羊驮来完成的，这虽然不是"乘羊"，但乃是羊用于驮运的一个典型实例。

在西藏自治区的古格王国早期佛教石窟东嘎1号窟南壁，绘有一位身穿藏服的男人骑着公羊的画面，这位男人梳着辫子，手抓长长的缰绳，一条狗在身边疾驰，一类似猎鹰的鸟在其眼前飞翔，其前后有兽面人相伴（图11）。托马斯·J.贝恩佳认为这应该是一位猎人[3]。难道在12世纪的西藏高原上，还有骑羊打猎的实例存在吗？最大的可能性是，这应该表现的是一位神，因为他的头上有头光。也有可能，这正是

图11 古格贵族骑羊狩猎

1　杨廷福：《玄奘年谱》，上海古籍出版社，2011，第211～212页。

2　（唐）慧立、彦悰：《大慈恩寺三藏法师传》卷五，中华书局，2000，第115页。

3　《西藏艺术：1981～1997年 ORIENTATIONS 文萃》，熊文彬译，文物出版社，2012，第220页。

图12 汉画像石中的胡人骑羊　　图13 汉画像石中的骑羊升仙

释迦太子"通学"传说的一个藏式版本。

在汉画像石中，有驾羊车的图像，也有骑羊的图像（图12、图13）[1]。骑羊者戴有高帽，可以被认定为"胡人骑羊"；而有的则前后都有随从随之疾驰，整个图像有"御风而行"的效果。汉画像石系统当然不是社会实录或纯粹的美学表达，而是一个具有思想性的图像世界，因而，"胡人骑羊"或"骑羊御风"可能跟"仙界"或"升仙"有关，但是，其图像渊源可能来自游牧世界的牧羊生活实践。

羊是草原游牧民族生存的根本，他们的帝国需要马背上的征服，更需要羊背上的养育。不仅如此，羊也是农业文明定居者的重要生活资源。人类不能直接食用的野草杂树，通过羊的短期生长，迅速转化成了皮、毛、油、奶、肉等高品质的动物蛋白和生活资料。羊之温顺及其对于人类生活衣食住行之资源周济，使得羊在华夏文明中获得"吉祥"之意，甚至成为"国之重器"的象征，商代的四羊方尊等青铜器就是典型代表。

当然，在整个欧亚大陆范围内，羊都是人类文明发展进程中的重要参与者。

在贯通欧亚大陆的北方草原上，从远古到前近代的上万年间，羊之形象都是旷野岩画的主要表现对象。在古代埃及，阿蒙神就是羊头狮身的形象。古代斯基泰人把他们身穿羊皮衣裤、挤羊奶的形象镌刻或铸造在精美的黄金艺术品上。狼噬羊的场景更是斯基泰、匈奴、突厥与蒙古族等欧亚北部草原艺术中常见的图样。

据记载，波斯国王和西亚及中亚昭武九姓诸多小国的国王，都是坐在"金羊床"上处理国家政务、接待外邦来使。由此诸相可见，在欧亚大陆，羊的人文意蕴深厚绵长。

---

[1] 金维诺主编《中国美术全集·画像石画像砖》，黄山书社，2010，第1册第152页、第2册第262页。

林下与南朝竹林七贤砖画为何无竹

■ 王 汉（北京大学艺术学院）

一 南朝竹林七贤砖画为何无竹之问题的提出及前人成果述评

1960年4月在江苏省南京市西善桥宫山发掘的南朝墓中出土了一组大型拼镶砖印壁画（以下简称为砖画），南壁从外而内为嵇康、阮籍、山涛、王戎，北壁自外而内为向秀、刘伶、阮咸、荣启期。其中，除荣启期外的七人正是古代所谓的"竹林七贤"[1]（图1、图2）。此砖画后来遂被命名为"竹林七贤及荣启期"[2]。林树中先生在相关论文中则称其为"七贤与荣启期"[3]。但前者的使用频率更高。此后，在1965年和1968年，与之相同题材的砖画陆续出土，分别在丹阳胡桥吴家村、建山金家村和丹阳胡桥仙塘湾的南朝墓中，仙塘湾墓中的相关砖画残缺严重，考古报告亦未有图像公布[4]。

"竹林七贤及荣启期"砖画（以下简称竹林七贤砖画）自发现后即引起人们的关注。其中，竹林七贤砖画无竹一直是个迷人的话题，困扰着许多学者。

1983年，宋伯胤先生发表了《竹林七贤砖画散考》，他注意到竹林七贤砖画无竹的问题。他说："还要说明的是在这两幅图画中，画家并没有画出一株竹子。"他认为有无竹并不重要："竹林七贤而无竹林，我看是无关宏旨的。"[5]

---

1 南京博物院、南京市文物保管委员会：《南京西善桥南朝墓及其砖刻壁画》，《文物》1960年第8、9期合刊，第37~42页。

2 南京博物院：《试谈"竹林七贤及荣启期"砖印壁画问题》，《文物》1980年第2期，第18页。

3 林树中：《江苏丹阳南齐陵墓砖印壁画探讨》，《文物》1977年第1期，第64页。

4 南京博物院：《江苏丹阳县胡桥、建山两座南朝墓葬》，《文物》1980年第2期，第1~17页；南京博物院：《江苏丹阳胡桥南朝大墓及砖刻壁画》，《文物》1974年第2期，第44~56页。

5 宋伯胤：《竹林七贤砖画散考》，《新亚学术集刊（中国艺术专号）》第4卷，1983年，第225页。

图1　南京西善桥墓竹林七贤砖画南壁（姚迁、古兵编《六朝艺术》，文物出版社，1981，图162）

图2　南京西善桥墓竹林七贤砖画北壁（姚迁、古兵编《六朝艺术》，图163）

20世纪90年代曾布川宽先生在其论文《南朝帝陵的石兽和砖画》中说："让人困惑的是'竹林七贤图'中却不见竹子。"[1]但他未给出答案。

司伯乐（Audrey Spiro）则推测，最初的七贤壁画可能并不强调七贤与竹林的联系，除了5世纪的注文，早期强调七人集于竹林的文献亦未能存留，或者早期的文献对此叙述较为笼统，直到竹林七贤砖画创制之时，七贤与竹林的紧密联系尚未

---

[1]〔日〕曾布川宽：《六朝帝陵》，傅江译，南京出版社，2004，第118页。据译后记，此书原系曾布川宽在1991年3月发表《东方学报》（京都版）上的一篇长论文，原题名为《南朝帝陵的石兽和砖画》。

能确立[1]。

郑岩先生在2002年出版的《魏晋南北朝壁画墓研究》一书中说："竹林七贤与荣启期画像中还有一个使人迷惑的问题，既然东晋时期竹林七贤已经得名，为什么其中不画竹林，而是画各种各样的乔木（有人认为其中也有一种阔叶竹[2]）。其实答案可能很简单，既然人物是谁都不重要，植物就更不必拘泥于原典。"[3] 然而郑先生的答案有点简单，"人物是谁都不重要"的情况出现在丹阳的两座墓中，而西善桥墓的竹林七贤砖画是合于原典的。

2003年韩格平先生发表了《竹林七贤名义考辨》一文，其中也提到了这个问题。2007年胡俊先生发表《(南朝)画像砖〈竹林七贤与荣启期〉何以无竹？》一文，专门讨论无竹的问题，并做了解释。胡先生的解释并不能让人信服。特别是关于"竹林"指称特定地名，仅是一种猜测，正如他本人所言"没有直接证据"[4]。

2012年罗宗真先生在《南京六朝历史与考古三题》中亦有同样的疑问："画中有10株树木，只有柳、槐和银杏三种[5]，并无一株竹子。竹林七贤而无竹林，是什么原因？"[6] 作者只是引用陈寅恪关于竹林七贤的一段论述，并未直接回答。

最近在南京狮子冲M1又出土了一壁竹林七贤砖画，依然没有竹子[7]。这个问题的解决还要从根本入手，即从"竹林七贤"的名称问题入手。

二 "竹林七贤"又可称作"林下诸贤"

(一)《世说新语》与《宋书》中的"林下"

就目前材料看，相对可靠且较早记载"竹林七贤"的材料保存在《三国志·王粲

---

1. Audrey G. Spiro, *Contemplating the Ancients*, Berkeley and Los Angeles: University of California Press, 1990, p.217.

2. 阔叶竹的说法显然来自1974年发表的考古报告，报告中说，在阮咸与荣启期之间有"阔叶竹一株，直杆有节"。参见南京博物院、南京市文物保管委员会《南京西善桥南朝墓及其砖刻壁画》，《文物》1960年第8、9期合刊，第42页。此后的相关考古报告沿用这一认识，如《江苏丹阳县胡桥、建山两座南朝墓葬》中说："'山司徒'傍绘阔叶竹一株，然后画第四人'王戎'。"(《文物》1980年第2期，第5页) 同期上的《试谈"竹林七贤及荣启期"砖印壁画问题》说："都是用竹（阔叶竹）……"（第18页）姚义斌、裴凤两位先生的文章《上古"树"图像的功能探讨》(《民族艺术》2010年第4期，第105～112页)，对阔叶竹的问题进行了研究，其结论为"原报告中'阔叶竹'的提法有误"，也就是说，那个被称作"阔叶竹"的植物根本不是竹。

3. 郑岩：《魏晋南北朝壁画墓研究》，文物出版社，2002，第228页。

4. 胡俊：《(南朝)画像砖〈竹林七贤与荣启期〉何以无竹？》，《美术与设计》2007年第3期，第129～131页。

5. 按，此处罗宗真先生有一点小错误，不止三种，还有松树以及荣启期旁不知名的树。

6. 南京博物院编《罗宗真文集》历史文化卷，文物出版社，2013，第127页。原载《南京博物院集刊》第13集，文物出版社，2012。

7. 南京市考古研究所：《南京栖霞狮子冲南朝大墓发掘简报》，《东南文化》2015年第4期，第33～48页。

传》裴松之注中:"《魏氏春秋》曰:康寓居河内之山阳县,与之游者未尝见其喜愠之色。与陈留阮籍、河内山涛、河南向秀、籍兄咸、琅邪王戎、沛人刘伶相与友善,游于竹林,号为七贤。"[1]《魏氏春秋》的作者乃东晋孙盛。

南朝宋刘义庆(403~444)的《世说新语·任诞第二十三》中也有相近的文字:"陈留阮籍、谯国嵇康、河内山涛三人,年皆相比,康年少亚之,预此契者沛国刘伶、陈留阮咸、河内向秀、琅邪王戎。七人常集于竹林之下,肆意酣畅,故世谓'竹林七贤'。"[2]

以上是大家都熟知的材料。在《世说新语·赏誉第八》中还有一则材料,大家都知道,却未引起相当的重视:

> 林下诸贤各有俊才子,籍子浑器量弘旷。康子绍,清远雅正。涛子简疏通高素。咸子瞻,虚夷有远志,瞻弟孚,爽朗多所遗。秀子纯、悌,并令淑有清流。戎子万子,有大成之风,苗而不秀。唯伶子无闻。凡此诸子唯瞻为冠。

绍、简亦见重当世。[3]

这里的"林下诸贤"所指称的对象与"竹林七贤"完全一样:阮籍、嵇康、山涛、阮咸、向秀、王戎、刘伶。也就是说,"竹林七贤"在当时也被称作"林下诸贤"。

在沈约(441~513)《宋书·羊玄保传》中还有另外一则例子:

> 戎二弟,太祖并赐名,曰咸,曰粲。谓玄保曰:"欲令卿二子有林下正始余风。"[4]

这则材料虽不像上面一则那般清晰,但比较清楚的是,名"咸"者与"林下"余风相联系,而名"粲"者又可与"正始"余风相联系。太祖所赐之名"咸",暗指的就是阮咸,故下面提到林下之余风。这说明"林下"一词在当时有比较明确的指向,另例仍见《世说新语》:"谢遏绝重其姊,张玄常称其妹,欲以敌之。有济尼者并游张谢二家,人问其优劣,答曰:王夫人神情散朗,故有林下风气。顾家妇清心玉映,自是闺房之秀。"[5]

---

[1] (晋)陈寿撰、(南朝宋)裴松之注《三国志》卷二一,陈乃乾校点,中华书局,1959,第606页。

[2] (南朝宋)刘义庆撰、(南朝梁)刘孝标注《世说新语》卷下之上,商务印书馆,1922年影印本,第36页。

[3] (南朝宋)刘义庆撰、(南朝梁)刘孝标注《世说新语》卷中之下,第1页。

[4] (南朝梁)沈约:《宋书》卷五四,中华书局,1974,第1536页。

[5] (南朝宋)刘义庆撰、(南朝梁)刘孝标注《世说新语》卷下之上,第28页。

(二)《肇论》中的"林下"

下面是一则年代较早且写作地点、时间非常具体的材料,僧肇的《答刘遗民书》:

> 八月十五日释僧肇疏答。服像虽殊,妙期不二;江山虽缅,理契则邻。所以望途致想,虚襟有寄。君既遂嘉遁之志,标越俗之美,独恬事外,欢足方寸。每一言集,何尝不远喻林下之雅咏,高致悠然,清散未期,厚自保爱。[1]

"远喻林下之雅咏",按字面理解就是明白了树林下高雅的咏唱。这样的字面理解非常别扭。"林下"与"雅咏"相连,说明此处的"林下"之含义绝不止于"树林之下",它应该与前面赞扬刘遗民的"遂嘉遁之志,标越俗之美,独恬事外,欢足方寸"有关,只有这样大概才能配以"雅"这个字。同时,这样的描绘又多么契合于"竹林七贤"的"竹林之游",而刘遗民又是如此合乎林下风气。

根据汤用彤《汉魏两晋南北朝佛教史》,此信写于弘始十二年(410)八月十五日长安[2],略早于刘义庆编撰《世说新语》之时。可知《世说新语》中称嵇阮等七人为林下诸贤并非刘义庆或共同编书者杜撰而出,应该是当时社会上流行的说法。因此僧肇信中所说的"林下"应该是"竹林七贤"的代称,语义应该是:明白了嵇阮等七贤们高雅的诗文。

以上是作者的推论,这恰又与唐宋《肇论》注疏的观点相同。

唐代释元康撰《肇论疏》解释说:"喻林下雅咏高致悠然者,晋朝嵇康、阮籍、阮咸、山涛、王戎、向秀、刘灵等七人。在于山阳竹林俱隐。不事王侯,高尚其志。今谓刘公如此也。"[3] 去南北朝不远的释元康明确地了解"林下"一词的真实含义。按,据《宋高僧传》卷四:"释元康,不详姓氏。贞观中游学京邑,有彭亨之誉。"由此可知释元康为唐贞观年间人。传中又称:"以三论之文荷之于背",后又被帝"诏入安国寺讲此三论"[4]。故知《肇论疏》应为释元康所作不误。

《肇论中吴集解》中"林下"一句的注解:"晋之七贤,俱隐山阳竹林。今刘君高尚其志,不事王侯,故取比焉。"《肇论集解令模钞》对注解的解释:"'晋之七贤',

---

1 (后秦)释僧肇:《肇论》,《大正新修大藏经》第45册,台北:佛陀教育基金会,1995年影印本,第155页。
2 汤用彤:《汉魏两晋南北朝佛教史》,上海人民出版社,2015,第228页。
3 (唐)释元康:《肇论疏》,《大正新修大藏经》第45册,第184页。
4 (宋)赞宁:《宋高僧传》,范祥雍点校,中华书局,1987,第69~70页。

即嵇康、阮籍、阮咸、王戎、向秀、山涛、刘伶也。"[1] 据《肇论集解令模钞校释》:《肇论中吴集解》《肇论集解令模钞》均为僧净源集撰。净源为宋代僧人，大中祥符四年（1011）生于福建泉州晋江，51岁时于钱塘贤圣精舍著述了《中吴集解》的注疏《令模钞》，元祐三年（1088）十月圆寂[2]。僧净源的集解很可能源自唐代的释元康，抑或还有其他来源，因为注解《肇论》的实在不少[3]。

不管如何，从唐宋僧人对"林下"的注解中，我们亦可以明白"林下诸贤"即"竹林七贤"，两者所指为一。

总之，"竹林七贤"在当时又被称作"林下诸贤"，并有"林下风气"。按照"林下诸贤"的思路，创作出来的砖画没有竹子是非常自然的事。反过来看，当这七个人同时出现在墓中壁画上时，绝非当时人偶然选择的结果，而是清楚地知道他们共同存在于"林下诸贤"或"竹林七贤"这样的概念之中——他们被总称为"林下诸贤"或"竹林七贤"及其他称呼。墓室壁画中只有乔木而无竹子的现象说明了七贤在创作者或指导创作者的心目中是被归入"林下"这个称谓之中的。

三 林下之风

"竹林七贤"与"林下诸贤"之间可以相互交换，这就像一把钥匙，不仅可解决壁画中为何无竹的问题，还可以帮助我们理解更多当时的文化现象。

（一）含义明显不止于树林之下的"林下"

在《高僧传》中有"林下之交"或"林下之契"。从字面理解好像可以解释为"树林之下的交情、约定"，然而为何这样的交情或约定冠以"林下"？通过上下文的观察，我们以为这"林下"正指向竹林七贤，"林下之交"或"林下之契"是指向"竹林七贤"那样的交情和约定。

慧皎《高僧传》[4]卷十一曰：

> 释僧从，未详何人。禀性虚静，隐居始丰瀑布山。学兼内外，精修五门，不服五谷，唯饵枣栗，年垂百岁，而气力休强，礼诵无辍。与隐士褚伯玉为林下之交，每论道说义，辄留连信宿。后终于山中。[5]

---

1 〔日〕伊藤隆寿、林鸣宇:《肇论集解令模钞校释》卷下，上海古籍出版社，2008，第233页。

2 〔日〕伊藤隆寿、林鸣宇:《肇论集解令模钞校释》解题，第15～19页。

3 元代亦有人作《肇论新解》，以"林下"为慧远庐山集会的山林之下，其去古已远，不解当时之语境，故此不加采纳。

4 慧皎《高僧传》的成书年代下限在533年，其材料截止年限在519年（纪赟:《慧皎〈高僧传〉研究》，博士学位论文，复旦大学中国语言文学系，2006，第28页）。另据杨笑天《关于慧皎生卒年及〈高僧传〉问世时间等问题》（《佛学研究》2014年刊，第40～46页），慧皎《高僧传》的问世时间在540～547年。

5 （南朝梁）释慧皎:《高僧传》，汤用彤校注、汤一玄整理，中华书局，1992，第417页。

《高僧传》卷五：

> 竺僧朗，京兆人也。少而游方问道，长还关中，专当讲说。……朗常蔬食布衣，志耽人外，以伪秦苻健皇始元年移卜泰山，与隐士张忠为林下之契，每共游处。……朗乃于金舆谷昆仑山中别立精舍，犹是泰山西北之一岩也。峰岫高险，水石宏壮。朗创筑房室……[1]

在这两则材料中，僧人与隐士的身份，"志耽人外"，"论道说义"与"礼诵无辍"的精神活动，也与世人所论的"竹林七贤"的文化精神相对应。相关的例子还有不少。

再看《高僧传》卷五：

> 时若耶山有帛道猷者，本姓冯，山阴人，少以篇牍著称。性率素，好丘壑，一吟一咏，有濠上之风。与道壹经有讲筵之遇，后与壹书云："始得优游山林之下，纵心孔释之书，触兴为诗，陵峰采药，服饵蠲痾，乐有余也。但不与足下同日，以此为恨耳。……"壹既得书，有契心抱，乃东适耶溪，与道猷相会，定于林下，于是纵情尘外，以经书自娱。[2]

在释宝唱《比丘尼传》卷四中记载释道贵尼：

> 于是结桂林下，栖寄毕世，纵复屯云晦景、委雪埋山，端然寂坐，曾无间焉。得人信施，广兴福业，不以纤毫自润己身。[3]

按，《楚辞·湘夫人》："结桂枝兮延伫，羌愈思兮愁人。"王逸注曰："结木为誓，长立而望。"[4] 则结桂有立誓之义。曹丕有《秋胡行》诗，其二曰："朝与佳人期，日夕殊不来。嘉肴不尝，旨酒停杯。寄言飞鸟，告余不能。俯折兰黄，仰结桂

---

[1] （南朝梁）释慧皎：《高僧传》，第190页。

[2] （南朝梁）释慧皎：《高僧传》，第207页。

[3] （南朝梁）释宝唱：《比丘尼传》卷四，《大正新修大藏经》第50册，第947页。原校曰："桂＝掛"。《比丘尼传校注》（王孺童校注，中华书局，2006，第212页）作"结掛林下"，其校注曰："'掛'，原作'桂'（即大正藏本），《释氏六帖》作'夏'。案'结挂'，当指'结夏'、'挂搭'……据《永乐南藏》、《永乐北藏》、《径山藏》、《清藏》、金陵本改。"改"结桂"为"结掛"，再解释为"结夏"与"挂搭"。误。再则，从校勘学上来说，据后来之版本改前本，非也。

[4] （战国）屈原等：《楚辞》卷二，商务印书馆，1922年影印本，第17页。

枝。佳人不在，结之何为？……"[1]文中所述之情景与《楚辞·湘夫人》非常相似，王逸之注用于此处亦通。由此推测结桂就是在桂树枝上打结以起誓。"结桂林下"与上面所引"为林下之契"意思相同，也即定于林下，就是立志纵情世外之意。

（二）含义明显是树林之下，却暗藏"竹林七贤"的"林下"

上面的例子都在南朝梁时。在那些例子中，"林下"明显有其特殊含义——指向"竹林七贤"。南北朝时还有一些材料中也应用了"林下"这个词，"树林之下"可以解释得通，然而我们认为它们应该同时暗指或暗喻"竹林七贤"。

在南朝墓室"竹林七贤与荣启期"壁画中，有这样几个要素值得关注，一是树林，二是酒，三是琴，包括阮和古琴。这几个要素将在下面所引的文献中不停出现。这是我们将这些"林下"与"竹林七贤"相联系的原因。

我们先回到南朝宋，受到刘义庆提携的鲍照有《园中秋散》诗，其最后四句曰：

临歌不知调，发兴谁与欢。
傥结延上清[2]，岂孤林下弹。[3]

"林下弹"应该是用典，实指在树林下弹琴，然而又暗比"竹林七贤"之嵇康弹琴（或许是阮咸拨阮），因为前面"傥结延上清"，是欲交结上清真人之意。最后两句的意思是，如果能交结延请上清的神仙，我林下弹琴怎么会孤单呢？这里的林下之游所体现的是道教上清的思想。

上溯到东晋的陶渊明，《陶渊明集》卷六《扇上画赞》中有赞郑次都之韵言：

郑叟不合，垂钓川湄。交酌林下，清言究微。[4]

郑次都的事可见于《后汉纪》，他原是某郡的小官吏——门下掾，后隐于弋阳山中，其思想状况未知，似与长沮桀溺相类[5]。这里的"交酌林下"实指在林下喝酒，然也暗合于"竹林七贤"之故事。"清言究微"，与上面所引作林下之契的僧道们一样，在游于林下的同时还论道说义。

再看看王公大臣们的林下之游。魏收[6]《魏书·彭城王传》中有这样一段记载：

---

1 （唐）欧阳询撰《艺文类聚》卷四一，汪绍楹校，上海古籍出版社，1982，第741页。

2 有几种明版书此处为"傥结弦上情"。

3 （南朝宋）鲍照：《鲍氏集》，商务印书馆，1922年影印本，第14页。

4 （晋）陶渊明：《陶渊明集》卷六，逯钦立校注，中华书局，1979，第177页。

5 （晋）袁宏：《后汉纪》卷七，商务印书馆，1922年影印本，第15~16页。

6 据缪钺《魏收年谱》，魏收"受诏撰魏史"于天保二年（551），天保五年（554）三月"奏上魏书"，载《四川大学学报》（社会科学版）1957年第3期，第20~21页。

后宴侍臣于清徽堂，日晏，移于流化池芳林之下。高祖曰："向宴之始，君臣肃然，及将末也，觞情始畅，而流景将颓，竟不尽适，恋恋余光，故重引卿等。"因仰观桐叶之茂，曰：'其桐其椅，其实离离，恺悌君子，莫不令仪'，今林下诸贤，足敷歌咏。"[1]

此处之"林下诸贤"不仅实指流化池芳林之下的诸贤，也暗暗将在芳林下宴饮之人比作阮籍、嵇康等林下诸贤，可谓一语双关。这里需要说明的是：壁画中的琴与阮在这里可能会以更加庞大的乐舞形式出现。

南朝梁昭明太子萧统的《林下作妓诗》曰：

炎光向夕敛，徙宴临前池。泉将影相得，花与面相宜。箎声如鸟弄，舞袖写风枝。欢乐不知醉，千秋常若斯。[2]

这里描写的宴会与北魏高祖宴客的情形差不多，中午欢宴完了以后移宴至林下。有音乐、有舞蹈，还有美酒。他们的"林下"还是暗喻"竹林七贤"之"林下"。

（三）无"林下"之林下

无"林下"的林下是指有些文献资料中，虽没有"林下"两个字却能暗指竹林七贤的林下风气。

最著名的例子是兰亭雅集。王羲之有叙文曰："永和九年，岁在癸丑，暮春之初，会于会稽山阴之兰亭，修禊事也。群贤毕至，少长咸集。此地有崇山峻岭，茂林修竹，又有清流激湍，映带左右。引以为流觞曲水，列坐其次。……虽无丝竹管弦之盛，一觞一咏，亦足以畅叙幽情矣。"[3] 此处没有"林下"或"竹林"二字，但"茂林修竹"、"流觞曲水"、"一觞一咏"及"畅叙幽情"无不与"竹林之游"相仿佛。在《兰亭集序》的后半部分，作者所发表的议论应该属于玄谈——谈论生死、谈论世事无常[4]。

再看现在被归属于画论的宗炳的《画山水序》："于是闲居理气，拂觞鸣琴，披图幽对，坐究四荒，不违天励之藂，独应亡人之野。峰岫峣嶷，云林森眇。"[5]

在这里出现了酒，出现了琴，同时也出现了林，这林不是真实的林，而是画中

---

[1] （北齐）魏收：《魏书》卷二一下，中华书局，1974，第 572 页。

[2] （唐）徐坚等：《初学记》卷一五，司义祖点校，中华书局，1962，第 373 页。

[3] （南朝宋）刘义庆撰、（南朝梁）刘孝标注《世说新语》卷下之上，第 8 页。《世说新语》引此段时说是王羲之《临河叙》，但与后世所传《兰亭集序》内容相同。另外，本文并不否认该活动乃修禊之事。

[4] （唐）房玄龄等：《晋书》卷八〇，中华书局，1974，第 2099 页。

[5] （唐）张彦远：《历代名画记》卷六，北京大学图书馆藏王氏画苑嘉靖郧阳初刻本，第 3 页。

图3 山东临朐崔芬墓西壁屏风人物（徐光冀主编《中国出土壁画全集》第4卷，科学出版社，2012，第53页）

之林，对图之人神思中的林。宗炳年纪大了，无法游真实之名山，故作如此的"林下之游"。

我们再回到绘画作品中来。北齐的崔芬墓、济南东八里洼北齐墓中出现了一组林下人物的壁画，大家都以为与南京或丹阳墓葬中的竹林七贤砖画相像，故推断它应该是类似"竹林七贤"的高士题材壁画[1]。当明白竹林七贤即"林下诸贤"后，我们有理由相信崔芬墓和八里洼墓中所画的就应该是"竹林七贤"，而非泛指的高士（图3）。

最后要提一下的是，山水诗、山水画兴起的源头也应该在"林下之游"，有一些人，就像《高僧传》中所描述的僧道或隐士一样，结"林下之契"，进入真正的山林中，清言究微，寻仙问道。这种新的需求引发了审美的转向。

四 结论

总之，按照《世说新语》的说法，"竹林七贤"就是"林下诸贤"。这个名称的转换告诉我们，"竹林七贤与荣启期"砖画其实可以称作"林下诸贤及荣启期"。因此"竹林七贤"砖画无竹的问题便不是问题了。

既然"竹林七贤"与"林下诸贤"为同一对象，说明"竹"字在这里并非关键字，而反复出现的"林"字更加重要，没有竹有林亦可传达七贤精神。

明白了"竹林"与"林下"的等同关系，我们可以理解很多有关林下的文献，理解画有树下人物的相关图像，甚至能够理解山水诗、山水画的起源。当然这些都需要做更深一步的研究。

1　郑岩：《魏晋南北朝壁画墓研究》，第215页。

南京栖霞寺舍利塔佛传图的内容暨所涉南唐建筑规制诸问题

■ 邵 磊（南京市文化遗产保护研究所）

南京东北郊的栖霞寺舍利塔，位于寺内毗卢宝殿东南隅，傍依始建于南朝齐梁时期的千佛崖石窟，系一平面呈八边形的五级密檐式石塔，通高 18.73 米[1]，是迄今所见密檐式石塔中体量最大的一座（图 1），已于 1988 年 1 月公布为全国重点文物保护单位。

图 1　南京栖霞寺舍利塔

一　关于南京栖霞寺舍利塔的起建年代

据王劭撰《舍利感应记》与隋文帝《隋国立舍利塔诏》，南京栖霞寺舍利塔原本是隋文帝杨坚仁寿元年（601）为了供奉佛舍利而在天下三十州起建的舍利塔之一[2]。根据诏文中所谓"其塔所司造样送往"云云，可知隋文帝仁寿元年起造的 30 座舍利塔，形制均为立中心刹柱的

1　南京栖霞寺舍利塔的高度，历来众说纷纭，民国 14 年（1925）12 月，向达先生于南京栖霞山调查千佛崖与舍利塔之际，用竹竿对舍利塔分段测量，测得全塔之高为"五十九尺十寸"，合 18.33 米，由于测量时未能登上塔顶，故"五层以上，且凭臆计，其不准确，自无待言"，并坦言"惟有俟他日能以测高仪重为计度，庶几可信耳"。2006 年 6 月，南京栖霞寺工作人员利用水准仪与水准尺对塔高进行了精准测量：在舍利塔左近山崖找出与塔顶高度水平处安置水准仪，微调至水准仪水平中线与塔顶完全重合，再用 3 米水准尺红黑两面读数进行水准观测，自塔顶分七站测至地平，每站红黑两面误差小于 2 毫米，测得塔高为 18.73 米。本文即采用了这一测量数据。

2　隋人王劭撰《舍利感应记》与隋文帝制《隋国立舍利塔诏》，俱见录于（唐）道宣辑《广弘明集》卷一七，载《大正藏》第 52 册，No.2103，第 97 页。又见录于（明）葛寅亮撰《金陵梵刹志》卷四《摄山栖霞寺》，南京出版社，2011，第 192～196 页。

木塔[1]，建于南京栖霞寺内的舍利塔亦然。但现存南京栖霞寺内的舍利塔分明为八边形石构密檐式塔，固非隋文帝仁寿元年初创，且展现出诸多晚唐至五代十国时期塔幢建筑的新式风格，因知隋文帝杨坚仁寿元年敕建的南京栖霞寺舍利塔（木塔）早已倾圮毁废。而据宋人张敦颐《六朝事迹编类·栖霞寺》所载，现存八边形石构密檐式塔实为南唐名宦高越、林仁肇鼎新重建[2]，宋代马光祖等所修《景定建康志》之"严因崇报禅寺"条下也有相同记载[3]。

除了传世文献与塔身构造的技艺因素之外，2002年底至2003年初，南京市文物研究所发掘栖霞山千佛崖南朝佛教石窟的窟前遗址时，在舍利塔南面的唐、宋地层之间，发现一层厚约20厘米的碎石渣。勘探表明，这一层碎石渣的分布范围几乎遍及塔身周遭，存量极为可观[4]。碎石渣呈灰白色，颗粒在2~20毫米，经检测，碎石渣与栖霞寺舍利塔的石料同属三叠纪青龙灰岩，由此可知栖霞寺舍利塔周遭地下存量可观的碎石渣，即是当年雕造、修饰乃至拼接安装栖霞寺舍利塔之际的孑遗。而碎石渣介乎唐、宋地层之间，也为现存南京栖霞寺舍利塔系出南唐重建提供了确凿的考古学依据。

值得一提的是，与高越共同督造栖霞寺舍利塔的林仁肇，原为五代十国之际的闽国将领，于保大三年（945）八月降归南唐，至北宋开宝六年（973）为后主李煜鸩杀，并且林仁肇自乾德三年（965）为洪州节度使留守南都以后，再无留居金陵的经历[5]，故保守地推断，现存栖霞寺舍利塔的重建年代，当可进一步收拢于保大三年至乾德三年的20年之间。

二　南京栖霞寺舍利塔佛传图的内容及其性质

现存南京栖霞寺舍利塔自下而上由台基、塔基、塔身和塔刹构成。其中，在位于塔基须弥座束腰部位所嵌八块分别高65厘米、宽93厘米的长方形隔版上，依次雕刻有反映佛传内容的连环画，俗称"八相图"，是为中国江南仅见的中古时期的佛

---

1 对于隋文帝所建舍利塔形制的复原研究，参见张驭寰《关于隋朝舍利塔的复原研究》，《故宫博物院院刊》2001年第5期，第13~17页。

2 该书载："唐高宗尝建寺碑，并书寺额，武宗会昌中废，宣宗大中五年重建。本朝太平兴国五年改为普云寺，景德五年改赐景德栖霞禅寺。寺有舍利塔，乃隋文帝葬舍利处。南唐高越、林仁肇建塔，徐铉书额曰'妙因寺'。"（宋）张敦颐：《六朝事迹编类》卷一一《栖霞寺》，南京出版社，2007，第105页。

3 （宋）周应合纂《景定建康志》卷四六《祠祀志三·寺院》，南京出版社，2009，第1123页。

4 考古资料存南京市考古研究院。

5 （宋）马令：《南唐书》卷一二《列传第七·林仁肇》，南京出版社，2010，第97、98页；（宋）陆游：《南唐书》卷一一《林仁肇》，南京出版社，2010，第320、321页。

传图，在宗教史与艺术史上均有重要价值，历来被认为是此塔的精粹所在。

民国 14 年（1925）12 月，我国敦煌学开拓者之一的向达先生曾以该组佛传图浮雕为重点，对南京栖霞寺舍利塔进行调查，并撰写《摄山佛教石刻小纪》（下简称《向文》）一文，重点考察了该组佛传图的内容与性质，实有开风气之先的意义[1]。但另外也应看到，向达先生"穷一日之力"的考察毕竟仓促匆忙，故对于该组佛传图的画幅定名乃至画面内容的考释，仍多有欠缺与误会之处。有鉴于此，今在覼检佛经及其他文献的基础上，将《向文》对八相图的定名与内容考释恭录于前，并续作补缀校订于后。补缀校订的内容，皆《向文》未曾涉及或《向文》误会而需订正者。

又，《向文》所录南京栖霞寺舍利塔塔基佛传图的次序，系以塔前的两尊南唐接引佛[2]原本所在西侧的"释迦苦行"图[3]作为起点，此与释迦牟尼应化事迹的先后次序不合。本文的校订，遂不再拘泥于南唐接引佛原先的位置，仍以释迦牟尼应化事迹的先后次第。

（一）释迦自兜率天宫下降母胎图

《向文》：

此面《写真帖》无有[4]，盖释迦自兜率天宫下降母胎之图也。图右释迦跨六牙白象上。释迦像高四吋六分，连象高九吋，象足似托以云，合此共高十一吋；象长七吋。图左为一殿；殿脊长二呎三吋三分，檐长一呎十一吋六分，瓦面共阔一呎六吋六分；柱高九吋三分。盖俱用界画法为之。殿中巍坐一王者；后立四宫监，各持羽葆，以为荫蔽云。

校订：

此图表现的是"乘象入胎"的情节（图 2-1、图 2-2），惜人物面容与衣饰多被凿毁。图右，身后有巨大圆形背光的释迦乘象腾于云端，面向宫闱；在如意云头和流云纹组合的云气纹之后，可见两列垂落的卷帘，卷帘包边饰套菱格纹，在卷帘之上刻画内外两层雕饰莲纹、用于遮蔽帘架的流苏；释迦与殿宇之间尚有两棵树。图左殿宇出檐，檐上雕饰筒瓦与瓦当，檐下的卷帘均向内收起；檐下数人，居中的坐像，位于侧面雕饰壶门的低坛上，坐像

---

1 向达：《摄山佛教石刻小纪》，《东方杂志》第 23 卷第 8 号，1926 年。后收录于氏著《唐代长安与西域文明》，生活·读书·新知三联书店，1957，第 443～469 页。

2 从民国时期拍摄的照片来看，南京栖霞寺舍利塔前的两尊接引佛，至迟在抗战前已移置栖霞山千佛崖三圣殿门道内，以迄于今。

3 此幅画面的内容并非"释迦苦行"，实为"释迦降魔"或"魔军拒战"之属。详说见后。

4 向达《摄山佛教石刻小记》一文中的《写真帖》，谓日本学者所编之《江南史迹写真帖》，日人常盘大定等所编《支那佛教史迹》第 3 册亦有摄影，见《唐代长安与西域文明》，第 456 页。

图 2-1 八相图之"乘象入胎"

图 2-2 八相图之"乘象入胎"拓片

宽绰高大，足蹬高头履，或为摩耶夫人，其座椅后部靠背的两侧雕饰龙首，并垂挂珠串饰件；坐像身前有一人似作伏地禀告状，面目身形损毁极甚；主像两旁各有侍女二人手执羽葆，羽葆圆形，其上雕饰对称的双凤展翅图案；殿宇内正中主像相对的位置，铺墁通体作斜面的砖砌墁道，墁道方砖之上均雕饰莲花纹。

此图反映的应即"摩耶说梦"的情节。据东汉康孟详、竺大力译《修行本起经》："（摩耶）夫人惊寤。王即问曰：'何故惊动？'夫人言，向于梦中见乘白象者空中飞来，弹琴鼓乐，散花烧香，来在我上，忽不复现，是以惊觉。"[1]

（二）释迦受生图

《向文》：

此面按《帖》，盖释迦受生之图也。图右有一菩提树。树右，摩耶夫人作以右手攀东枝，庄严端立之状。后有婇女五；二执羽葆，椭圆及方者各一，外若有所持者三。树左，形似婇女者二。树右诸像，首完者一，余俱破损；左则一像上身俱毁，一则首毁其半。图之左方一五级累叠而成三棱之座，座上复有一莲花座。莲花座上跌坐一像，似为释迦诞生后之像也；像高二吋，连师子座高八吋。座右二像，当为婇女，手执羽葆，俱毁，一去其半；座左有像三，亦为婇女；一执羽葆，首则俱半毁矣。图右角人物之后，有殿宇一角，筒瓦及瓦槽清晰可数。迤逦而左，似为一长垣，垣中一长段，俱刻花纹，绝细致，人物衣褶，细入毫芒，曲折劲挺。垣上云霞纷披；上有四龙，夭矫其间。

校订：

此图刻画了不止一个情节（图3-1、图3-2）。图右为"树下诞生"，摩耶夫人身后五婇女，其中三人执羽葆，一人捧食钵，另一人身形被执羽葆遮蔽，只露出头脸，羽葆作长方形者二、桃形者一，非《向文》所述"二执羽葆，椭圆及方者各一"；摩耶夫人右手攀扶树枝，左手垂下而为一侍女扶持，摩耶夫人身前亦跪侍一女，双手捧托盘，托盘内有一孩童举右手指天；摩耶夫人右手攀扶的波罗叉（无忧树）作为神迹，其树干被刻画为笔直的柱状，表面雕饰华美，下承漫圆形础座，顶部饰以覆莲纹的树叶，树叶与树干之间刻画雕饰精美的华盖。据《佛本行集经》所云："尔时菩萨圣母摩耶，怀孕菩萨，将满十月，垂欲生时……然其园中别有一树，名波罗叉……时菩萨母摩耶夫人立地，以手攀波罗叉树枝之时……菩萨初从母胎出时，时天帝释将天细妙憍尸迦衣裹于自手，于先承接。"[2] 据以可知，画面上刻画跪侍摩耶夫人前于右胁接生释迦牟尼的侍女，正是"将

---

[1] （东汉）康孟详、竺大力译《修行本起经》卷上《菩萨降身品第二》，《大正藏》第3册，No.0184，第463页。

[2] （隋）阇那崛多译《佛本行集经》卷六《树下诞生品》，《大正藏》第3册，No.0190，第685~688页。

图 3-1　八相图之"树下诞生"与"九龙灌顶"

图 3-2　八相图之"树下诞生"与"九龙灌顶"拓片

天细妙憍尸迦衣裹于自手"的帝释天，亦即印度神话最高之神释迦提桓因陀罗化身。而跽坐于托盘上举右手指天的孩童，无疑即是"口自唱言：'天上天下，唯吾独尊'"的释迦牟尼。复据刘宋天竺三藏求那跋陀罗译《过去现在因果经》卷一："尔时夫人，既入园已，诸根寂静，十月满足，于二月八日日初出时，夫人见彼园中有一大树，名曰'无忧'，华色香鲜，枝叶分布，极为茂盛，即举右手，欲牵摘之，菩萨渐渐从右胁出。"[1] 是谓摩耶夫人右手攀扶树名为"无忧"。又，右胁接生的侍女后，尚有二侍女作合掌礼佛状。

图左，释迦坐须弥座上所置盆内，座前有大香炉一具，香炉上置一物，惜已损毁，无从辨识；须弥座左、右各立三人，其中，各自居中而前趋谒释迦牟尼座下者，应即释迦牟尼的生母摩耶夫人与养育他的姨母天臂国公主摩诃阇波提，分别立于摩耶夫人与天臂国公主摩诃阇波提身后的二位侍女，其一执桃形羽葆，其一捧钵。

图左上部，又有九龙腾跃云际作喷吐状，正是《佛本行集经》所谓"九龙吐水"或曰"九龙灌顶"的场面。复据《普曜经》卷五所述："天帝释梵忽然来下，杂名香水洗浴菩萨，九龙在上而下香水，洗浴圣尊。"[2]

又及，画面背景刻画殿宇，细部装饰较前"释迦自兜率天宫下降母胎图"略有不同，如卷帘包边饰同心圆纹、用于遮蔽帘架的内层流苏的纹样也有所简化等。至于《向文》谓此图右殿宇"迤逦而左"者，亦非"长垣"，而是刻画了殿宇台基之上、在盆唇与地栿间采用卧棂装饰的勾栏，而此种卧棂装饰的勾栏也与"释迦自兜率天宫下降母胎图"所刻画宫室台基之勾栏迥然不同。

（三）释迦出游图

《向文》：

此面按《帖》为释迦出游之图；盖释迦为太子时，四门游观，见生老病死诸苦也。图右为城，城垣上花纹作"回"字形；城高至地一呎六吋；城门高一呎三吋，广六吋，深二吋六分。释迦乘马已出城外，像连马共高九吋，马高五吋，长八吋。释迦首半毁。马首左右驭者各一，手执马缰；马后一人执曲柄伞，一人执扇，一人倚城门。门内则三甲士，手俱有所持，不识为何物。迎马首有二人，形似比丘，拱手叩马而立，若有所应者然。图左上半方为屋；长一呎七吋，高一呎六吋六分，柱高六吋。屋复厘为二；似一为堂，一则室也。室中为床一，上倚一病者；床后一人作掩泣状；床隅一人则似为病者扶持抑搔；室右一人，伛偻而进，手中似托有汤药者然。堂中亦

---

[1] （南朝宋）求那跋陀罗译《过去现在因果经》卷一，《大正藏》第 2 册，No.0189，第 625 页。

[2] （西晋）竺法护译《普曜经》卷五《欲生时三十二瑞品第五》，《大正藏》第 3 册，No.0186，第 494 页。

为床一；床下一人手足卷曲，展转若将死者；床上一人则已就木；床后二人作倚视悲泣之状；室右一人，床外右隅一人，则趋跄若有所事者。堂下有阶；阶及屋宇，皆用界画法也。迎马而立之二人，其左地上一妇人盘膝而坐，若将分娩者，旁立一小女侍扶之。妇人左一老者，左手扶杖，伛偻而行；右手携一小儿；一壮者侍于后。更左大树三章，干叶与菩提树同，惟叶形积叠，上下俱锐，是其微殊耳。图上下别有边一道，作牡丹花图案，甚精致。

校订：

此图刻画了释迦为太子时出四门，路遇老、病、死三苦与沙门的情景，并增加孕妇形象指代出生之苦，借此以人生的生老病死四苦对照出家之清净安乐（图4-1、图4-2）。《向文》对此图的定名大体准确，关于画面内容的文字描述亦细致传神。不过具体而微，仍有些需略做补充说明的地方。如释迦所出的门道之上尚刻画有勾栏与屋檐一角，借以表现门楼建筑，勾栏的造型与"释迦自兜率天宫下降母胎图"中的勾栏相同。再如，释迦马后三人，《向文》误为"一人执曲柄伞，一人执扇，一人倚城门"，实则此三人居右者执曲柄伞不错，而依照《向文》叙述次序，居中者所执为委角方形花叶纹羽葆，固非执扇；居左者双手执类如孔雀尾的羽扇，惟羽扇搭靠于门道左壁，并非本人"倚城门"。还有《向文》所谓手持"不识为何物"的"门内三甲士"，皆衣右衽，肩负雕饰莲纹的圆棒，并无穿戴甲胄，服饰与释迦其他随行侍从类同，"甲士"云云实无从谈起。

图上部，与释迦所出城门隔一株行道树相望，有筑于台基之上、顶部雕饰瓦垄的两间屋宇，其檐下柱间的卷帘向内收起，卷帘的包边素面无纹，每间屋宇的台基正面居中铺砌台阶。其中，左屋内位于床榻上的人物凭几而坐，身体羸弱，满面病容，应即《向文》所述释迦出游南门时所遇病人。然据《法苑珠林》卷十所述："（释迦）后于异时，辞王从城南门出，欲向园观。王敕道路严净，倍加于先。尔时作瓶天子即于太子前化作一病人，连骸困苦，命在须臾，卧粪秽中，宛转呻吟，不能起举，唱言：'叩头，乞扶我坐。'太子见已，问驭者言：'此是何人，腹肚极大，犹如大釜。喘息之时，身遍战慄，悲切酸楚，不忍见闻。'驭者以是因缘而说偈言：'太子问于驭者言，此人何故受是苦？驭者奉报于太子，四大不调故病生。'"[1] 要之，太子出南门所遇病人是在路边，不在屋内，特别是图中此人凭几而坐于雕壶门的床榻上，并有侍者扶持，状亦非经文中所叙病人形貌之猥顿不堪。又及，图中病人所倚凭几的造型与六朝时期的同类遗存几无二致；

---

[1] （唐）释道世：《法苑珠林校注》卷一〇《厌苦部第十·出游部第三》，周叔迦、苏晋仁校注，中华书局，2003，第362页。校注者谓出隋天竺三藏阇那崛多译《佛本行集经》卷一五《道见病人品》，然彼此之间字句颇有异。详见《大正藏》第3册，No.0190，第722页。

图 4-1 八相图之"出游四门"

图 4-2 八相图之"出游四门"拓片

在凭几左侧倒落一敛口的碗钵之类的容器，在凭几右侧摆放的一件唾壶，亦绝似东晋、南朝时期口小腹大的唾壶形制，而与学术界通常认为的至唐初已渐取代唾壶的口大腹小的渣斗相去甚远。凡此种种，皆关涉五代十国时期江南物质文化之沿革演变，且可补考古发现之不足，殊堪留意。

经文记述释迦出西门路遇死尸，与图上右屋内《向文》所谓"床上一人则已就木"也不符合。此外，细审画面，《向文》所谓"堂中……床下一人手足卷曲，展转若将死者"似亦不确，应是床上死者亲友因悲恸而作哭天抢地、顿足捶胸之状。右屋内最外侧一人，左臂敷搭一席棉毯状物，可能是用于蔽体的氎。

经文中记述释迦出游南门所遇病人与出游西门所遇死尸，悉在室外，而图中皆刻画于室内，可见唐宋之交，随着佛教传入中土日久，画工与塑匠对佛教经义的理解，难免不受到佛教世俗化倾向以及自身艺术修养与审美情趣的影响，故而在造型艺术的处理上出现不完全拘泥于经文，甚至采用情节相似而略有出入的内容与表现形式。

（四）释迦出城图

《向文》：

此面《写真帖》无有，盖释迦出家出城之图也。图之背境俱作波纹形。右方则为释迦乘马出逃之状。释迦连马共高九吋六分，马长七吋。驭者一，当即车匿。稍左二树，各高一呎三吋。树下一像跌坐，当为林中仙人郁陀迦罗摩子也；仙人像高六吋六分。仙人之前一像鞠躬若有所谒问者，高六吋。更

左一仙人结跏趺坐于座上，连座高七吋六分；仙人趺坐高四吋六分，当是阿罗逻迦兰也。座下有侍像二，右高七吋，左高六吋六分。此面上方石额有近人陈万里题记二则，其一云："北朝石刻如大同云冈，洛阳龙门，巩县北邙，太原天龙，余均见之。南朝石刻，惟此山耳。甲寅三年一月由京到此，流连竟日。吴县陈万里。"又云："此舍利塔尤精美，足以代表隋朝一代作品。"

校订：

此图亦刻画了不止一个场景（图5-1、图5-2）。图右为"逾城出家"，背景为城门、群山与滔滔河水，太子乘马与执辔的车匿踏于云端，正是佛经中所载诸天神托举太子所乘马足并接车匿拔地而起腾空飞去的场景，但图像为突出主体，遂将托举、引导诸神明俱简化为祥云一朵，堪称巧思。

图左，《向文》考为释迦在拜访林中仙人郁陀迦罗摩子与阿罗逻迦兰，非是。

其中，与"逾城出家"图景相邻之左侧刻画四人，两坐两立。居右坐者坐于底部饰莲瓣纹的林间磐石之上，其形象尤高大，应即释迦。释迦左手握发髻，右手执庄严七把刀高举头顶，欲行剃发；与释迦牟尼对坐于圆莲座上者，仰视释迦，手捧托盘状容器，欲承接释迦落发，应即天帝释；天帝释身后，有一身挂弓箭的立者侧身左转，面向释迦牟尼，双手持袈裟前伸递出，袈裟长垂飘逸，至于侧立者身后更有一背弓箭侍立者，此两者所表现的应当都是化身猎人的净居天（即作瓶天子）。据《释迦如来应化事迹》引《庄严经》所述："至彼往古跋伽仙人苦行林中，即便下马，

图 5-1　八相图之"逾城出家""割发贸衣""深山苦修"

图 5-2　八相图之"逾城出家""割发贸衣""深山苦修"拓片

端然而坐。菩萨作是思惟：若不剃除须发，非出家法。乃取金刀，即自剃发，而发愿言：愿断一切烦恼及以习障。时天帝释，即以天衣，于空取发，还天供养。菩萨自观身上犹著宝衣，即作念言：出家之服不当如是。时净居天化作猎师，身著袈裟，手持弓箭，默然而住。语猎者言：汝所著者，乃是往古诸佛之服。云何著此而为罪耶？猎者言：我著此衣以捕群鹿，鹿见此服而不避我，方得杀之。菩萨言：汝著袈裟专为杀害，我今若得惟求解脱。我今与汝憍奢耶衣，汝可与我粗弊衣服。是时猎者即脱袈裟，授与菩萨。菩萨于时心生欢喜，即便与彼憍奢耶衣。时净居天以神通力，忽现本形飞上虚空，还自梵天。菩萨见已，于此袈裟，倍生殷重。于时菩萨身著袈裟，仪容改变，作如是言：我今始名真出家也。于是安详徐步，至彼跋渠仙人苦行林中，一心求道矣。"[1] 故此画面表现的应是释迦"割发贸衣"的场景。

图左上角，《向文》所谓"更左一仙人结跏趺坐于座上"的"阿罗逻迦兰"，实为身着通肩式袈裟、结跏趺坐于草垫之上并施禅定印的释迦牟尼，草垫下承莲花座，在释迦牟尼头顶尚可见刻画精微细致的鹊巢。据《普曜经》："尔时太子作是思惟：六年之中，示大勤苦精进之行。因是现行四禅，数出入息，令其意解，无想不念，无所希望，在所至凑，心无所倚。欲现世间，开化外学，若干品业，训诲诸天，示其罪福。外学异术，计死断绝，神无所生，或言有常，云无罪福，为分别说，功福之报，现身口意，当行清净。日服一麻一麦，六年之中，修立难行勤苦之行，宿命不债。六年之中结跏趺坐，威仪进止，未尝有缺。亦无覆盖，不避风雨，不起经行，大小便利。亦不屈伸，亦不倾侧，身不倚卧，春秋冬夏巍然端坐。值有众难，未曾举手，以自障蔽。诸根不乱，目不邪视，心不恐怖。鹊巢树上，抱卵哺雏，粪污其身，亦不弃去。天龙八部，目自睹见，菩萨功勋，道德巍巍，来往其边，供养奉事。太子定坐六年，现勤苦行，教授开化天人，立之三乘。以是之故，坐六年耳，成无上道，广度众生。"[2]

值得注意的是，图左上角着通肩式袈裟的释迦牟尼左右各卧伏一鹿，似颇可与《大庄严经》所引"猎者言：我著此衣以捕群鹿，鹿见此服而不避我"与"菩萨言：汝著袈裟专为杀害，我今若得惟求解脱"相呼应。

另据《向文》所记，此面上方石额上旧有近人陈万里民国3年（1914）题刻二则，从中可见，民国学人已然将栖霞山千佛崖作为南朝石窟的唯一代表而与北方云冈石窟、龙门石窟、巩县石窟、天龙山石窟等量齐观，并视此石塔犹隋文帝初建之遗迹。陈万里在石塔上的二则题刻今皆损佚不存，幸赖《向文》所记而获知。

（五）释迦成道图

《向文》：

此面《写真帖》无有，盖释迦成道时之图也。图左释迦结跏趺坐，首毁；像高六吋，连师子座高十一吋，座广六吋。释迦光背径四吋；作尖圆宝珠形。座左右为树各一；左高一呎五吋，右高一呎三吋。座右一像，似即为牧牛女难陀波罗（一作善生），

---

[1] （清）永珊编《佛传——〈释迦如来应化事迹〉注译》之《落发贸衣》，王孺童注译，中国人民大学出版社，2009，第90、91页。

[2] （西晋）竺法护译《普曜经》卷一五《六年勤苦行品第十五》，《大正藏》第3册，No.0186，第511页。

以乳糜奉献；像高七吋，首毁。难陀波罗右侧一树，树左下方牛二头；更右则为一大花钵，高九吋六分。钵左右女侍各一，全顶礼状，姿态极为婉娈。图右作大海之形；岸上有树。一男像袒上体，腾跃海涛之中；空际微云荡漾，一像翱翔云中作飞投而下之势，而海中男像伸臂若迎之者然。

校订：

此图刻画了不止一个情节（图 6-1、图 6-2）。图右为"禅河洗浴"，《向文》未能释出。据释迦牟尼应化事迹，释迦此际尚未得道，故《向文》释此图为"释迦

图 6-1　八相图之"禅河洗浴""牧女献糜"

图 6-2　八相图之"禅河洗浴""牧女献糜"拓片

成道"并不准确。据《过去现在因果经》卷三载："又至伽阇山苦行林中尼连禅河侧，静坐思惟。日食一麻一米……身形消瘦，有若枯木。修于苦行，垂满六年，不得解脱，故知非道……至尼连禅河，入水洗浴。洗浴既毕，身体羸瘠，不能自出。天神来下，为按树枝，得攀出池。"[1]故《向文》谓图右"一像翱翔云中作飞投而下之势"者，当为净居天王，至于"海中男像伸臂若迎之者"，则系在尼连禅河沐浴甫毕、身形佝偻、上身赤裸、左手撩下裳、正欲攀上为净居天王所按下之树枝而登岸的释迦牟尼。

图左为"牧女献糜"，在左上角合掌跪侍作祈祝状的二女之间，有《向文》释之为"大花钵"的物品一具，意为花卉盆栽之属。然观其刻画，《向文》所谓"大花钵"实为三足炉或三足盆之类的烹煮器具，其下三蹄形足之间尚可见上蹿的熊熊火焰，其内盛汁液沸涌升腾甚高，状若花树。据《法苑珠林》卷十一所述："其彼二女煮乳糜时，现种种相……或复现出乳糜向上涌沸，上至半多罗树，须臾还下，或现乳糜向上高至一多罗树讫还下，或现出高一丈状，还入彼器，无有一滴离于器而落余处。"[2]可见，图左所描绘内容，正是牧牛女难陀与波罗两人为释迦牟尼烹煮乳糜的场景。

画面正中的菩提树下，释迦牟尼施禅定印，袒右结跏趺端坐于须弥座上，身后可见外缘饰火焰纹的圆形头光与身光，须弥座与背光细部刻画尤繁缛细腻；座左，一女子双手捧钵，意有所奉；女子之后，有两头母牛缓步而来，前牛昂首，后牛扭头右望画外。据刘宋时期天竺三藏求那跋陀罗译《过去现在因果经》卷三："有一牧牛女人，名难陀波罗。时净居天来下劝言：太子今者在于林中，汝可供养。女人闻已，心大欢喜。……即取乳糜，至太子所。头面礼足而以奉上。太子即便受彼女施"[3]。庶几可知画面正中的内容亦同属"牧女献糜"的一部分。

（六）鹿苑说法图

《向文》：

此面《写真帖》无有，盖释迦成道后，始在鹿苑初转法轮之图也。图左，大树一章，高一呎六吋。斯图背境山海俱备。释迦结跏趺坐；像高六吋六分，连师子座高一呎一吋，座广八吋。后光二重，小者径四吋六分，大者径七吋；俱作尖圆宝珠形。一香炉高四吋六分。释迦之外，有造像十，当为憍陈如诸人也；十像首毁者五。一像跪释迦座右，若有所献者然。别有师子二。

---

[1] （南朝宋）求那跋陀罗译《过去现在因果经》卷三，《大正藏》第2册，No.0189，第639页。

[2] （唐）释道世：《法苑珠林校注》卷一一《成道部第十二·乳糜部第五》，第392页。

[3] （南朝宋）求那跋陀罗译《过去现在因果经》卷三，《大正藏》第2册，No.0189，第639页。

校订：

《向文》释此图为释迦牟尼于鹿苑为弟子憍陈如等人初转法轮之事，非是。

此幅画面远端，山峦逶迤连绵，尼连禅河滔滔依旧。画面左侧，释迦牟尼袒右结跏趺端坐于须弥座上，须弥座与背光细部刻画尤繁缛细腻，释迦牟尼左手抚膝，右手抬至胸前，屈指成环，结说法印，身后可见外缘饰火焰纹的圆形头光与身光。释迦牟尼座下两侧各有一狮，右侧坐狮之后，有两人双手托钵面向释迦牟尼佛作供奉状，钵内食物满盈。两供奉者之后，更有一人合掌立于树下。据《太子瑞应本起经》云："佛定意七日，不动不摇。树神念佛，新得道快坐七日，未有献食者，我当求人令饭佛。时适有五百贾人，从山一面过，车牛皆踬不行。中有两大人，一名提谓，二名波利，怖，还与众人俱诣树神请福。神现光像言：今世有佛，在此优留国界尼连禅水边，未有献食者，汝曹幸先能有善意，必获大福。贾人闻佛名，皆喜言：佛必独大尊，天神所敬，非凡品也。即和麨蜜，俱诣树下，稽首上佛。"[1] 据以可知，佛座右侧托钵向释迦牟尼佛供奉的两人，即五百贾人中的提谓与波利，钵内所盛为"和麨蜜"，即以炒面与蜂蜜调和的一种食物。至于提谓、波利身后合掌立于菩提树下者，应即树神。

释迦牟尼须弥座下左侧，一天王装束者双手托钵前举，趋前跪拜，若有所奉，其后继有三天王装束者双手捧石钵鱼贯而来，钵内悉空空如也，并无一物。四天王皆顶盔贯甲，面部均遭损毁，但造型暨装饰纹样与舍利塔须弥座转角处的浮雕天王像如出一辙。天王像之后，尚有三人，状似交头接耳，其身体两侧皆垂落帔帛，最前部一人袒胸露脐，下着袖腿短裙，并于腹下系"八"字形结，腹部凸鼓，胯部扭动略呈"S"形，左手略举前指，右手斜执金刚杵，应系金刚力士之属。复据《太子瑞应本起经》云："佛念先古诸佛哀受人施法皆持钵，不宜如余道人手受食也。时四天王，即遥知佛当用钵，如人屈申臂顷，俱到頞那山上。如意所念，石中自然出四钵，香净洁无秽。四天王各取一钵，还共上佛：愿哀贾人，令得大福。方有铁钵，后弟子当用食。佛念：取一钵不快余三意。便悉受四钵，累置左手中，右手按之，合成一钵，令四际现。佛受麨蜜，告诸贾人：汝当归命于佛，归命于法，方有比丘众，当预自归。即皆受教，各三自归。"[2]

据以可知，此幅画面所表现的正是"二商奉食、四王献钵"的场景（图7-1、图7-2），并非《向文》所谓释迦牟尼为弟子憍陈如等五人初转法轮的鹿苑说法图。

---

1 （吴）支谦译《佛说太子瑞应本起经》卷下，《大正藏》第3册，No.0185，第479页。

2 （吴）支谦译《佛说太子瑞应本起经》卷下，《大正藏》第3册，No.0185，第479页。

图 7-1　八相图之"二商奉食、四王献钵"

图 7-2　八相图之"二商奉食、四王献钵"拓片

(七)释迦苦行图

《向文》:

此面正对接引二佛。按之《写真帖》,盖释迦苦行之图也。释迦偏袒右肩;双手结法印;结跏趺坐于中央莲华座上。魔师之属,左右围合,似欲得释迦而甘心者。

释迦坐像高七吋;首毁。莲华座高一呎零六分而弱;广七吋六分。座之上部刻莲华瓣;瓣下约成工字形,分六级,一、五同长,二、四稍次,而三则工字中之一竖也。座上刻云雷纹。释迦左右。为魔十二:是中举剑以迫释迦者一,持铛者一,持铜者一，乘龙手持不知何物者一，手持一物而足踏云际者一，此为释迦座左所有诸魔；座右则踏火轮者一，立于火轮之后者一，举剑以向释迦者一，持枪欲刺者一，翱翔空际者三。魔为数十二，而首全毁者二，半毁者数亦如之云。魔外有师子一、龙二、蟒一；各作攫拿之状。别有鼓三，俱完好。

校订：

此图内容，《向文》考为"释迦苦行"，亦不确。"释迦苦行"，特指释迦牟尼于迦阇山苦行林尼连禅河畔禅定苦修的事迹，故此图应定名为"魔师拒战"或"释迦降魔"（图8-1、图8-2）。画面正中，释迦牟尼袒右施禅定印结跏趺端坐于须弥座上，须弥座与背光的刻画，不若前二图繁缛细腻。释迦牟尼周遭，群魔狂舞，《向文》对此业已有详尽的叙述。

据《佛本行集经》卷二八所述："时魔波旬，嗔发懊恼。语菩萨言：谓释比丘，汝今何故独坐在此兰若树下？……今汝比丘，可不见我所率领来四种兵众，象、马、车、步诸杂军等。幡旗麾纛，羽盖旌旗。多诸夜叉，悉食人肉。善解神射，各把鞬弓。执持利箭、槊、矛、钩、戟、刀、棒、金刚斗轮、斧钺种种诸仗，驾千万亿象驼马车，放大吼声，虚空充塞。其外复有无量诸龙，各各皆乘大黑云队，放闪电雹，氛霏乱下。时魔波旬，从其腰间拔一利剑，手执速疾，走向菩萨。口唱是言：谓释比丘，我今此剑，截汝身体，犹如壮士斫于竹束。"[1] 据此可知，画面中释迦牟尼左、右两侧，举剑欲斫释迦牟尼者，即是魔王波旬。可能是出于中国传统的对称审美观的考虑，魔王波旬也被一分为二，分列左、右。

此外，画幅中刻画的妖魔鬼怪、毒虫猛兽乃至其所持的兵器什物，多能在上述经文中找到出处。其中，画面云端在"放闪电雹"者与击鼓鸣雷者之间，尚有徒手作跪伏状的两魔，正分别向释迦牟尼抛掷底部承以仰莲座的山岳。砸向释迦牟尼的山岳，其一已落在佛座右侧的魔王波旬与狮子之间的地上，其二尚位于释迦牟尼左肩上部的虚空之中。

（八）释迦涅槃图

《向文》：

按《帖》此面盖释迦涅槃图也。释迦偏袒右肩，右胁而卧，以入无余涅槃。释迦及所卧师子座，在图之右方；座长九吋而强，高六吋。座下中央别有一工字形座，上置一炉；炉座共高五吋，座广四吋，俱刻云雷纹。释迦卧像长八吋六分，首毁。师子座后长者围侍者十二：有扶释迦首者；有捧其足者；有掩泣者；有扪心者；有对语者；有侧首合掌者；十二人之姿态各各殊异，而首毁者凡十一人焉。图左有一火

---

[1]（隋）阇那崛多译《佛本行集经》卷二八《魔怖菩萨品中》，《大正藏》第3册，No.0190，第785页。

器物与图像

图 8-1　八相图之"释迦降魔"

图 8-2　八相图之"释迦降魔"拓片

座；长十吋六分，高七吋六分而强。围火座像亦十有二：有合掌稽首者；有注目而视者；有合掌者；不一而足，而毁其大半者为数凡五，首毁者二，差完者五像而已。师子座后是为娑罗双树；叶干作法，双树无别。树后则刻山海，以为映照云。是面露盘下侧出石额上有莫友芝题记，其辞云"同治七年七月独山眲叟莫友芝访碑于此山"，凡十八字。（《写真帖》所摄此面，左方尚阙其半。）

校订：

此图刻画了两个情节（图9-1、图9-2）。其右为"释迦涅槃"，刻画了释迦牟尼在拘尸那城娑罗树林出入涅槃事，又称"双林入灭"。画面上释迦牟尼佛祖右在七宝床上右胁累足而卧，而非《向文》所谓卧于"师子座"。七宝床前有一承于须弥座上的香炉，香炉两侧各有一伏狮。七宝床周围，诸弟子皆现哀伤之情。七宝床后四双八枝的娑罗树林已合为双树，是释迦

图 9-1　八相图之"释迦涅槃""圣火自燃"

图 9-2　八相图之"释迦涅槃""圣火自燃"拓片

牟尼已入涅槃之兆。以七宝床为中心围侍诸人中，捧足者当是迦叶；在七宝床两侧各有一顶盔贯甲作怒目横眉状者，当系密迹金刚力士。

图左刻画的是"圣火自燃"的场景，《向文》未释出，仅谓以"图左有一火座"云云。据北凉昙无谶译《大般涅槃经》等记述：其时，一切天人、大众将金棺置于香楼上，拘尸那城内四大力士持七宝火炬，以焚香楼，荼毗释迦，但火炬投入香楼后自灭，此后续有八力士、十六力士、三十二力士引火来焚，皆屡投屡灭。释迦遂以大悲力，从心胸中喷火至棺外，逐渐荼毗，经七日将香楼焚尽。

又，此面露盘下侧出石额上原有独山莫友芝于同治七年（1868）七月来南京栖霞山访碑的题记，今露盘毁损，题刻久佚，亦赖《向文》所记而知其内容与所在位置。

南京栖霞寺舍利塔八相图选撷了释迦牟尼一生经历中最光华的片段，又着意刻画了片段中最动人的场景，内容丰富，举凡山水树石、台阁人物无所不包，构图虽简练却不失精细。在具体的谋篇布局上，虽有以一个画面表现单一情节或单一主体的，如"释迦降魔"一面，但更多是刻画连续情节和若干主体，其构图尤为灵活多变，总的原则是不平均分割画面，而是着意分清主次，同时通过山海环列、树木交错、殿宇掩映、云气氤氲的过渡，把各个情节融汇于一个完整画面，从而使观者获得浑然一体的视觉感受。

佛本行故事，又称佛传故事，是佛教艺术品最早表现的题材之一。佛教传入中国后，也把以佛本行故事为内容的雕塑、壁画艺术带到了中国，并与中国原有的雕塑、壁画艺术相结合，创造出了众多为世人瞩目的艺术表现形式，其中尤以表现佛本行故事的单幅多相故事画和连环画式样的故事画最具代表性，四相图、八相图乃至十二相图都属于连环画式的作品。所谓"相"，是指以佛祖释迦牟尼生平事迹中某一重要情节为内容的章节，围绕这一章节创作的雕塑或绘画称为一"相"，如"苦修相""成道相""降魔相""说法相""涅槃相"等。北传佛教流行"八相图"，亦称"八相成道"。佛传图的内容，理应以佛经经文为依据，这是不同地区、不同时代的画工、塑匠都要遵循的基本原则，但由于所据经典不同，刻画的内容或场景每每亦不尽相同。

关于栖霞寺舍利塔八相图的性质，有学者认为："就出游一图观之，可知其不属于小乘，而亦非大乘。其故何在，尚不之知。"[1]大、小乘佛传图在内容上的不同，主要表现为大乘多刻画释迦牟尼出家前的情节，而小乘多刻画释迦修行或成道后的情节。其中，大乘八相图应包括"兜率天降世""乘象入胎""住胎说法""右胁诞生""逾城出家""树下成道""初转法轮""双林入灭"等情节，而小乘的说法没

---

[1] 向达：《摄山佛教石刻小纪》，载《唐代长安与西域文明》，第487页。

有"住胎说法"一相，而在"出家"与"成道"之间增加"降魔"一相[1]。今所见栖霞寺舍利塔佛传图在"乘象入胎"与"右胁诞生"之间，并未刻画"住胎说法"的情节，而紧接"牧女献糜"之后，却有整幅表现"魔军拒战"的场面。以此而言，则栖霞寺舍利塔佛传图属小乘系统，应无可疑。

三 南京栖霞寺舍利塔八相图上的建筑刻画及其制度特征

栖霞寺舍利塔佛传图的画意，对每个稍具美术史常识的人来说都不陌生，如"乘象入胎"一图，主尊及其侍从或坐或立，几与殿宇齐高，而端坐的主尊形体几乎较站立的侍从还要伟岸高大；"右胁诞生"、"释迦出城"与"释迦成道"诸图中，人物甚至比群山还要高大，而水波的起伏也表现得千篇一律；"四门出游"与"释迦涅槃"诸图中，娑罗树或菩提树皆为"主干挺立，刷脉镂叶"，有明显的图案化作风。凡此种种，莫不与唐代张彦远《历代名画记》卷一《论画山水树石》所谓魏晋时期山水画"则群峰之势，若钿饰犀栉，或水不容泛，或人大于山"的形质契合[2]。由此可见，栖霞寺舍利塔佛传图中的山水树石不过是作为展现佛本行故事的衬托附景而存在，这与东晋顾恺之《洛神赋图》（传）立意何其相似乃尔。也难怪向达先生会得出"就画学之流变论之，摄山舍利塔八相图之时代欲不谓为唐以前作品，不可得也"的结论了。

不过另外，也应该看到，栖霞寺舍利塔佛传图中的山水场景虽然出于满足为政教服务的需要而效尤魏晋风貌，恪守早期山水画所特有的稚拙的、近乎图案化的风貌，但也终究不过是在山水树石上得其大略而已，至于在与社会生活密切相关的建筑乃至人物服饰的细节刻画上，则难免不流露出唐宋之交的时代风格来。张彦远《历代名画记》卷二《论师资传授南北时代》有云："详辩古今之物，商较土风之宜，指事绘形，可验时代。"[3] 是说我国自古就有利用画迹中的衣冠车舆制度、风俗习惯来验证美术品时代的传统。兹谨将从栖霞寺舍利塔佛传图上观察到的建筑形制、装饰及其反映出来的建筑制度做一客观记录，并就其建筑等级与所涉及的问题略做探讨。

（一）台基与台阶

南京栖霞寺舍利塔佛传图第一面"乘象入胎"及第二面"右胁诞生"，皆刻画

---

[1] 丁福保编纂《佛学大辞典·名数》之《八相成道》，文物出版社，1984，第67页。

[2] （唐）张彦远：《历代名画记》卷一《论画山水树石》，浙江人民美术出版社，2011，第18页。

[3] （唐）张彦远：《历代名画记》卷二《论师资传授南北时代》，第25页。

有通景的殿宇。以"乘象入胎"一图为例，殿宇檐柱之间可见上下卷落的帘架和垂挂得齐整有序的卷帘。屋殿逶迤而左，可见其下承台基，台基有上下枋，立间柱。其中上下枋和间柱外表面平齐，所围横长方格略微凹进，方格中刻团花，下枋下加小方脚。此种台基是盛唐以来较为通行的样式。台基上置勾栏，勾栏上部安寻杖，盆唇与地栿间用勾片，限于篇幅，未刻画出望柱。寻杖穿插于间柱之间，其与盆唇间的廮项作斗子蜀柱式。廮项断面为方形，上小下大，轮廓为凹曲线。

与殿宇内正中主体坐像相对的位置有台阶。从画面看，台阶叠砌情形表现得不甚明显，应是通体作斜面的慢道。慢道分为左、中、右三路，其中左、右二路较宽，以花砖斜墁，花砖纹饰与敦煌中唐第201窟壁画上的慢道砖纹类同。铺砌慢道，若用素面砖，须谨遵《营造法式》卷十五《砖作制度》之"慢道"条规定："凡慢道面砖露龈，皆深三分。如华砖即不露龈。"[1] 慢道面砖之所以露龈，是为了使剖面呈露锯齿形，用以防滑。若用花纹砖铺墁，以砖面隐起的纹饰已起防滑之效，则无须露龈，考古所见唐麟德殿的慢道即以花纹砖铺墁，故不露龈。"乘象入胎"画面殿宇左、右二路所夹的中路既窄而又光素无纹，或寓示是以石材铺砌的御路。明清以来，

寺庙建筑的御路石多雕饰宝相花图案，此则以素面示人，殊值留意。

"右胁诞生"图中的殿宇构图与"乘象入胎"图相近。在九龙祥云及菩提树掩映之下，可见卷帘垂挂的殿宇，唯台基上下枋所围方格略呈正方，方格中团花四角以双线裁为委角。从敦煌唐代壁画中的建筑台基来看，大致在一些等级较高的建筑如正殿、配殿或塔中，下枋下面有时会加用一层至二层方砖砌成的小方脚。此图下枋之下则未见小方脚，似昭示此殿在规制上稍逊。台基上的勾栏，其盆唇与地栿间全用卧棱，亦与"乘象入胎"图中饰以勾片的做法不同。

（二）城垣与城门

八相图第三面"出游四门"与第四面"逾城出家"，皆刻画有城垣和城门，援引佛教经典，画面中的城垣应即释迦诞生的迦毗罗卫城。对于普通画工、塑匠而言，迦毗罗卫城当然是无缘得见的，故此二图中的城垣形象，最有可能即是翻版自当时南唐境内所筑城垣。

以组合较完整的"出游四门"图上的城垣试析，城门左侧的城墙表面所刻凹凸有序的横条状小格，寓示墙体以方砖包砌，这与敦煌壁画中的城垣以不同色块表示砖包墙的做法异曲同工。据考古发现，隋唐

---

[1]（宋）李诫:《营造法式》卷一五《砖作制度》，第2册，商务印书馆，1954年影印本，第101页。

长安的宫城、皇城、外郭城和大明宫城都只是夯土墙[1]，洛阳宫城、皇城有内外包砖的现象，但外郭城也还是夯土筑成[2]。与实例相左的是，敦煌等地晚唐五代壁画中如代表弥勒经变兜率宫的城，则全部绘出包砖，只恐是为突出其崇高地位的虚拟而已。

与北方至隋唐时仍多以夯土筑城不同，南方很早就出现了砖城，如镇江六朝时期的铁瓮城，其墙垣外壁已见包砖。另据《丹阳记》："石头城吴时悉土坞，义熙始加砖累石头。"[3]可见，南方城墙以砖包砌的历史源远流长。《旧唐书·牛僧孺传》尝云："江夏城风土散恶，难立垣墉，每年加板筑，赋青茆以覆之。吏缘为奸，蠹弊绵岁。僧孺至，计茆苫板筑之费，岁十余万，即赋之以砖，以当苫筑之价，凡五年，墉皆甃葺，蠹弊永除。"[4]可见，早期南方城垣多包砖筑实由于南方地势卑湿，雨水连绵，土城难以持久之故。据此，也就更能理解南方晋唐以来包砖砌城的普遍性了。因此，"出游四门"图中所作的砖城，当有来自南唐境内的实例可援。

"出游四门"图与"逾城出家"图中刻画的城门都只有一条门道，门道上部为狼牙栿与洪门栿组合而成的双层木过梁盝形门顶，其中狼牙栿两端各用一条斜向木托脚撑持在洪门栿背两端，双层木过梁之间有排列细密的蜀柱。右侧门墩尚可见沿门道直立密排的矩形排叉柱，柱身大半包砌在砖墙中，柱与柱之间的空隙约同柱宽。总体来看，此二图中所见城门与唐宋时期的城门多有共通之处，唯唐代城门道的狼牙栿与洪门栿间多连以叉手组成桁架，或以两根竖立的蜀柱相接，如此二图密排蜀柱的形式在唐代则未见，倒是与传世宋画《清明上河图》《中兴祯应图》上所绘城门的做法符合。今据二图中所见城门道的构造，或可证这种在两层木过梁之间密排蜀柱的做法，是在五代南唐时期兴起并逐渐得到推广的一种建筑形式。

二图所见城门外壁，满饰线条柔软且不甚规则的"回"纹，十分奇特，在此前城墙壁饰中未见，不排除是专门用以展示佛国建筑美轮美奂的非写实的浪漫手法。城台顶部，略可见城楼的平座和在盆唇、地栿间采用勾片组合的勾栏，其形制与台基勾栏相近。

---

1 中国科学院考古研究所西安唐城发掘队（马得志执笔）：《唐长安考古记略》，《考古》1963年第11期，第595~599页。

2 中国科学院考古研究所洛阳发掘队（陈久恒执笔）：《隋唐东都城址的勘查和发掘》，《考古》1961年第3期，第127~135页。

3 （元）张铉修纂《至正金陵新志》卷五《山川志·山阜·石头山》，南京市文献委员会编《南京文献》第16号，南京市通志馆，1948，第496页。

4 （后晋）刘昫等：《旧唐书》卷一七二《牛僧孺传》，中华书局，1975，第4470页。

（三）建筑等级与相关问题

南唐统治者崇佛，至后主李煜，则愈加笃信不疑。他不仅素食、放生，还动用国家力量广修佛寺，延集僧尼，甚至"亲削僧徒厕简，试之以颊，少有芒刺，则再加修治"[1]。其沉溺佛教，竟荒悖如此。在这样的社会环境下，将佛的生活比拟帝王甚至高出帝王是再寻常不过的了。如北魏和平初年，沙门统昙曜为弘扬佛法，曾广为宣扬皇帝即当今如来，并开凿云冈石窟，以北魏五帝为原型雕镌冠绝一时的宏伟佛像。而由北魏皇室鸠资开凿的龙门宾阳中洞内，更刻画有仪杖整肃且虔敬无状的帝后礼佛图，在这里，佛造像显而易见地被尊奉于比帝后更高的地位。

但栖霞寺舍利塔八相图中的建筑画所反映的等级规制，似乎并不足以展现南唐君臣对佛教的虔诚心迹。首先，从建筑的门面构造来看，唐代壁画建筑群中，主体建筑多绘版门与直棂窗，只有次要建筑往往在檐柱之间绘出可供上下卷落的帘架或径绘出齐整精美的垂帘作为隔断。八相图"乘象入胎""右胁诞生"二图中的殿宇均刻画有精致的檐额与卷帘形象，应当不是偶然的。其次，门道的数量也颇能说明问题。汉唐都城城门，绝大多数都是三道，如已发掘的汉长安城宣平、霸城、西安、直城等城门全都是三门道；隋唐长安外郭城的城门除明德五道、春明一道外，其他各门也是三道，经发掘的皇城、宫城和大明宫城城门中，安福、承天、丹凤也都是三道[2]。在敦煌壁画中，作三门道的城门多见于未生怨故事画中的宫城正门，也用于维摩诘经变中的毗耶离城。三门道之设，庄严对称，足壮观瞻，可见主要还是与礼制有关。文献记载乃至考古发现中尚有五门道的城门，如唐代长安外郭城南面正门明德门，据《册府元龟》帝王部卷十四《都邑》载，"（唐）高宗永徽三年十月修筑京师罗城……九门仍各施观，明德门一观至五门"，而唐明德门经考古发掘业已复原，其巍峨壮丽，无愧为当时世界第一大城的正门[3]。在敦煌壁画中五门道的城门仅见于晚唐第138窟弥勒上生经变中，是象征兜率天宫的宫城正门。综以文献记载、考古发掘乃至古代美术品中的艺术形象，都可以看出，城门的门道数实际反映了城和城门等级地位的高低。然八相图"出游四门"与"逾城出家"中所见城门均只有一条门道，而在敦煌壁画中，一条门道普见于各经变画中的小城，宋画《清明上河图》所绘汴梁外城的次要城门也是一

---

[1] （宋）马令：《南唐书》卷二六《浮屠传》，第174页。

[2] 王仲殊：《汉长安城考古工作收获续记》，《考古通讯》1958年第4期，第23～27页。

[3] 傅熹年：《唐长安明德门原状的探讨》，《考古》1977年第6期，第409～412页。

道。由考古发掘可知，只辟一道城门的大都是郡县城门，唐大明宫的旁门、后门如玄武门、左右银台门等次要城门亦只辟一道门。

那么，南唐举国崇佛的盛况与此八相图中略显苟简的建筑画在礼制上的落差是如何形成的呢？窃以为，恐还与南唐政治地位的浮沉有关。揆诸督造栖霞寺舍利塔的林仁肇归顺南唐及其为后主李煜鸩杀的时限，可知舍利塔的重建应系于保大三年（945）至开宝六年（973）之际。而南唐自中主李璟登基后，频繁用兵，国力大损。与此同时，中原的后周却厉行改革，国势蒸蒸日上。日渐屈服于后周兵威的南唐，不仅割让江北、淮南诸州，并且岁奉巨额贡赋。李璟甚至去帝号，奉后周正朔。及至后主李煜即位，不仅贡奉更为殷勤，甚至自除国号而贬称"江南国主"，完全臣服于中原政权。南唐国运衰敝如此，反映到建筑等级上自然不敢造次，庶免授后周以僭越之柄。另外，李煜统治下的南唐虽举国奉佛，但统治中原的后周为遏制佛教势力的膨胀却大举灭佛，南唐奉后周正朔，适当放低姿态也是情理中的事。基于此，当不难理解，栖霞寺舍利塔八相图实乃南唐佞佛无度与国运衰敝的矛盾产物。

博古图画的再考察*

■ 张 翀（中国社会科学院历史研究所）

园林，可谓是中国中古以来建筑艺术集大成者。尽管在唐之前，早期园林已经蔚然可观，如汉武上林苑、晋石崇金谷园，但彼时的园林更为宏观，取意天地之宇。中古之后的园林格局，却随着家具、建筑等技术的逐渐提高，逐渐隐沦于建筑之中，成为木架构建筑群落的附属品。在技术成为园林变化的动力后，"享乐"的现世情怀同时得以孕育。这种享乐情怀不为中国所独有，从世界文明范围看，园林天然地具有世俗的享乐色彩，这在古埃及的新王朝时代也可见一斑[1]。尽管早期园林的天地观念中仍存有敬神的态度，然而在唐宋之后，特别是私人化的园林兴起之后，这种潜在的享乐行为成为一种士林时风。

园林，可能是赏鉴金石的上佳场所之一，而这种活动经过文人的参与，成为雅集。雅集活动有一定的偶然性，随意性的聚会也就带有相当的变动，不太容易得到物质上的证明。但以鉴赏为主的博古图或文会图，则在图像上呈现了固定模式。这些图画的主题当然是文人们在园林中玩赏吉金彝器。而一些题为读书图或雅集图的场景设置就显得有些主观，很难看出具体是否属于实景实构。诗文与图像一起构造出金石曾经的"时空位置"。宋代文彦博的诗中，"水边林下清风处，长伴熏然醉玉倾"[2]，透露出赏古宴饮是在园林等室外空间进行

---

* 本文受国家社科基金项目"夏商周青铜礼器的兴衰及其原因"（15BKG007）资助。

1 参见〔英〕弗兰克·理查德·考威尔《作为美术的园林艺术：从古代到现代》，董雅、初冬、赵伟译，华中科技大学出版社，2015，第15页。

2 （宋）文彦博：《文潞公文集》卷四页四，宋集珍本丛刊第五册，线装书局，2004，第287页。全诗为"古鼎良金齐法精，未知何代勒工名。更须梓匠为岛杓，堪与仙翁作酒鎗。涤濯尚应劳犊鼻，腥膻不复染羊羹。水边林下清风处，长伴熏然醉玉倾"。

的。《万历野获编》所载"嘉靖末年，海内宴安。士大夫富厚者，以治园亭，教歌舞之隙，间及古玩"[1]，也多少说明这种互动关系。易东华亦认为，"元明以来，金石须臾未曾缺席于园林胜景和文人的雅集"[2]。

需要指出的是，室外赏古活动易于变动，甚至是带有偶发性的，不太容易得到图像上的证明，但酬记性质的诗文却有不少即时"记录"。如果真有图影"实时"记录的话，首先应该考虑历代以鉴赏为主题的博古图或文会图，在这些图画中能够见到文人们在园林中玩赏吉金彝器的图像。当然，并不排除出于设景摹绘的方便的考虑，将场景移至室外，甚至也有想象的成分，著名的西园雅集图，就被人认为不是现实中存在的一场聚会[3]。但也有学者考证，认为其是发生过的一场聚会。

不过西园雅集图中出现的人物名头都很大，很难说没有夸张的成分，但是后世竟然出现了很多西园雅集的摹本，不得不说是一种文化现象[4]，特别是明人所绘的题为"西园雅集"的作品上已经出现不少古铜彝器（图1）。这种文化现象在明代非常兴盛，出现了至少二三十幅明人绘的博古性质的图画[5]。杨小军进行过整理工作，如仇英《竹院品古图》、尤求《品古图轴》、张翀《育鉴图轴》、崔子忠《桐荫博古图轴》、杜瑾《玩古图轴》（图2）。他特别提到曾经被认为是宋画的刘松年《博古图》[6]、钱选《鉴古图》[7]以及佚名的《宋人博古图》[8]，实际上为明人所摹。另外他还注意到有不少只有著录未见有实物的情况，如《宝晋英光集》提到的《西园雅集图》、《珊瑚网》著录的陈宪副《东坡博古图》等。

1　（明）沈德符撰《万历野获编》卷二六，谢兴尧点校，中华书局，1980，第654页。

2　易东华：《西园陈古——嘉祐前后雅集中的金石》，《新美术》2012年第2期，第43～46、27页。

3　衣若芬：《一桩历史的公案：〈西园雅集〉》，中研院中国文哲研究所《中国文哲研究集刊》第10期，1997年，第221～268页。

4　孙真真：《明代中后期"西园雅集"题材流行的原因探析》，《文学界》（理论版）2012年第5期，第242～244页；郑艳：《明代中晚期博古题材在中国绘画中的表现与成因——以苏州和南京为例》，硕士学位论文，中央美术学院人文学院，2007，第26页。

5　杨小军：《"博古图"的视觉化——从著录到图绘》，《国学周刊》2014年1月30日（总第44期），B6~7版。

6　台北"故宫博物院"编辑委员会：《故宫书画图录》第2册，台北"故宫博物院"，1989，第111、112页。

7　台北"故宫博物院"编辑委员会：《故宫书画图录》第2册，第271、272页。

8　台北"故宫博物院"编辑委员会：《故宫书画图录》第3册，第245、246页。

我们发现，此类绘画作品的画题通常是博古、鉴古、玩古，或者是与此主题相关的词语，如文会、雅集、行乐等。在画面内容上，杨小军也注意到湖石、芭蕉、松竹等构图元素多为室外园林环境中的。我们将在他的研究基础之上，再做点收集工作。不过单纯的湖石图，以及"钟鼎插花"这样近乎绘画的文化活动不在我们考察的范围内。首先，发生在室外园林环境中博古的作品还有谢时臣《文会图》[1]（图3）、曾鲸和张翀合作的《合作侯峒曾像》[2]、清王云《西园雅集图》[3]、范润《八子捡玩图》[4]、长荫《行乐图》[5]、明王鉴《白描人物》册页第14与20开[6]、清任颐《焚香祝天图》[7]、姚仔《博古图》[8]等、陈字《煮茶图》[9]、清徐玫《晾曝图》[10]。此外，还有画题可能是园林玩古性质，但未见原画的，如王重《文会图》[11]、陈卓《博古

图1 《西园雅集图》局部（洪银兴、蒋赞初主编《南京大学文物珍品图录》，科学出版社，2002，第138页）

图2 杜瑾《玩古图轴》局部（《中国美术全集》编纂委员会编、金维诺总主编《中国美术全集·卷轴画三》，黄山书社，2010，第795页）

---

1 沪1-0796，《中国古代书画图目》（以下简称《图目》）第3册，文物出版社，1990，第57、342页。

2 沪1-1514，《图目》第3册，第318、360页。

3 晋1-111，《图目》第8册，第138、325页。

4 津1-20，《图目》第8册，第167、329页。

5 津2-140，《图目》第8册，第222、333页。

6 津6-042，《图目》第8册，第268、269页。

7 辽2-448，《图目》第15册，第319页。

8 津7-1405，《图目》第8册，第181页。

9 浙3-23，《图目》第11册，第175、323页。

10 辽1-486，《图目》第15册，第174页。

11 苏10-314，《图目》第6册，第396页，扬州博物馆藏。

图3　谢时臣《文会图》局部（《中国美术全集·卷轴画三》，第857页）

图》[1]、涂岫《雅集图》[2]、蒋峰《宋贤捡玩图》[3]等。

其次，博古图绘非常着意地规划室外的空间，营造室外景观。就我们所看到的上述图画而言，几乎都在摹绘室外景色。杜瑾《玩古图轴》中在大树旁出现的大型屏风，就是将室外空间围定，较注重私密化。姚仔《博古图》也使用这一手法，画面右下角的虬松、修竹、横梅无一不是室外景致，但与屏风、围栏共同构成了一个较为封闭的空间。在这种空间内，主人既在天光之下，又在玩赏铜器时得到一个安全的心理暗示。谢时臣不大刻意在室外营造这种封闭空间（图3），但常会在人物近处绘制树木[4]，构成一种类似"封闭"的视觉效果。在博古题材以外的作品中，谢时臣也有在图画视觉中心处绘制树木，如文会一类的作品。有一部分文会题材更倾向置于建筑内，而这些建筑通常会具有一定的半开放性，如亭榭、草堂等性质的建筑。博

1　津2-106，《图目》第8册，第322页。

2　冀1-174，《图目》第8册，第314页。

3　浙4-116，《图目》第11册，第327页。

4　沪1-0796，《图目》第3册，第56页。

古性质的图绘则倾向在更开放的空间中。陈字《煮茶图》虽然全然不绘场景，只是重点摹绘童仆煮茶及相关器物，但画面居中的石案等，似乎暗示着在室外煮茶的活动。其中更有意思的是陈字款题"陈无名写于清园之怀古草堂"，可见该画当时就在一园林中绘制而成。如果是草堂读书等题材的绘画作品，空间的指向性就会变得虚弱，甚至绘制的是山峦而非园林，这就出现了一个不明显的悖论，即人们更多是在人迹常至的场所读书交流，却将这些行为安置在条件比较困难的自然环境中，尽管风景很优美。这种有意的设置也可能出于"归隐"的心结。这些画作的人物多会出现在建筑内，多半是因读书写字的活动更宜在室内，书籍或书写工具的取用也更为方便。这类题材的画作中也会出现建筑，但多是亭、榭甚至茅屋的形式，所造成的半开放空间也使人们能与自然有所接触。如仇英《梧竹书堂图》（图4），一人坐靠在交椅上，面前一内翻马蹄矮桌上有摊开的书、插着几支笔的笔筒，连带水盂的砚台，显然是描绘主人读书乏倦后的小憩情景。而书堂则是一个几面通透的开放空间，但用梧桐、幽篁遮掩，变得隐蔽许多，也在暗示这是一间处于园林之中的书斋。而博古图画所展现的室外则是在园林之中的

景色，其意在某种炫耀。古董的收藏可视为炫耀性消费，而园林则属于公开空间性质的炫耀消费，"向有身份的公众开放的奢华园林，尤其是京城权贵所拥有的园林，亦是财富的显眼标志。这一时期，令巨富们沉迷其中的大型园林无疑是含有炫富色彩的花费"[1]，至于图中出现的古铜雅玩，卜正民认为是时尚奢侈消费，也代表了相当的文化品位[2]。

再次是室外玩古活动的重点，也就是活动的主题性。博古图的形式与明人崇尚

图4 仇英《梧竹书堂图》（上海博物馆藏，张翀摄）

---

1 〔英〕柯律格：《长物：早期现代中国的物质文化与社会状况》，高晰丹、陈恒译，洪再新校，生活·读书·新知三联书店，2015，第138页。

2 〔加〕卜正民：《纵乐的困惑：明代的商业与文化》，方骏等译，生活·读书·新知三联书店，2003，第251~264页。

图 5 孙位《高逸图》局部（《中国美术全集·卷轴画一》，第 71 页）

好古赏鉴有直接关系，也与由此衍生的收藏市场有关，但其本身的文化渊薮则来自宋代，也许会更早。在孙位《高逸图》（图5）中[1]，我们可以在主要人物旁看到两件器物，一件是罐，另一件是盏托或香薰，暂时看不出是何种材质，虽为当时的形制，但从罐上过分复杂的纹饰看，已初具赏玩的性质。元刘贯道《消夏图》[2]中的器物也并不是古铜彝器，但这些为数不少的雅器从室内搬到室外，并加以陈放，一定是有着特定的意义的。过去被认作宋画的《博古图》《鉴古图》《宋人博古图》，现在看来应当是明人所作。尽管沈德符曾说"玩好之物以古为贵，惟本朝则不然"，但也记载了高谈宣和博古的情景[3]。马库斯认为当时工艺品取代古董，说明当时收藏市场和需求的扩大[4]。如果排除在文物市场上托古善价的成分，还是存在对照前代的痕迹的。我们仔细看《博古图》中桌上的铜器，器种有四足方鼎、三足圆鼎、鬲、簋、盉、尊、方壶，也有秦代的蒜头壶、汉代的镲斗这类偏晚的器物，尽管尺寸不一定如实物般准确，但彼此之间的比例还是适当的，四足方鼎在西周初年也有偏小化的制造，而尊一般则是较大型的形体。尤其是一件二里冈时期的高领带足鬲，以及另一件鬲鼎，造型准确，特别是兽面的细节，均比较如实写真，似乎有一个仿照的底稿。这两件器物都很特殊，或因为时代，或出于器形，如无可靠的底本，很难画到这种地步。桌上的铜器中还有一件青铜马具。这件銮铃属于车马器，在好古崇礼的古器收藏的背景下，显得更为特殊。从比例上来说，尺寸要比铜器大，不太合常理。特别是在其他器物的比例都很正常的背景下，似乎存在矛盾。对其合理的解释，应该是画家绘制这件青铜銮铃的时候，可以对照实物，而其他器物则是二次仿临，这

---

1 沪 1-0015，《图目》第 2 册，第 346 页。

2 *Eight Dynasties of Chinese Painting: The Collections of the Nelson Gallery-Atkins Museum, Kansas City, and The Cleveland Museum of Art*, Cleveland :The Cleveland Museum of Art in Cooperation with Indiana University Press, 1980, p.113.

3 （明）沈德符撰《万历野获编》卷二六，谢兴尧点校，第 653～654 页。

4 Marcus Flacks, *Custodians of the Scholar's Way: Chinese Scholars' Objects in Precious Woods*, London：Rasika & Sylpah Esotopns, 2014，pp.48-49.

种不同复制（仿写、临摹）共同组成了一幅完整的图像。当然我们讨论的都是现在这张博古图的前身（如果有的话），而此明代摹本则把这种不同次序模仿所形成的大小不一的比例全然复制过来了。杜堇《玩古图轴》中出现一件属于商代中期以前的高领袋足铜鬲（见图2），其中一人手拿器盖试图掀起。就我们现有的古代青铜器知识而言，这种高领袋足鬲是没有器盖的，即便有也不会是如图所绘的那样带有隆起的盖子。如果不是臆想之作的话，则反映出明人对古代铜器的认识，甚至有翻新之作。加配器盖、器作都是比较简便的做法，《五杂组》中记载了将古铜翻做为新的举动：收集洛阳古冢中的铜镜碎片，将四片截方，加柱足回炉融成一件"镜炉"，充以香炉，而美其名曰"制则新也，而质实旧物，置之案头，犹胜馋鼎"[1]。这种玩古的心态是受到"未必古者尽佳也"[2]的影响，高濂虽然比较尊古，但也是借此来宣扬本朝宣炉等清供铜器。而当时典范式的《长物志》则是将三代秦汉的鼎彝归入"香炉"的范畴[3]，其至也有将尊类古铜盛水插梅花的文人举动[4]。不过，从《玩古图轴》画面上看，熏炉、尊等几件汉代铜器则要更为真实一些。

之所以铜器会有如此逼真的状态，主要原因是在明人的收藏体系下，铜器具有比较特殊的地位，在玩古图画中，也愿意尽可能如实地记录。高濂记载了不少当时出土的古代青铜器，有数十品之多，其中可能混入伪器，但也说明当时铜器发现的规模[5]。张岱也记录过一人曾到河南寻古，获铜器数车，其中铜觚即有十五六件[6]。虽然高濂评判的标准在于可否能充以清供，将"不堪清供""俱不堪玩"的重器评为次等，但在器物样式及纹饰上则遵从《宣和博古图》。他还提到《宣和博古图》因是帝王收藏，向外传出的样式只有一两件[7]。反映在画面上，古铜也常处于非常有利的位置。如陈洪绶《蕉林酌酒图轴》（图6）中，男性主人处于画面的中心位置，在芭蕉树下、大石案旁持犀角酒杯独酌。从人物的目光神情来看，似乎是在端详那只犀角杯。一只古代三足铜鼎，正处在他目

---

1 （明）谢肇淛撰《五杂组》，上海书店出版社，2001，第242页。

2 （明）谢肇淛撰《五杂组》，第246页。

3 （明）文震亨撰《长物志校注》，陈植校注、杨超伯校订，江苏科学技术出版社，1984，第247页。

4 （明）张岱：《陶庵梦忆》卷六"齐景公墓花罇"条，张岱撰《陶庵梦忆 西湖梦寻》，马兴荣点校，中华书局，2007，第77～78页。

5 （明）高濂撰《遵生八笺》"燕闲清赏笺"卷"论古铜器具取用"条，王大淳校点，巴蜀书社，1992，第523～527页。

6 （明）张岱：《陶庵梦忆》卷六"仲叔古董"条，张岱撰《陶庵梦忆 西湖梦寻》，第77～78页。

7 （明）高濂撰《遵生八笺》"燕闲清赏笺"卷"论宣铜倭铜炉瓶器皿"条，第522页。

图6　陈洪绶《蕉林酌酒图轴》(《中国美术全集·绘画编8·明代绘画下》一六〇，上海人民美术出版社，1988，第179页)

光的延长线上，且放在老树树根做成的案几上，在画意统一协调之余，还有几分"抢戏"的味道。从某种角度，也可以理解成主人公一面观赏古铜彝器，一面独斟自饮。谢环《杏园雅集图》描绘的是以杨士奇、杨荣为首的文人官员在室外雅集的情状，并出现了罗汉床、桌椅等主要室内家具及文房道具，此中也出现了古铜彝器，但众人的目光均未朝向这些器具。这场聚会有着重大的政治隐忧，他们无心做到真正的游园，那些家具也应该是专门从室内搬出，为了绘画能体现庄重性与戏剧感[1]。

最后，我们注意到博古图的性别问题，即金石收藏赏玩是男性文人及官员的文化游戏。杜堇的《仕女图》长卷，尺寸为30.5厘米×168.9厘米[2]，大规模呈现园林化的场景，但并无金石性质的文玩古物出现。仇英两件反映女性园游题材的《采莲图》[3]和《吹箫图》[4]也没有出现金石古物。清人丁观鹏《乞巧图》[5]同样具有很强的女性色彩，其场所也多为室外庭院，并出现了湖石等园林的要素，却没有出现古铜彝器，而且在"乞巧"活动中应该备有的陈

1　尹吉男：《政治还是娱乐：杏园雅集和〈杏园雅集图〉新解》，《故宫博物院院刊》2016年第1期，第6～39页。

2　沪1-0435，《图目》第2册，第245～247、358页。

3　沪1-0822，《图目》第3册，第66页。

4　沪1-0819，《图目》第3册，第66页。

5　沪1-4014，《图目》第5册，第311～312、468页。

设器具，也是以瓷器为主。在钱毂的《秦淮冶游图册》中，男性之间的宴饮场景中，出现了可能是古铜的器物（图7）。退一步讲，若这些是模仿古铜形式烧制的瓷器，那也只是反映了好古的心理。但场景一转，男性与女性相坐饮乐（图8），却没有出现带有几千年前气息的器物。在宫廷性质的图画中，女性才与古铜彝器有了联系，如宫廷画家所绘《十二美人图》的其中一帧（图9），女性坐于湘妃竹玫瑰椅上，身后的博古架上摆着钟、觚以及秦汉时期的扁壶。不过诸如麻姑献寿、李少君[1]等神仙题材则有例外，会出现铜器，应视为神仙与金石共同构成长寿的意象。而《十二美人图》则不能解读成女性主义的绘画，反而是从作品的形式、作者以及画中的什物——湘妃竹，都会引向男权性质，尽管所绘的是"美人图"，但反映的是男权对于女性的压制[2]，只有这时象征古代政治与财富的古铜才会出现，所反映的也是男性化的审美。

博古图的画面很少有描绘室内空间的，但也有例外的情况，我们对此需要加以解释。谢时臣《名园雅集图》[3]室内外均有古铜彝器，但从细节来看，室内更多是存藏，而室外一矮桌上的尊、彝则是用来赏玩，矮桌前有一人展卷，似有著录的意思。虽然在《愙斋集古图》中看到主客是在室内的环境中观赏各种彝器，但这有可能是绘者为了满足吴大澂的心中愿望才绘制的一幅图（图10），因为是描绘了吴愙斋收藏的所有铜器，也就省略室外景致的描绘，将场景放在室内，仅用一两件点出室内环境。由于这种处理方式是置于《愙斋集古录》之前而采取的，卷后是所藏铜器的全形及铭文拓片，所以，这幅图更大程度上带有炫耀的成分，实际上发生在室外空间的赏玩活动要频繁得多。不过，我们这个室内外的分法也并不绝对化，需要结合具体场景来看，如任薰《十二生肖图》第一开[4]，表现书房闹鼠（子），主人案头就放置一柄汉代常见的雁足铜灯。

与室内相比，园林是一个更为开放的空间，也正因如此，园林的性质更为模糊，介乎私密与公共之间，这也暗合了早期人们对于自然山水的态度。魏晋时期是以庄园为山林，庄园是自然山林最大程度上的对照。魏晋时期的园林又称为山水园，与当时的庄园山墅关系密切，这种带有自然主义的园林亦影响着后世的造园。庄园也提供可能的大型空间，供以"共为筑室，聚石引水，植林开涧，少时繁密，有若自

---

[1] 承李小璇博士告。

[2] 〔美〕乔迅：《魅感的表面：明清的玩好之物》，刘芝华、方慧译，中央编译出版社，2017，第396页。

[3] 粤1-0081，《图目》第13册，第63、335页。

[4] 津7-1816，《图目》第10册，第156页。

图7 钱榖《秦淮冶游图册》（二）（中国国家博物馆编《中国国家博物馆馆藏文物研究丛书·绘画卷·风俗画》，上海古籍出版社，2007，第87页）

图8 钱榖《秦淮冶游图册》（五）（《中国国家博物馆馆藏文物研究丛书·绘画卷·风俗画》，第93页）

图9 宫廷佚名画家《十二美人图》之一（〔美〕乔迅：《魅感的表面：明清的玩好之物》，第380页）

图10 《恩斋集古图》局部〔《恩斋集古图笺注》（上），上海古籍出版社，2012〕

然"。将自然状态的山水"搬移"到自己可以随时游玩的范围内，除空间的因素外，也影响至园林中的假山文石，"看似是天然的形态，像是一件被偶然'发现'的物品，但它实际上是经过了工具故意的裁割和变形创造出来的一种模棱两可的形象"[1]。而在这样模棱两可的空间或意境中，人们玩赏古铜、碑帖，其心态也由此产生变化。

结　语

叠石赏石、古铜彝器以及碑帖拓片，并由此产生的活动，都发生在园林中，并由此涌现出众多的赏石诗歌[2]。可见园林的重要性，无论是从空间的提供，还是从意境的营造，乃至现在我们所讨论的意象，绝非建筑或建筑群落等概念所能比拟，它们有着相当紧密的文化语境（Culture Context）。具体到园林的建筑属性上，其营建必是费时费工费财，而传承又往往是几代易手[3]，尽管凭借实景留有不少的绘画作品[4]，但真正能让园林不朽的还应是赏石、古铜等带有金石气息的物件。不过，事情往往有趣就在于并非真如原本预想那样。游园本身是一种现世的享乐活动，这可能从造园动土时就开始了，而品鉴文石或是古铜等带有文化资本性质的活动，除炫耀之外又能帮助主宾在因富贵而成的园林完成"林泉之志"。园林不是真实的自然——特别是明清两代的园林——而是文人官员实力的体现，但文人官员可转而借其表达更为高尚的意趣，隐逸返朴。可问题在于，这样的志向太过缥缈，很难通过想象可以完成，需要利用特定的道具才能完成。金石古物充当了这种道具，其介乎实用品与艺术品之间，可供人们进行不同程度的追慕，从而产生难以言说的文化快感[5]。博古图则是此种道具及其活动的记录，也可以说是一座桥梁。我们凭此看到了当时文人崇古佞古的行为活动和审美意趣，以及试图通过金石达到"不朽"。

1　〔美〕乔迅:《魅感的表面：明清的玩好之物》，第 95 页。王正华《艺术、权力与消费：中国艺术是研究的一个面向》第五章"余论"，"女人、物品与感官欲望：陈洪绶晚期人物画中的江南文化的呈现"节中有关绘画与女性关系的讨论，中国美术学院出版社，2011，第 196 ~ 256 页。

2　详见〔美〕杨晓山《私人领域的变形：唐宋诗歌中的园林与玩好》，文韬译，江苏人民出版社，2009。

3　园林的营建及传承非本文重点，暂时不予讨论，关于名园的情况可参见蒋晖《园林卷子：古画上的园林往事》，古吴轩出版社，2016。

4　参见高居翰、黄晓、刘珊珊《不朽的林泉：中国古代园林绘画》，生活·读书·新知三联书店，2012。

5　〔美〕阿瑟·丹托:《寻常物的嬗变——一种关于艺术的哲学》（陈岸瑛译，江苏人民出版社，2012，第 18 页）中言"意识到所发生的事情为摹仿的或非真实的，正是产生此类快感的前提。可见，这类快感具有一个特定的认知维度，从而不同于大多数快感，甚至是男性最强烈的快感"。

越南会安关圣帝庙—澄汉宫碑铭初探*

■ 叶少飞（红河学院）

会安位于越南中部的广南省，是16世纪以来著名的国际商港，华人、日本人、西洋人纷纷来此贸易居住[1]，明末清初大儒朱舜水即在会安生活十余年[2]。华人在会安先后建立了广肇会馆、福建会馆、潮州会馆、中华会馆等，并与自身家乡的信仰相结合，在会馆内祭祀家乡神灵，使之成为具备联络功能的社会公共空间[3]。越南本土有强大的祀神传统，儒、释、道三教再加上各地的福神，神灵世界蔚为大观[4]。越南历代王朝对神灵多有封赠，并与国家祭祀体系相结合[5]，崇祀传承自郡县时代的神灵

---

* 本文是2015年国家社会科学基金青年项目"越南古代史学研究"（15CSS004）的阶段性成果。本文所用照片，未做说明者，皆由笔者于2015年12月24日拍摄。2014年8月笔者与中国社会科学出版社宋燕鹏编审相识于杭州中国宋史研究会第16届年会上，2015年12月又同在广州暨南大学参加有关海上丝绸之路的学术会议，宋编审提交了《20世纪初马来亚霹雳州金宝地区广东社群的帮群结构》论文并做学术报告，在会又详细阐释了调查的过程和方法，惠赠《马来西亚华人史：权威、社群与信仰》（上海交通大学出版社，2015）专著。笔者于2015年10月已经去过一次会安，感慨华人会馆庙宇众多，闻此深受启发。2015年12月24～28日与广西民族大学王柏中教授考察会安、顺化、河内古文化遗迹时，即重新审视调查，王柏中教授亦介绍了越南相关的国家祭祀和民间信仰研究成果和心得。笔者于2016年8月和2017年6月又两次聆听宋编审多次在马来亚从事华人研究的田野调查和研究心得。笔者最终撰成本文，在此向王柏中教授和宋燕鹏编审谨致谢忱！

1 请参见陈荆和《17、18世纪之会安唐人街及其商业》，《新亚学报》第3卷第1期，1957年，第273～332页；金永键《安南沱瀼（ツウラン）の日本町》，《史学》第19卷，1940年，第47～71页；陈荆和《清初华舶之长崎贸易及日南航运》，《南洋学报》第13卷第1辑，新加坡，1958，第1～52页；大家直树《ベトナムの世界遺産ホイアンの観光と日本町の記憶》，《立教大学観光学部紀要》第12号，2010年3月，第32～48页；蒋国学《越南南河阮氏政权海外贸易研究》，世界图书出版公司，2010。学术界关于会安的研究甚多，在此择数篇以记之。

2 陈荆和：《朱舜水〈安南供役纪事〉笺注》，《香港中文大学中国文化研究所学报》第1卷，1968年，第208～247页。

3 黄兰翔：《华人聚落在越南的伸植与变迁：以会安为例》，《亚太研究论坛》第26期，2004年12月，第154～191页。

4 谢志大章：《越地的神与人》，河内：知识出版社，2014。Tạ Chí Đại Chương, *Thần, người và đất Việt*, Nxb.Tri thức, năm 2014.

5 广西民族大学王柏中教授主持国家社会科学基金项目"10～19世纪越南国家祭祀研究"（08BZJ001），并有系列成果，可参看。

如吴晋时期的交州刺史陶璜等，并将其转变为本土神灵[1]，对独立自主之后中国传来的神灵亦予以接受供奉[2]。关公信仰在明代传入越南之后，迅速得到了官方和民众的认可，广修庙宇[3]。笔者2015年10月和12月两次到会安调查，发现来自中国各区域、各个时代的华人群体在奉祀中国本乡神灵的同时，又参与到明朝南下遗民后裔创建的关圣帝庙奉祀之中。明、清两代的华人团体和越南中兴黎朝、阮朝的官员黎庶在祭祀关公的澄汉宫中以奉赠匾联的形式体现自己的存在，形成了别具一格的权力和信仰格局。

一 关圣帝庙—澄汉宫与明香社—明乡社

澄汉宫位于会安东部，坐北向南，与明乡村相邻。正门悬两块匾额，一为"澄汉宫"，时间为"龙飞岁次壬午福首"，陈、黄、范三姓四人"仝敬立"；上有"景仰极园"匾，时间为"乾隆四十五年"，由"粤东联庆会弟子奉酧"，共八人，此匾当为后悬（图1）。

据现在澄汉宫内保存碑铭可知，"澄汉宫"又名"关圣帝庙"，明命八年（1827）一通重修碑中称"关圣帝庙"（图2），同年所立的另一通碑中则称"澄汉宫"（图3）。嗣德十七年（1864），中顺大夫、鸿胪寺卿、领广南等处承宣布政使司布政使、丁未科解元、望津黄中子邓辉熰撰写重修碑文，即称"吾乡澄汉宫"。成泰十六年（1904）重修碑中已经完全确定其"澄汉宫"的名称，保大十九年（1944）进奉铜钟，称"敬奉澄汉宫殿前"。因此庙门正殿"澄汉宫"匾额当书悬于1827年之后，即壬午1882年。而乾隆四十五年"景仰极园"匾当为早先所悬。

黄兰翔教授根据会安澄汉宫内悬挂的"封敕"内容"庆德癸巳年季冬谷旦书。三界伏魔大帝、神威远振天尊。明香员官各职全设立"（图4）确认此关公庙当在庆德癸巳年（1653）已经存在[4]。2001年李庆新教授在会安萃乡堂亦见到同样内容的封敕，认为这是关于"明香社"最早的实物资料，提及陈荆和教授曾记录澄汉宫也有相同内容的神敕。并认定"明香社"当在1653年已经出现[5]。

澄汉宫中使用"龙飞"年号的碑铭落款"明香"。

第一通碑，"龙飞岁次癸酉年仲春谷

---

1 〔越〕丁克顺、阮文海：《越南的城隍信仰与乡村城隍事迹文本化过程》，《温州大学学报》2016年第4期，第20～26页。

2 牛军凯：《"海为无波"：越南海神南海四位圣娘的传说与信仰》，《海交史研究》2011年第1期，第49～60页。

3 谭志词：《关公崇拜在越南》，《宗教学研究》2006年第1期，第29～35页。

4 黄兰翔：《华人聚落在越南的伸植与变迁：以会安为例》，《亚太研究论坛》第26期，2004年12月，第163页。

5 李庆新：《越南明乡与明香社》，《中国社会历史评论》第10卷，天津古籍出版社，2009，第211页。

图1 澄汉宫匾额

图4 会安澄汉宫内悬挂的"封敕"

图2 明命八年重修碑中有"关圣帝庙"

图3 明命八年重修碑文中有"澄汉宫"（广西民族大学王柏中2015年12月24日摄）

旦"，"明香社乡官各职□社增隆伯乡老（四人姓名）乡长（十六人姓名）撰序"，碑文中有"关圣帝庙、观音寺本乡鼎建自有余年"（图5），显然在明命八年之前，上两个癸酉年是乾隆十八年（1753）和嘉庆十八年（1813），考虑到乾隆四十五年"粤东联庆会弟子"供奉的"景仰极园"匾，此碑的"癸酉年"很可能是乾隆十八年。

第二通碑，"龙飞岁次癸卯年季春月谷旦"，"明香社员官乡老（六人姓名）乡长（六人姓名）仝志"，碑文中有"本乡关圣帝庙自昔贤鼎建，后继重修，由来久矣"（图6），此碑较上一通"龙飞"年号碑完整很多，时间当在乾隆十八年之后，明命八年之前，此癸卯年为乾隆四十八年（1783）。

除了两通祭祀关公使用"龙飞"年号的碑，另有一通重修广安寺碑，碑文中称"明香士女"，时间为"龙飞岁次庚申年花朝谷旦"，题款为"明香社乡老乡长各职全社□勒石"。程章灿教授综合诸家之论，考证"龙飞"为明朝遗民及后裔在东南亚使用的一个广泛的模糊年号，介于明朝和清朝年号之间，以表明自己的明遗民身份[1]。"龙飞"年号在南下越南的明遗民及其后裔中大量使用，澄汉宫碑铭中即使用"龙飞"，而不用同时期的中兴黎朝和清朝年号。至于"龙飞"年号如何成为东南亚诸国明遗民的普遍纪年方式尚待进一步考察。

《嘉定城通志》记载："显宗孝明皇帝戊寅八年（1698，黎熙宗正和十九年，大清康熙三十七年）唐人子孙居镇边者，立为清河社，居藩镇者，立为明香社，并为编户。"[2] 戴可来教授考订此书约

图5 龙飞岁次癸酉年（1753）重修碑

图6 龙飞岁次癸卯年（1783）重修碑

---

[1] 程章灿：《纪年与正朔——东南亚华文石刻一瞥（下）》，《中国典籍与文化》1997年第2期，第117～120页。

[2] 〔越南·阮朝〕郑怀德：《嘉定城通志》卷三《疆域》，河内：教育出版社年，1999年影印本，第206页。

在1819年完成，1820年上进[1]，书中即称"明香社"[2]。《国史遗编》记载明命七年："秋七月二日，改北客为明乡。北客旧号明香，均改著明乡，正字面"[3]。澄汉宫中拥有阮朝年号的碑铭的落款皆为"明乡"：

明命八年"关圣帝庙"碑，未题

明命八年"澄汉宫"碑，题"明乡社乡官乡老乡长员职仝记"

嗣德十七年邓辉燆撰重修澄汉宫碑，题"明乡社乡官乡长本社全敬立"

成泰十六年本社重修澄汉宫碑，题"明乡社本社仝恭志"

成泰十六年本社重修澄汉宫邻社官员资助人碑，未题。

澄汉宫中的碑刻恰好是"龙飞年号+明香"和"阮朝年号+明乡"的方式，与史籍记载相符。

庆德癸巳年（1653）的关公封敕敬奉人为"明香员官各职"则过于突兀了，首先早于1698年阮主设立"明香社"，且1653年南明正与清军鏖战，胜负尚未完全确定，出现表示明遗民身份的社会组织"明香"似乎尚为时过早。"社"为越南的基层行政单位，阮主将外来的明朝人集中立社以编户齐民，显然至明朝彻底亡国才有可能。

陈荆和先生提出朱舜水于1646年（鲁监国元年，清顺治三年）到达会安，作永久居留之目的[4]。1657年（南明永历十一年，清顺治十四年）朱舜水被阮氏政权当政者阮贤主征用，自丁酉年（1657）二月初三开始，至四月二十一日结束，朱舜水特作《安南供役纪事》一卷记其事[5]。庆德癸巳年（1653）朱舜水即在会安，正在为恢复明朝积极奔走，他在《安南供役纪事》中称自己为"大明徵士"。阮贤主遣人以"确"字来问，又命舜水作《坚确赋》，借此表达对舜水拒绝自己征召的不满。舜水从命作赋，喻以君子之德，但落款却是"大明遗民朱之瑜鲁屿，甫赋于交趾国外营沙之旅次"[6]，表明自己忠于大明，并自称"大明遗民"以示愤怒。此时南明尚在，舜水自称"遗民"，原因则是"近以中国丧乱，天崩地裂，逆虏干常，率土腥秽。远人义不当死，欲隐无所"[7]，

---

1 戴可来：《〈嘉定通志〉〈郑氏家谱〉中所见17～19世纪初叶的南圻华侨史迹》，载《〈岭南摭怪〉等史料三种》，中州古籍出版社，1990，第287页。

2 〔越南·阮朝〕郑怀德：《嘉定城通志》卷三《疆域》，第356页。

3 〔越南·阮朝〕潘叔直：《国史遗编》卷中，河内：社会科学出版社，2010年影印本，第730页。

4 陈荆和：《朱舜水〈安南供役纪事〉笺注》，第212页。

5 陈荆和：《朱舜水〈安南供役纪事〉笺注》，第208～247页。

6 《安南供役纪事》第二十六条，见陈莉和《朱舜水〈安南供役记事〉笺注》，第222页。

7 《安南供役纪事》第二十六条，见陈莉和《朱舜水〈安南供役记事〉笺注》，第222页。

舜水遭受中国大乱，弃家逃出，在此自称"遗民"，不言在明朝的名衔和"徵士"之名，愤慨阮贤主对自己的怀疑。在明朝士人看来，永历帝国祚尚在，此时的"遗民"尚不能成为总体现象。舜水在会安多年，却并未提及关帝庙和"明香"之事。

1695年，大汕和尚到会安游历，一位福建人曾文老获罪将死，其妻"窃忖'老和上大明人，从广东来，所谓广明大士，殆其是乎？可以活吾夫矣！万请垂慈哀恳切'"。大汕知"至方言中华，惟知先朝，犹桃源父老止知有秦也"[1]。随后助其减罪。大汕在会安盘桓多日，也没有提及"明香"之事。

成泰十六年本社重修澄汉宫碑言"吾乡设庙，三百年来灵应常如一日"，虽具体时间难明，但乾隆十八年即已重修关圣帝庙，显然庙宇甚古。重修碑无论是采用"龙飞"还是阮朝年号，均以"明乡人"或"明香人"，即明朝南下遗民及其后代为主导。从碑铭中可以看出，1802年阮朝成立之前，广南阮主治下的会安明遗民及后代以"明香社"为行政单位，建立庙宇，崇祀关公，皆由本社自行其事，且不用后黎朝年号，而用"龙飞"年号，重修碑立于殿宇庙堂，自是公开行事，会安明香社虽为阮氏之民，但有较大的独立性，其遗民后代的故国之思亦为广南阮氏所理解、承认。

1802年阮朝建立之后，关公被纳入国家祭祀体系，阮朝明命三年，"奏准关圣帝君、九天玄女给敕旨各一道，又辅国都督将军胜才侯右府宋国公吏部议正侯各给与赠敕一道，列在嘉定城会同庙奉事"[2]。阮朝地方官员亦积极参与关公祭祀，因此明命八年、嗣德十七年、成泰十六年的重修均有现任地方官员、致仕本地官员、本地有功名者和民众大量参与，其中以嗣德十七年这次重修官员品阶最高，参与人数最众，规模亦最为宏大（图7）。

图7 嗣德十七年重修澄汉宫碑

---

1 （清）大汕：《海外纪事》，余思黎点校，中华书局，2000，第45～46页。

2 ［越南］阮朝国史馆：《钦定大南会典事例》卷一百二十二《礼部·登秩·封赠神祇》，西南师范大学出版社，2015年影印本，第1931页。

澄汉宫中间大殿祭祀关公，左边偏殿祭祀天后，右边祭祀孔子。阮朝重新设定国家祭祀与信仰体系，"南郊、列庙、社稷为大祀"，"历代帝王、先师孔子和先农"为中祀，"风伯、启圣、雨师、先医、周尚父姜太公、关公、天妃、都城隍、会同、南海龙王、占城国王、真腊国王、炮神、邵阳夫人、河伯、后土、司工、开国功臣、中兴功臣、忠节功臣、山神、胡神、岛神、祀典诸神祇、诸祠堂"为群祀[1]。澄汉宫以关公为主祀，以天后和孔子为从祀，均是得到阮朝官方承认的神灵。可惜没有碑刻记载何时以孔子和天后从祀。

二 清代南下华人与澄汉宫

康熙三十四年（1695）广南阮主阮福周邀请广东僧人大汕至其国传法，大汕曾亲到会安，并描述其地盛况：

> 盖会安各国客货码头，沿河直街长三四里，名大唐街。夹道行肆，比栉而居，悉闽人，仍先朝服饰，妇人贸易。凡客此者，必娶一妇，以便交易。街之尽为日本桥，为锦庸。对河为茶饶，洋艚所泊处也。人民稠集，鱼虾蔬果，早晚赶趁络绎焉。[2]

由此可见会安商贸繁荣之一斑。大汕住在弥陀寺，可能因僧道之别，虽然记述了日本桥，却并未提及关公庙。华人来贸易者极众，而关公是明清两代官方崇祀的神灵，拥有无限威能，因此到达会安的清代华人亦前往参拜关圣帝庙，与建庙的明香人达到信仰的和谐，为世俗生活的稳定打好基础。明香人和新到华人以奉匾的形式体现自身的信仰和愿识。

现在澄汉宫内所悬牌匾，以门首乾隆四十五年"景仰极园"匾时间最早，"澄汉宫"为明乡人敬奉的殿名。关帝圣像上方匾为"忠义至神"，时间为"嘉隆元年季冬吉旦"，"沐恩弟子李泰鹤张鸣泰同敬奉"，这是澄汉宫中唯一一块书有阮朝年号的匾额，且位于圣像正上方，是澄汉宫中悬匾最重要的位置，笔者推测此匾当为明香人敬悬（图8）。

"帝德广恩"匾由"广东帮东邑沐恩弟子郑德就敬酬"，时间为"光绪二十一年岁次乙未季夏谷旦"。郑德就以私人身份得以在重要位置悬匾，应该与其"郑"姓相关。明末清初郑玖因不欲事清南下，戴可来先生认为"莫"原为广东常见姓氏，因与后黎朝篡臣莫登庸同姓，所以"莫"旁加"邑"，成为"鄚"[3]。鄚德就很可能是

---

1 ［越南］阮朝国史馆：《钦定大南会典事例》卷八十五《礼部·祭统》，第1355页。

2 （清）大汕：《海外纪事》，余思黎点校，第80页。

3 戴可来：《〈嘉定通志〉〈鄚氏家谱〉中所见17～19世纪初叶的南圻华侨史迹》，载《〈岭南摭怪〉等史料三种》，第302～303页。

图8 "忠义圣神"匾

图9 "协天宫"匾

图10 启定二年（1917）六月吉日明乡社仝修来远桥

来自郑玖家乡的同族之人，与郑氏联宗成功，所以亦改"莫"为"郑"，且实力强大，故而得以悬匾在此。

"两间正气"匾，时间为"同治十三年季冬月吉旦"，由"沐恩广东琼州府文昌县□□□□州分州邓仁山敬酬"，当为谢关圣显灵达成愿望的。"帝德广运"匾，时间为"丙戌年春王吉旦"，为"广东潮州府澄邑商船户陈合财敬奉"。两匾分别由琼府帮和潮州帮商人敬奉。另有"忠义圣神"匾，时间为"光绪十二年（1886）季冬吉旦"，为"沐恩弟子谢和记敬奉"。巧合的是"丙戌年"正是光绪十二年，"谢和记"与"陈合财"可能存在合作或竞争关系。

以上均是私人或数人奉匾。前殿的正中位置"协天宫"匾，时间为"光绪甲辰年（1904）夏月吉旦"，则是"五帮会馆敬奉"（图9）。

会安来远桥（即大汕所说的"日本桥"）上有一通"启定二年（1917）六月吉日明乡社仝修来远桥"碑，有"五帮帮长并本庸诸贵公司，贵宝号题供银数千列姓各于后"，首先列出五帮字号及捐款数额（图10）：

福建帮长德记号十元

广东帮长南泰号十元

潮州帮长许璜合四元

琼府帮长成福利八元

嘉应帮长振隆堂六元

重修来远桥与光绪甲辰年相去不远，"协天宫"匾上的五帮，当是"福建""广东""潮州""琼府""嘉应"五帮，并由这几家会馆联合敬悬。五帮之中，"潮州""琼府""嘉应"皆属于广东，能在"广东"之外，再行列名，虽见实力之强，但亦可见其内部力量不如福建帮统一。笔者实地考察了"福建会馆"和"广肇会馆"，黄兰翔教授在二馆之外，还考察了"潮州会馆"，另有中华会馆，黄教授考察后指出其原为洋商会馆[1]。"琼府"会馆和"嘉应"会馆尚无考。五帮会馆敬奉"协天宫"匾的同时，又奉联一副："存信义神恩广大，乐春秋浩气流光。"但"协天宫"匾未如重修来远桥碑一样开列五帮顺序。为展示自己的信仰和力量，"光绪甲辰年夏月吉旦"，"福建帮众商敬奉"了"万古精忠"匾额，而"琼府帮众商敬奉"的"义气"匾额，也在"光绪甲辰年夏月吉旦"，但规模稍逊。在甲辰年悬匾过程中，福建帮以其团结如一稳压广东众帮一筹。

澄汉宫悬匾应该也成了商家实力和名望的象征，"甲辰年季夏月"，"协合公司敬立"了"存心丹诚"匾额，"协合公司"当是五帮之外的有实力商号。

在澄汉宫中从祀的天后画像正上方悬有"有求则应"匾，时间为"乙酉年冬月"，"叶和利敬奉"，"叶和利"很可能是福建帮人士。孔子则没有悬匾，也无圣像，只在神龛上写有"德孔子"三字，即越南语"Đức Khổng tử"的汉字拼写，这是越南语的语法，并非汉语。

澄汉宫中福建帮敬奉匾额远没有广东众帮多，当和"广东帮东邑沐恩弟子郑德就敬酹"敬献的"帝德广恩"匾有所关联，"郑太公玖（注：于明永历九年乙未八日生）雷洲县人，因不堪胡虏侵忧之乱（注：于辛亥年十七岁）越海投南"[2]，郑玖即广东人，其后裔协助阮主，支持阮福映建国，在越南声威极盛，嘉隆十七年郑公榆命部将武世营作《河仙镇叶镇郑氏家谱》记历代先祖之事[3]。而另一批在郑玖之前南投的华人将领也是自广东而来：

己未三十二年（1679，黎熙宗永治四年，大清康熙十八年），夏五月，大明国广东省镇守龙门

---

1 黄兰翔：《华人聚落在越南的伸植与变迁：以会安为例》，《亚太研究论坛》第26期，2004年12月，第162、177页。

2 ［越南·阮朝］武世营：《河仙镇叶镇郑氏家谱》，河内：世界出版社，2006，第93页。

3 参见李庆新《郑氏河仙政权（港口国）与18世纪中南半岛局势》，《暨南学报》2013年第9期，第1~13页；《东南亚的"小广州"：河仙（"港口国"）的海上交通与海洋贸易（1670~1810年代）》，《海洋史研究》第7辑，社会科学文献出版社，2015，第145~169页。

水陆等地方总兵官杨彦迪、副将黄进，镇守高、雷、廉、登处地方总兵官陈胜才、副将陈安平等率领兵弁门眷三千余人、战船五十余艘，投来京地，思容沱灢二海港。奏报称大明国逋播臣为国矢忠，力尽势穷，明祚告终，不肯臣事大清，南来投诚，愿为臣仆。[1]

前来会安经商的清人来往多次，应该已经知晓明香人大多是广东人后裔，故而广东众帮在关帝庙—澄汉宫中敬奉匾额，以示亲近。福建帮则没有这层乡土关系，且另在福建会馆主祀天后，因此在澄汉宫中的表现没有广东众帮积极。

三 越南士人与澄汉宫

1592年，后黎朝成功复国，史称"中兴黎朝"，但在内部形成了南阮北郑两大权臣势力。1627年，南北开战。中兴黎朝在郑主的把持下，于永佑六年（1740）以关公从祀武庙："定武庙祀制。尊武成王正位，孙武子、管子以下十八人，分两庑祀之，以陈朝兴道王国峻从祀，又别立庙祀汉关公。"

闰七月，"定武成、关公二庙祀礼。春秋二祭，以仲月上戌日，给民户一邑供奉"[2]。关圣帝庙—澄汉宫所在的会安虽由割据南方的阮主管辖，但名义上仍属于中兴黎朝。就现在澄汉宫所存碑、匾来看，没有广南阮氏官员的参与，由此可推断阮氏对郑主的行为应该没有理会。但后黎朝崇祀关公影响了官员，并在澄汉宫中留下了痕迹。

澄汉宫关公正殿门首上方悬有三块诗匾，从右至左排列，右边第一块是《题关夫子庙》诗，"时景兴三十六年（1775）乙未端阳节"，作者是"赐辛亥科进士、特进金紫荣禄大夫、奉参左将军、入侍参从户部尚书、知东阁兼知中书、兼国史总裁、大司徒致仕起复、□军营□□、春郡公、阮俨希思甫书"（图11）。

图11 阮俨《题关夫子庙》诗

---

[1] ［越南·阮朝］郑怀德：《嘉定城通志》卷三《疆域》，第200页。

[2] 陈荆和：校合本《大越史记全书》续编卷三，东京大学东洋文化研究所，1986，第1100页。越南南北分裂之后，中兴黎朝的赴华使臣皆由郑氏派出，使臣沿途要经过三国历史发生的多个场地，且加上《三国演义》在中越的流传，中兴黎朝和郑氏的关帝崇奉很可能是效法中国，未必如会安一样由华人带来。

中间第二块是《奉随平南茂务经会安甫题关夫子庙诗》，最后写"赐庚戌科进士、奉侍日讲添差知侍内书写工番东阁大学士汪士琠庚和左将军参芝尊贵台元韵"；接着是另一首诗，写"赐癸未科进士翰林院侍读粤轩阮令宥左将军参芝尊贵台元韵"。最后是"皇越景兴三十六年乙未夏孟敬题"（图12）。第三块是《关夫子庙赞》，题"景兴乙未之夏左将军鸿鱼居士题"（图13）。

图12　汪士琠与阮令宥和阮俨诗

图13　阮俨《关夫子庙赞》

这显然是阮俨《题关夫子庙》诗后，汪士琠与阮令宥和阮俨之诗，阮俨又撰写一篇四言赞。阮俨（1708~1775），号宜轩，字希思，别号鸿鱼居士[1]，是中兴黎朝著名的学者、政治家，除了诗文集，另撰史论著作《越史备览》。1765年，阮武王薨，幼子继位，权臣张福峦擅权。1771年乂安省阮氏兄弟起兵，攻打阮氏，此即西山阮氏兄弟。北方的郑主郑森趁阮氏内忧外患之机，由大将黄五福率军南征，于1774年攻陷顺化，进而攻占会安等地[2]，1776年黄五福病死军中[3]。《大越史记全书》续编记载景兴三十六年（1775）十月："先是，王还，留俨协赞五福征南，寻以病召回，卒于所居里，年六十八"[4]。阮俨就是在协助黄五福南征的短暂时间内到达会安，并留下《题关夫子庙》诗和《关夫子庙赞》两篇作品。阮俨题诗在夏天，不久因病召回，十月即辞世。但阮俨所称"关夫子庙"，并非明香人所称的"关圣帝庙"，也非中兴黎朝所称的"关公"，这一称号实来自中国。俞樾《茶香室续钞》卷十九有《关夫子之称起于明季》条：

国朝王夫之《识小录》云：汤义仍集于主考，但称举主某公，可见滥称老师，万历中年后之末俗也，崇祯末年乃有夫子之称。尤可笑者至以关侯与孔子同尊。[5]

民间称关公为夫子，显然是与科举考试有所关联。"关夫子"虽非官方褒封之号，但传播极广，清代广东即刻有多通"关夫子庙"碑[6]。中兴黎朝极重科举功名，故阮俨亦尊称"关夫子"。阮俨的诗以及汪士琠与阮令宥的和诗均是颂扬关公的忠义神圣，但《关夫子庙赞》有所不同：

天眷西谷，笃生神武。炎祚式微，匪躬之故。桃园一叙，兄弟君臣。左周右旋，历坎履屯。北魏东吴，三分鼎足。匹马单刀，帝汉于蜀。赤精一线，冲漠可高光旧物，唾手重恢。匪直也勇，匪直也智。忠义流光，千秋仰止。阙宫有侐，遗像有严。默扶我越，赫赫炎□[7]。

---

1 〔越南〕郑克孟：《越南名人字号词典》，河内：社会科学出版社，2012，第193、321~322页。

2 〔越南〕陈重金：《越南通史》，戴可来译，商务印书馆，1992，第253~257页。

3 陈荆和：校合本《大越史记全书》续编卷之五，第1184页。

4 陈荆和：校合本《大越史记全书》续编卷之五，第1183页。

5 原北平木斋图书馆藏光绪十一年（1885）刻本。

6 程存洁：《明清时期广州关夫子庙与十三行行商》，《广州文博》，文物出版社，2011，第193~240页。

7 □为挂钩遮住。

阮俨这篇赞十分精彩,"默扶我越,赫赫炎□"体现了大越国士人的身份和愿望[1]。关帝前保炎汉,后"扶我越",是北南共奉的圣神,神灵威严,跨越国界。

越南士人对关帝的礼敬又体现在殿内对联上。殿内现在的对联除了南下清人敬奉的之外,大多是越南官员士庶奉赠,时间也恰好都是在明命八年以后,兹列几联如下:

联一:绍治□□□□
　　　一点丹心存北史
　　　千秋义气壮南疆
　　　沐恩举人现任大安县
知县张增演拜
联二:嗣德辛未年春
　　　达旦扶炎忠贞自古
　　　祈晴祷雨灵应至今
　　　广南省臣仝拜日

"一点丹心存北史"即关公乃是中国史书人物,"千秋义气壮南疆",指其义气刚烈保卫南疆之越南,这一联即是阮俨"默扶我越"思想的延伸。这两副对联都是阮朝将关公列入祀典之后,阮朝官员集体或个人所敬奉,显示关公已经成为越南的护国神灵,保境安民。

四　结语

关帝祭祀是明清两代确立的官方祀典,在周边国家产生了很大的影响。明清之际南下会安的华人立庙祭祀关公,其后裔落地生根,成为广南阮氏政权编户齐民的"明香社",他们不断重修关圣帝庙,但既不使用清朝年号,也不使用越南后黎朝的年号,而以"龙飞"年号表示自己的故国情怀[2]。南下的清代华人到达会安之后,虽在政治上与明香人有所区别,但在信仰上则迅速取得一致,在关圣帝庙中敬奉匾额,以示自己的崇敬之情,来自广东的郑德就甚至以此昭示自己与明香人郑玖家族的同宗之谊。

北方的郑氏在永佑六年(1740)以关公从祀武庙。因阮氏内忧外患,1775年北方攻占顺化,协赞军务的阮俨在会安关帝庙留下了诗、赞各一篇,认为关帝已经是护佑本国平安的神灵。阮朝建立之后,将关帝列入祀典,明命八年改关圣帝庙为"澄汉宫",之后重修庙宇皆称此名,明香人经过100多年的在地化发展,故国之思已经逐步远去,开始使用阮朝年号。来会安的清人则继续在澄汉宫敬奉匾额,光绪甲辰年五帮会馆联合奉匾,达到高峰。

1　参见叶少飞《越南古代"内帝外臣"政策与双重国号的演变》,《形象史学研究》2016上半年,人民出版社,2016。

2　2017年8月笔者在甘肃省张掖市大佛寺见到一通石碑,书"大清龙飞光绪九年岁次癸未夷则月上浣谷","龙飞"实为皇帝御极的常用语,但明遗民在海外的特殊环境中弃用清朝年号,则具有了特殊的政治意义。

会安澄汉宫的碑铭匾联呈现了明香人、南下清朝人、中兴黎朝官员（实际分为南阮和北郑两个政权）、阮朝官员在关帝敬奉过程中的统一与差异。关帝既是海外华人超越明清政治分裂、体现故国情怀的纽带，也是越南中兴黎朝和阮朝官员士庶崇奉的护国神灵，中越两国共四个朝代、五个政权的官民黎庶对关帝的崇拜在澄汉宫中得到了超越空间与时间的和谐统一。

四

考古与文献

历史时期河西野生动物及环境变迁

■ 闫廷亮（河西学院）

位于甘肃西部的河西走廊地区，由于特殊的地理位置及其与周边地理环境的特定关系，历史上曾是举世闻名的丝绸之路黄金地段，又是拱卫秦陇的门户和开拓西域的桥头堡，自汉以来，备受中原王朝及各割据政权的重视和青睐，各王朝及割据政权在积极推行军政建设的同时，充分利用当地特殊的自然条件，因地制宜，大力发展农牧经济，使之成为西北重要的特色鲜明的战略经济区。然而，在历代大规模开发经营的同时，本区脆弱的自然环境也发生了极大的变化，由此产生了一系列环境问题，一定程度上制约了经济社会的可持续发展[1]。一个时期以来，河西地区生态环境的历史变迁问题曾引起学术界的高度关注，学者们从历史地理的角度，对本区森林植被的分布与破坏、河流与湖泊的变迁、城镇与绿洲沙漠化、气候变化等一系列重要问题，进行了卓有成效的研究，取得了丰硕的成果[2]，为河西环境变迁史研究奠定了良好的基础。但迄今为止，对衡量这一特定区域生态变迁的重要方面——野生动物种群与分布的历史变化等，还缺乏专门系统的研究[3]。随着生态环境史研究的逐步深入，该领域诸多研究表明，野生动物资源的丰富性与多样性，是判断一个地区自然生态环境好坏的重要标准。"在一个确定的地理区域中，野生动物种类及其种群数量的变化，不仅属于生态变迁的一个重要方面，而且也是对生态变迁的总体反映。"[4]

1　闫廷亮：《古代河西走廊环境问题初探》，《甘肃高师学报》2001年第3期。
2　这方面最具代表性的成果当推李并成的系列文章及专著：《河西走廊历史地理》，甘肃人民出版社，1995；《河西走廊历史时期沙漠化研究》，科学出版社，2003。
3　成果仅见王子今《简牍资料所见汉代居延野生动物分布》，《鲁东大学学报》2012年第4期；杨蕤《西夏环境史研究三题》，《西北第二民族学院学报》2007年第2期。
4　王利华：《中古华北的鹿类动物与生态环境》，《中国社会科学》2002年第3期。

因此，本文将在前人研究的基础上，梳理相关文献记载，结合考古资料，对历史时期河西野生动物（主要是具有生态标志性的动物）的生存状况做简要考述，从另一层面揭示河西生态环境的变迁历程。

一　史前河西的野生动物

位于西北内陆，地处黄土高原、青藏高原、蒙古高原和塔里木盆地几大地理单元延伸交错地带上的河西，地形独特、地貌多元。山地、平原、戈壁、沙漠连绵不断，森林、草原、湖泊、湿地相间分布，发源于南北两山大大小小的河流纵横其间。这样的自然地理特征，既与地带性的荒漠、半荒漠景观迥然不同，又并非简单的草原或森林草原面貌，而是呈现一种复杂的地带性的"绿洲景观"[1]，从而为动物的多样性提供了良好生态环境。

河西的史前时代大致包括了马家窑文化、半山文化、马厂文化、齐家文化、四坝文化、骟马文化、沙井文化等多种文化类型，时间约从公元前3100年延续至公元前500年。在这些文化遗存中，都不同程度地发现动物的骨骼和与之有关的实物。

如武威皇娘娘台齐家文化遗址中，有牛、羊、猪、狗、鹿等骨骼，除鹿为猎获的野生动物外，其余都是饲养的家畜。所出土的骨器416件，约占工具总数的1/2，其中很多即是野生动物骨骼制成的[2]。火烧沟四坝文化墓葬中也发现如狗、猪、牛、马、羊、鹿等骨骼，其中羊骨数量最多。此外，在四坝文化彩陶中还有不少绘有鹿、麝、羚羊等动物的纹饰[3]。沙井文化遗址中也出土有大量的动物骨骼、皮革制品，以及草原气息浓厚的青铜器物，如鹰头饰、鹿形饰、犬纹牌饰、涡轮形饰等[4]。而与之相应的是大量狩获工具，如石球、箭镞、箭链、弓弭、骨鱼钩等以及狩猎特征明显的大量细石器的出土。这表明，狩猎是当时人们不可或缺的谋生手段之一。狩猎的对象主要是鹿、麝、羚羊等陆地野生食草类动物。因此，只有一定数量的野生动物的生存，才能保障人们的基本生活需求。

史前河西野生动物的情况亦可从河西发现的几处岩画中得到生动的反映。据推测创作相对年代为春秋战国至秦汉时期的甘肃永昌牛娃山岩画群，内容丰富，有野生动物、畜牧、骑射等多种画面。画面又多以各种野生动物个体或群体动物形体出现，间或出现群居觅食、与狼搏斗等场景。

1　参见李并成《河西走廊历史时期沙漠化研究》，第141页。

2　甘肃省博物馆：《武威皇娘娘台遗址发掘报告》，《考古学报》1960年第2期。

3　甘肃省博物馆：《甘肃省文物考古三十年》，文物出版社，1979，第142页。

4　甘肃省博物馆文物工作队：《甘肃永登榆树沟的沙井墓葬》，《考古与文物》1981年第4期。

动物有野牦牛、北山羊、大头羊（盘羊）、鹿、单峰驼、双峰驼、狼、虎、狗、盘蛇等，其中野羊、绵羊、鹿、牦牛居多，占全部画面的60%以上[1]。被认为可能是羌族、大月氏或匈奴早期的文化遗物的嘉峪关黑山岩画[2]，刻绘大量野驴、野马、野骆、赤鹿、马鹿、梅花鹿、水鹿、毛冠鹿、麋鹿、驯鹿、獐、野牦牛、瘤牛、剽牛、黄羊、岩羊、滩羊、盘羊、北山羊、大角羊、鹅喉羚、藏羚、斑羚、原羚、野猪、虎、豹、雁、鹰、天鹅、石鸡、乌鸦、鱼、鳖、兔、狼、豺、蟒蛇、狍、狐、獾、狮、熊、草蜥、虎鼬、跳鼠、松鼠等野生动物，种类多达60余种，并有许多射猎、围猎动物和放牧羊、马、牛等家畜的画面[3]。此外，祁连山、合黎山、马鬃山的其他部分山谷也发现了不少此类岩画。

从这些岩画反映的动物形象看，既有处于食物链上端的大型食肉动物如虎、豹、熊、狼、豺等，亦有食物链上比较低等的啮齿类动物，如兔、虎鼬、跳鼠、松鼠，更多的则是以鹿类、马、牛、羊、骆等野畜为代表的食草类动物。由此不难看出，河西的野生动物不仅种类繁多、分布广，种群数量亦相当可观。其中，鹿类、马、牛、羊、骆等野畜是人们猎取的主要对象和食物来源之一。野生动物的多样性，反映出这一区域优良的自然生态环境。这一时期，人们在进行原始农业、畜牧业和采集、狩猎的生产活动中，对自然资源的开发利用是初步的、小规模的，人与自然界维系着近乎自然状态的平衡[4]。

二 汉唐时期河西的野生动物及生态环境

西汉武帝时期，河西正式归入中原王朝的版图。鉴于河西隔绝羌胡，保秦陇、斥西域的重要军事地理位置，西汉王朝通过设郡置县、移民实边、修筑边塞、驻军屯守等措施，开启了大规模开发经营河西的序幕。历经东汉、三国魏晋南北朝至隋唐的经略，河西地区的生产生活方式、经济形态、居民结构等都随之发生了根本性的变化，河西也逐渐成为西北经济较为发达的重要经济区，人与自然的互动进入一个更为频繁的时期。

这一时期，历史文献中有关河西野生动物的记载不多，难以进行数量上的统计，只能就一些具有生态标志性的野生动物的情况做简要考察。

---

1   甘肃省文物考古所、永昌县博物馆：《甘肃永昌牛娃山岩画调查与研究》，《考古与文物》2007年第3期。

2   胡戟：《"丝绸之路"考察纪程》，《西北历史资料》1981年第2期。

3   参见嘉峪关文物清理小组《甘肃地区古代游牧民族的岩画——黑山石刻画像初步调查》，《文物》1972年12期；甘肃省博物馆《甘肃嘉峪关黑山古代岩画》，《考古》1990年第4期。

4   李并成：《河西走廊历史时期沙漠化研究》，第141页。

（一）野马

野马是现今已濒于灭绝的大型陆地食草动物，原"产于我国甘肃西北部和新疆附近地区及准噶尔盆地，蒙古亦产"[1]。历史时期，河西广袤空旷的无人区曾是野马和诸多有蹄类野生动物栖息的乐园。早在西汉，居延汉简就有"☐野马除☐"（50.9），"☐即野马也尉亦不诣迹所候长迹不穷☐"（E.P.T8:14），"☐野马一匹出珍北候长皆☐"（E.P.T43:14）等记录。汉武帝时遭刑发配至敦煌屯田的南阳人暴利长，曾在敦煌西南的渥洼水边套得"神马"[2]，成为史记猎获河西野马的第一人。至唐代，敦煌文书P.2005《沙州都督府图经》还记载敦煌甘泉水（今党河）上游仍"曲多野马"[3]。

因野马体型俊美，马皮部位差大，前后身厚薄不同，十分耐磨，防水性好，是优质的皮革加工材料，故唐代"野马革"成为河西各地的土贡产品。《唐六典》卷三《户部郎中员外郎》陇右道厥贡"甘、肃、瓜、凉等州野马皮"[4]。《元和郡县图志》卷三九《陇右道下》：武威、张掖、酒泉、敦煌贡"野马皮"[5]。《新唐书》卷四〇《地理志四》：凉州武威郡、瓜州晋昌郡、甘州张掖郡、肃州酒泉郡土贡"野马革"[6]。特别是《通典》卷六《食货六》还列出河西各郡开元贡的数量，如武威郡贡"野马皮五张"、张掖郡贡"野马皮十张"、酒泉郡贡"野马皮两张"[7]。由此可见，这一时期野马在河西各地不仅均有分布，而且有相当的种群数量。

此外，历史时期，野马与野驴分布于同一地区[8]。因此，河西地区也应有相当数量的野驴、野骡子等马科动物生存。

（二）野骆驼

汉唐文献中骆驼被称为"橐驼"，《汉书·司马相如传》："其兽则麒麟角端，騊駼橐驼。"颜师古曰："橐驼者，言其可负橐囊而驼物，故以名云。"[9]野骆驼主要分布于西北荒漠和半荒漠区域，河西走廊西南部和

1　辞海编纂委员会编《辞海》（缩印本），上海辞书出版社，1980，第1965页。

2　郑炳林：《敦煌地理文书汇辑校注》，甘肃教育出版社，1989，第45页。

3　郑炳林：《敦煌地理文书汇辑校注》，第5页。

4　（唐）李林甫等：《唐六典》卷三《户部郎中员外郎》，中华书局，1992，第69页。

5　（唐）李吉甫：《元和郡县图志》卷三九《陇右道下》，中华书局，1983，第1019～1026页。

6　（宋）欧阳修等：《新唐书》卷四〇《地理志四》，中华书局，1975，第1044页。

7　（唐）杜佑：《通典》卷六《食货六》，中华书局，1988，第118～119页。

8　高行宜等：《野马分布区的近代变迁》，《干旱区研究》1989年第2期。

9　（汉）班固：《汉书》卷五七《司马相如传》，中华书局，1962，第2556页。

北部马鬃山及额济纳旗地区是其现今主要栖息地之一。[1] 关于历史时期河西野骆驼的信息，居延汉简中就有"见塞外有野橐佗"，"出塞逐橐佗"，"得橐佗一匹"（229.1，229.2）；"追野橐"（E.P.T5:97）等记录，这说明野驼是当时边塞戍卒常见的野生动物。至唐宋，相关文献中仍有其零星记述，如《本草纲目》引北宋马志等编《开宝本草》曰："野驼、家驼生塞北、河西。"又引北宋苏颂《嘉祐本草》曰："野驼，今惟西北番界有之。"[2] 不过，从其记述看，野骆驼的活动范围似比汉代已大为缩小。

（三）野牦牛

牦牛即牦牛，甘肃西北部地区曾是野牦牛的主要产地之一。《西夏书事》卷三载："牦牛生西羌，似牛而尾甚长，毛可为翿，异产也。"[3]《天盛律令》亦载："牦牛在焉支山、贺兰山两地中，焉支山土地好，因是牦牛地。"[4] 焉支山是祁连山一支脉，位于河西走廊峰腰地带甘凉交界处，"东西百余里，南北二十里，亦有松柏五木。其水草美茂，宜畜牧"。优越的自然环境，为牦牛等野生动物提供了良好的生存条件。不仅牦牛是人们肉食的重要来源，而且牦牛尾是古代用于制作象征权力和地位的旌、旄、缨帽、拂尘及车辇装饰的贵重材料。敦煌文书P.3547《沙州上都进奏院上本使状》就记载晚唐归义军节度使张淮深向朝廷进贡"牦牛尾一角"[5]。曹议金遣使入朝谢赐旌节官诰的贡物名录中亦有"牦牛尾"[6]。P.2005《沙州都督府图经》在描述甘泉水上游河谷概况时亦云此地"美草""曲多野马、牦□"[7]，说明这一时期河西还有野牦牛生存。

（四）鹿类动物

鹿类动物是野生动物界一个庞大的家族，也是古代人们主要的捕猎对象和重要的食物来源之一，曾广泛分布于我国北方的广大地区。河西也是鹿类动物的产地之一，《太平寰宇记》卷一五二《陇右道三》载：凉州番和县南山（祁连山）"出赤鹿，足短而形大如牛，肉千斤"[8]。居延汉简和

---

1 参见文焕然《历史时期中国野骆驼分布变迁的初步研究》，《湘潭大学学报》（自然科学版）1990年第1期。

2 （明）李时珍：《本草纲目·兽部》卷一五"驼"条，人民卫生出版社，1975，第2786页。

3 （清）吴广成撰《西夏书事》卷三，甘肃文化出版社，1995，第32页。

4 史金波等译《天盛改旧新定律令》，法律出版社，2000，第577页。

5 唐耕耦、陆宏基编《敦煌社会经济文献真迹释录》第4辑，全国图书馆文献缩微复制中心，1990，第367页。

6 《册府元龟》卷一六九《帝王部·纳贡献》，中华书局，1960，第2036页。

7 郑炳林：《敦煌地理文书汇辑校注》，第5页。

8 （宋）乐史：《太平寰宇记》卷一五二《陇右道三》，中华书局，2007，第2939页。

敦煌汉简中有多处提到作为边塞戍卒食品的"鹿脯""鹿蒲"等[1]，即鹿肉制成的肉干。甘肃省高台县许三湾发现的魏晋墓画像砖，有许多形态各异的鹿类形象，其中的"牧鹿图"集中表现一放鹿的情景，画中一人怀抱牧鞭在旁看护，有15头鹿分层布局画中，6头施红，9头施墨，或卧或立，形态各异。这说明这一时期河西已开始有了人工养殖的鹿。唐代，河西的鹿类制品被列为土贡产品。《唐六典》和《元和郡县图志》记载瓜州晋昌郡开元贡"吉莫皮"[2]。据学者考证，吉莫皮是一种野生鹿皮加工的高档皮草，用于制作唐人流行的"吉莫靴"[3]。又《新唐书·地理志》记载，甘州张掖郡土贡"麝香"[4]，且品质上乘，故《本草纲目·兽部》曰："麝出西北者香结实，出东南者谓之土麝，亦可用，而力次之。"[5]由此可知，这一时期河西鹿类动物还有相当的数量。

除上述几种具有生态标志性的野生动物，河西野生动物的情况还可从另一些材料中得到大体的反映。敦煌文书S.2009《官衙交割什物点检历》记有："狂皮七张，狼皮九张，野狐皮八张，☐朽皮四勒，牦牛尾两株，豹皮一张，熊皮两张，大虫皮一张，狮皮一张，狢子皮一张，鹿皮八张，马皮三张半，牛皮八张，赤皱皮一张。"[6]文书中所列野生动物大多显然都是在当地猎取的。敦煌莫高窟壁画里亦有很多动物的形象，仅对北朝32个洞窟的调查，有动物画的洞窟计19个，约占全部北朝洞窟的60%。这些画面涉及不同的动物，能辨识者就有狮、鹿、虎、蛇、羊（包括青羊、大头羊等野羊）、猿（或猴）、狗、马、狐、兔、野猪、象、牛（包括野牛、牦牛）、驴、骆、狼、豹、天鹅、鸽、鹰、雁、孔雀、鹦鹉、鸭、鸡、鹤、鱼鹰以及蚯蚓、蛤蟆等30余种[7]。其中，除狮、猿、象、孔雀是来自西域的形象，其余大都是敦煌及附近地区动物的真实写照。

汉唐以来，伴随人类活动范围的扩大和经济开发的不断推进，人们对本区的地理环境有了更广泛的认识，反映在文化上，出现许多以野生动物命名的地方。据河西各地方志记载，武威境内有黄羊川、黄羊渠、黄羊镇、狼沟墩；镇番境内有狼跑泉

---

[1] 王子今：《简牍资料所见汉代居延野生动物分布》，《鲁东大学学报》2012年第4期。

[2] （唐）李吉甫：《元和郡县图志》卷三九《陇右道下》，第1028页。

[3] 参见王虎、杨艳庆《外来词"吉莫靴"小考》，《浙江树人大学学报》2012年第3期。

[4] （宋）欧阳修等：《新唐书》卷四〇《地理志四》，第1045页。

[5] （明）李时珍：《本草纲目·兽部》卷五一"麝"条，第2867页。

[6] 唐耕耦、陆宏基编《敦煌社会经济文献真迹释录》第3辑，第54页。

[7] 刘玉权：《敦煌莫高窟北朝动物画漫谈》，《敦煌学辑刊》第1集，1980年。

山、狼槽湖、野潴湾、野马泉；永昌境内有野马川、矮鹿泉、鹿泉、狼洞口墩、獾猪子墩；古浪境内有狼牌山、野马墩、白虎岭、黄羊川、黄羊坝、青羊水、黑居羝湖；张掖境内有羚羊山口、羚羊谷、青羊口、野马川、虎喇害口；高台境内有狼窝湖、狼路口墩、野马泉墩、兔儿墩；肃州境内有鸳鸯湖、兔儿坝、老鹳窝坝、鸭子渠、大青羊墩、小青羊沟墩、野猪沟墩、野牛沟、神马泉、兔泉等。透过这些形象的地名，我们不难想象当时河西野生动物的多样性，亦可看出这一时期这些动物的地理分布。当然，这些地名中最多的是与黄羊（青羊、羚羊）、野马、鹿、狼等有关，反映出这些野生动物可观的种群和数量规模。

当然，一个不可否认的事实是，这一时期随着人类经济活动的日益频繁，对自然的无序开发在一定程度上已影响到野生动物资源的可持续利用。因此，从遵循自然节律的朴素观念出发，政府也颁行了一些有关"时禁"的法令规定。最值得一提的就是敦煌悬泉置遗址泥墙上保存的汉平帝元始五年（5）颁布的《四时月令诏条》（272号），其中有依据不同季节动物生长繁育规律实施保护的详细规定[1]。这些诏令是否在河西得到长期有效的执行，我们难以得知。但就诏令制定本身而言，正说明长期以来人们对动植物资源处于无序的或无节制的开发利用。这样，必然会导致某些野生动物种群数量的减少，栖息活动地的缩小，甚至逐渐消亡。从上述有限的信息看，汉唐时期河西野生动物的生态环境也正在经历着这样的一个变迁过程。

三 明清时期河西野生动物的地理分布及变迁

明清时期，河西在经历了长期混乱动荡后，进入了一个统一、相对稳定的时期。随着人口的大量增加，新一轮大规模的开发又渐次展开。伴随着开发力度的不断加大，其对自然环境的影响也愈来愈深，河西境内野生动物的生态环境也发生了显著变化。关于这一时期河西野生动物的情况，在各地所编纂的地方史志中有较为详尽的记录（表1）。

表1内容，大体反映了明清时期河西陆生野生动物的种类及分布状况。对于地处西北内陆干旱半干旱地区的河西而言，野生动物的种类还是较为丰富的。正如史志所赞："其产物有青羊、獐鹿、狡兔、黄羊，含疑赤狐，反顾白狼，牦牛奔驰，野马超骧。亦有名鹰迅击，鸷鸟飞扬，沙鸡振羽，野鹳跳跄，鸿雁乌鹊，属玉鸳鸯。"[2]此地"珍禽异兽，种类至繁，其奇形怪

---

1 胡平生、张德芳：《敦煌悬泉汉简释粹》，上海古籍出版社，2001，第192~199页。

2 乾隆《甘州府志》卷一三《艺文上》，甘肃文化出版社，1995，第575页。

表1　方志所载河西陆生野生动物（兽类）

方志名称	成书年代	卷号	陆生野生动物（兽类）	地域
《肃镇华夷志》	明万历四十四年（1616）	卷二《物产》	虎、熊、豹、驴、野羊（青羊、羚羊、黄羊）、野猪、狐、狍、鹿、獐、兔、狼、野马、野牛、蛤蚧	今酒泉市全境和高台县一部分
《重修肃州新志》	清乾隆二年（1737）	《肃州志·地理·物产》	野马、野牛、野驼、黄羊、青羊、大头羊、野猪、豪猪、刺猬、野猫、虎、熊、獐、鹿、狼、狐、猞猁、火狐、鹿、兔、獭、鼠	今酒泉市全境和高台县一部分
《五凉全志》	清乾隆十四年（1749）	第一卷《武威县志·地理·物产》	虎、豹、熊、鹿、麋、獐、麝、麂、黄羊、羱羊、青羊、哈喇不花（旱獭）、狐、狼、猬、兔、鼩鼠、硕鼠、青鼠	今武威市凉州区
《五凉全志》	清乾隆十四年（1749）	第二卷《镇番县志·地理·物产》	狐、狼、草猞猁狲、土豹、獾猪、青羊、黄羊、野马、兔子	今武威市民勤县
《五凉全志》	清乾隆十四年（1749）	第三卷《永昌县志·地理·物产》	黄羊、挑羊、羱羊、青羊、牦牛、黄鼠、苦木鼠、鹿、狐、狼、石貂、土豹、獐、兔	今金昌市永昌县
《五凉全志》	清乾隆十四年（1749）	第四卷《古浪县志·地理·物产》	典羊、他卜剌花、兔	今武威市古浪县
《甘州府志》	清乾隆四十三年（1778）	卷六《食货·物产》	鹿、麝、麋、獐、狼、狐、兔、土豹、野马、野骡、野牛、青羊、黄羊、挑羊、羱羊、羚羊、猬、鼠、田鼠、苦木兀儿鼠、他卜剌花	今张掖市全境

状，往往有为《茆经》所不载，《山海》所未道者"[1]。表面看来，这一状况似与前代大体相似，但从一些具体的记述，我们仍可看出这一时期野生动物生态环境的变化。如史志所记："虎，深山中或有之，近边无。""野猪，猎者偶得之。"猞猁、火狐"不多得"[2]。虎、豹、熊"间有"[3]。"野马，产者少。"[4]"他卜剌花，似獾，重四五斤，今俱少见。"[5]等等。这说明这些动物种群数量已大大减少，活动栖息地也在不断缩小。与之相关联的，是这一时期河西"狼灾"的频繁发生。据《肃州新志》载："狼，口外牧场多，伤人畜，皮可为褥。同治年间逆回叛乱后，复遭狼灾。道里村庄

1　民国《新纂高台县志》卷二《物产》，收入《高台县志辑校》，甘肃人民出版社，1998，第204页。

2　民国《肃州新志校注》，中华书局，2006，第112页。

3　乾隆《五凉全志》卷一智集《武威县志》，甘肃人民出版社，1999，第32页。

4　乾隆《五凉全志》卷二智集《镇番县志》，第200页。

5　乾隆《甘州府志》卷六《食货·物产》，第230页。

皆有，时入民室，噬犬豕驴只，并至伤人。有成军三营由高台赴肃，行至双井堡，遇狼百余。众以铳击之不退。忽咆哮大噪，须臾聚数十万，四面搏噬，几为所困。至次日始散。爵督相左驻节平凉时，虑为民害，尝悬赏格猎之。并虔诚告神，害少止。肃城复后，每夜营外尚叫成群。又，逆首马四等枭示，患遂绝。"[1]"狼灾"的频繁发生并非绝对意义上狼的种群数量增加导致，而恰恰在很大程度上是由于狼的食物链发生危机，其所捕食的野生动物数量减少，觅食困难，才从口外渐至走廊腹地道里村落，盗食家畜乃至袭击人。

造成这种变化的原因，一方面是人们的滥猎行为仍然持续不断，如史载："野马，皮可为裘，金塔北山上常百十为群，不易获猎者，多为所害。""野牛，大者重千斤，黑色。来则成群，炮击、矢射不易擒获。""黄羊，形如獐，黑角，土黄色，性痴，见人走避，复来觇视，故猎者易得。"[2]更主要的是另一方面，大规模的开发不断由走廊绿洲向山区纵深深入，祁连山林草的破坏益趋加剧，大面积的山林资源毁之迨尽[3]。这不仅造成野生动物栖息活动地越来越小，影响了动物种群的数量，甚至造成某些动物的逐渐灭绝。至近代，以河西野马为代表的一批珍稀野生动物的消亡，正是这一变迁过程的最终恶果。

四 小结

通过对历史时期作为衡量河西生态环境变化重要指标的野生动物资源的考察，我们可以看出，在河西这样一个特殊的地理单元中，野生动物资源呈现丰富多样而又脆弱的特点。从史前至唐宋相当长的历史时期内，基本上保持了一种相对稳定的生态。但明清以来，这种状态已开始发生较大变化，一些具有生态标志性的动物已到了濒临灭绝的境地。这一状况，与河西森林草原、绿洲河湖的变迁相映衬，全面反映了河西生态环境的变迁过程。

1　民国《肃州新志校注》，第112页。

2　民国《肃州新志校注》，第111～121页。

3　参见李并成《河西走廊历史时期沙漠化研究》，第177～182页。

从周之都
——隋唐洛阳城"天下之中"空间设计的创制与播迁

■ 于志飞（中国文化遗产研究院）　　王紫微（北京大学）

一　从隋氏东都到神都明堂

位于今河南省偏西的伊洛河谷北依邙岭、南眺万安、西拒崤山，东南毗邻中岳嵩山。西周时，周公"复卜申视，卒营筑，居九鼎焉。曰'此天下之中，四方入贡道里均'"[1]，赋予了此地特殊的地理地位。平王东迁，又在此立都500余年。自东汉确立儒学治国以来，历代王朝几乎都视"周制"为本朝制度所本，争相建都于此，以成"正统"。隋建都以前的南北朝时，都城在其东，即今所称"汉魏洛阳城"，亦周代始建，一度为周敬王至慎靓王共11代居所。西汉初，此城短暂为都，东汉以后正式立都曰雒阳。此后曹魏、西晋相继使用。晋室南迁不久后北魏孝文帝即迁洛，更建外郭城，遂又复兴。彼时南北朝廷对峙，不但北魏自以定都洛阳而得正朔之位，南朝政权更每每声称"收复"洛京。北魏分裂后，城又废，然而北周甫一统一北方，立即再欲重建。在近年发掘的北魏宫室建筑基址中，发现多存在北周修葺的痕迹[2]，可见北周王朝已有迁洛或至少设立"东都"之意。代北周立国的隋王朝新造东都，正是历代传统的延续。

仁寿四年（604），隋文帝下诏于此地建"东京"，当年文帝崩，隋洛阳城实建于炀帝大业元年（605）。方位赋予了其特殊的礼制意义，东都城设计者宇文恺在大兴城确立的"隋文新意"规制基础上，有意参照相邻的东周王城确定了其方位与规模，以宣示这座城市继承了周

---

[1] （汉）司马迁：《史记》卷四《周本纪》，中华书局，1950，第133页。
[2] 中国社会科学院考古研究所洛阳汉魏故城队：《河南洛阳市汉魏故城太极殿遗址的发掘》，《考古》2016年第7期，第63～78页。

的传统[1]。然而东周王城毕竟是一座与汉儒整理的《周礼·考工记》所载理想化"王城"并不完全符合的城市，甚至差异颇大，如何将现实中的"王城"与理想化的"王城"相结合，也令宇文恺颇费心机。《考工记》谓"方九里，旁三门，九经九纬"，描述的王城图景是一座正方城市，宫殿居中，纵横各有九道大路，宋聂崇义《三礼图》形象地展现了其形象（图1）。隋东都宫为一座方700步的正方空间，而外围皇城与宫城是一座方1400步的正方空间，二者皆以乾阳殿为几何中心，这一局部区域颇具《考工记》描述的王城格局特征。

《元和郡县图志》载"（洛阳宫）北据邙山，南直伊阙之口，洛水贯都，有河汉之象，东去故城一十八里。初，炀帝登邙山，观伊阙，顾曰'此非龙门邪？自古何因不建都于此？'仆射苏威对曰：'自古非不知，以俟陛下。'帝大悦，遂议都焉。其宫室台殿，皆宇文恺所创也，恺巧思绝伦，因此制造颇穷奢丽"[2]。可见隋东都中轴线之确立，乃是南对龙门伊阙而来。然而这一轴线并非南北子午正向，而是由伊阙向北而西偏约6度，颇似有意设计。在东周王城偏转影响之外，若以乾阳殿为中心将此轴线扭转90度，则其向东正指向汉魏洛阳故城南郊包括明堂、辟雍、灵台的礼制建筑群；向西则指向隋大兴-唐长安城的空间核心——大兴宫（唐太极宫）。可见隋东都城方位朝向的确立，乃是基于对地理空间大势的认知，有意使其方位与自然形胜（龙门伊阙）、往昔都城（汉魏洛阳）、当世都城（京城大兴）建立起空间的有机方位关联，由此建构起作为"天下之中"的国家地理中枢空间。以乾阳殿为中心的十字基线为基础，形成了隋唐洛阳城的"四正"方位。而若将此十字基线分别顺、逆时针旋转45度，则东南指向外郭城东南角，西南指向自雍州秦岭逶迤而来的洛水，东北指向储藏自大运河运来长江流域所产粮米的含嘉仓城西北角与回洛仓城西南角，西北指向黄河禹门附近。禹门为黄河出晋陕高原而入运城-临汾-关中盆地之

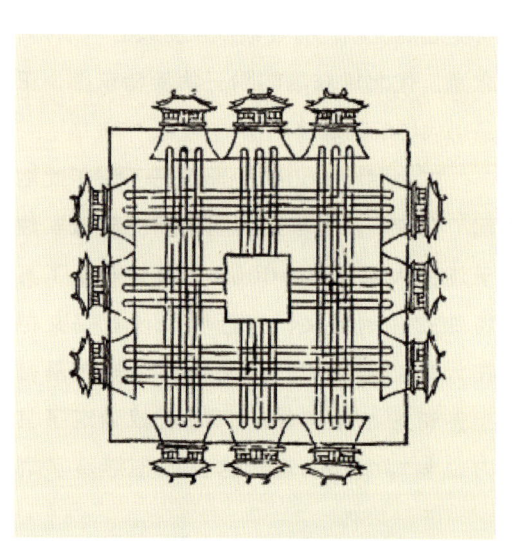

图1 宋聂崇义《三礼图》"王城图"

---

1 于志飞：《隋唐都城尺度设计方法新探》，《中国文物科学研究》2012年第4期，第71～77页；于志飞、王紫微：《"拟古"与"溯古"——论隋唐两京空间设计中的文脉意识》，《形象史学研究》2015上半年，人民出版社，2015，第76～88页。

2 （唐）李吉甫撰《元和郡县图志》卷四《河南道》，贺次君点校，中华书局，1983，第130页。

图2 隋东都城定位设计分析

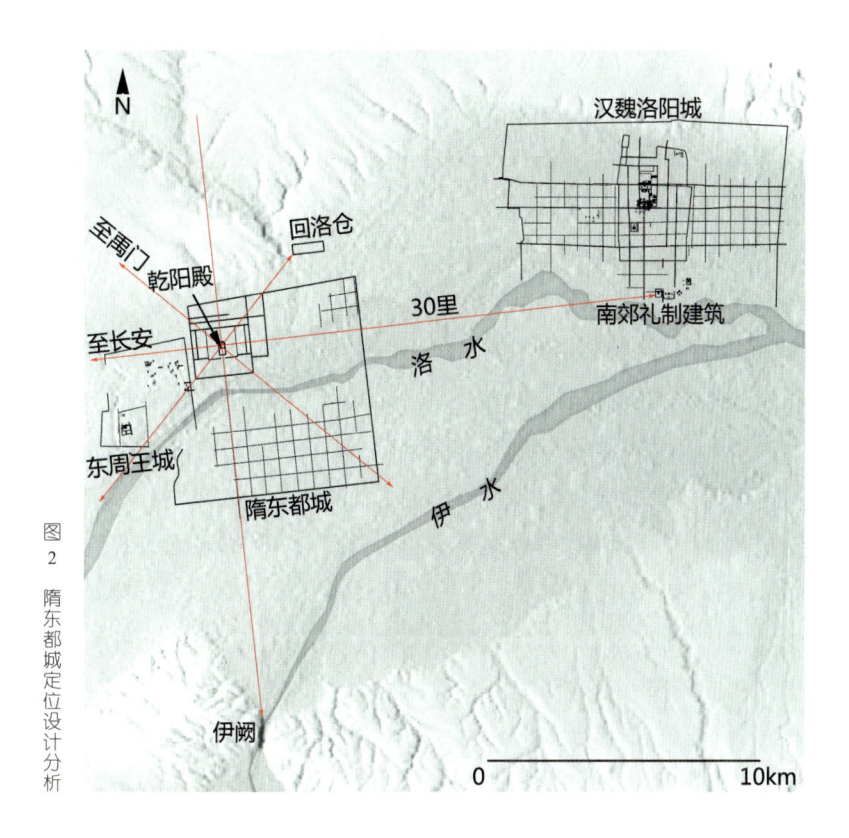

口,《三才图会》云"禹门,《禹贡》龙门也,亦曰禹门渡,云两山石立,河出其中,广百步,世谓禹鏧。所谓三月鱼上渡而为龙也"[1],是一重要的历史、自然景观节点与交通要隘。由此形成了辐射八方的八道基线,正契合洛阳作为"天下之中""八关四塞"的国家中枢空间地位。因而虽其宫城偏居东北,却在地理大势上仍有"居中"的空间效果(图2)。

这种八向空间暗合史书多次出现的"八纮"地理空间观念,乃是国家一统概念的指称。如"地广三代,威振八纮""六合八纮,同文共轨""握录图而驭黔首,提万善而化八纮"[2]。化"八纮"的抽象"天下观"为具体的城市设计,正是隋代"东都"作为"天下之中"的理想空间,这是宇文恺超越建筑"奢丽"表象的更高境界的绝伦巧思。在单体建筑设计上,稍早于隋的北周王朝即已"宪章姬周,祭祀之式,多依仪礼",其所建"方丘""在国阴六里

---

[1] (明)王圻、王思义辑《三才图会》地理八卷,万历三十七年刻本,第416页。

[2] (唐)魏徵:《隋书》卷四《炀帝纪》、卷五七《薛道衡传》、卷六九《袁充传》,中华书局,1973,第95、1411、1612页。

之郊。丘一成，八方，下崇一丈，方六丈八尺，上崇五尺，方四丈。方一阶，尺一级。其壝八面，径百二十步，内壝半之"[1]，乃是一座八角平面的建筑。唐永淳二年（683）高宗封禅嵩岳前夕议定的"禅祭坛"为"上饰以金，四面依方色，为八角方坛，再成，高一丈二尺，每等高四尺。坛上方十六步，每等广四步，设八陛"[2]。元至大年间朝廷议北郊祭祀制度时，博士李之绍、蒋汝砺上书提及唐代的北郊坛也是"八角三成"[3]。可见以八边形象地，是北周以来按"周制"确立的传统。

公元618年，李渊代隋称帝，国号曰唐，立都大兴并更名长安。东都被废为洛州，直至高宗显庆二年（657）方再称东都，恢复了都城地位。此后，隋东都的八方辐辏规划特质，便以明堂的建立为契机而再兴。隋至初唐，朝廷曾多次议立明堂，皆因其制度未定而作罢。唐高宗时，经永徽二年（651）、三年（652）详议及乾封二年（667）、三年（668）两次颁诏，确定了较为详细的明堂形制方案，引人注意的是其八边形的形制："基八面，象八方。按周礼，黄琮礼地。郑玄注：琮者，八方之玉，以象地形，故以祀地。则知地形八方。又按汉书，武帝立八觚坛以祀地。登地之坛，形象地，故令为八方之基，以象地形。"[4]这一记载明示了"八边"的意义是象地之形，与"八纮"的地理空间方位观相契合，八边形在反复议论明堂制度的这十余年中逐渐成为主流形制。

垂拱四年（688），武后下令于洛阳宫中建造明堂："毁东都之乾元殿，就其地创之。四年正月五日，明堂成。凡高二百九十四尺，东西南北各三百尺。有三层：下层象四时，各随方色；中层法十二辰，圆盖，盖上盘九龙捧之；上层法二十四气，亦圆盖。亭中有巨木十围，上下通贯，栭、栌、橑、榱，藉以为本，亘之以铁索。盖为鸑鷟，黄金饰之，势若飞翥。刻木为瓦，夹纻漆之。明堂之下施铁渠，以为辟雍之象。号万象神宫。"[5]这座明堂遗址今已被全面发掘，位于隋唐洛阳宫的几何中心略偏南处，"基址平面呈八边形，仅存底部夯土基础部分。由内而外由六周八边形夯土组成"[6]。其下则叠压着较早的一座方形巨大殿址，正与"毁乾元殿，于其地作明堂"相符，可见为明堂无

1　（唐）魏徵：《隋书》卷六《礼仪志》，第115页。

2　（后晋）刘昫：《旧唐书》卷二三《礼仪志》，中华书局，1975，第889页。

3　（明）宋濂：《元史》卷七二《祭祀志》，中华书局，1976，第1784页。

4　（后晋）刘昫：《旧唐书》卷二二《礼仪志》，第857页。

5　（后晋）刘昫：《旧唐书》卷二二《礼仪志》，第862页。

6　石自社：《河南洛阳隋唐城明堂和天堂遗址的发掘》，《中国文物报》2011年4月15日，第4版。

疑。这座明堂不但位置由传统所在的南郊移至宫中,更是不惜"毁乾元殿"而建,可见意义特殊。武后正式称帝后的证圣元年(695)在洛阳明堂举行了隆重的"列鼎"仪式:

> 其年,铸铜为九州岛鼎,既成,置于明堂之庭,各依方位列焉。神都鼎高一丈八尺,一千八百石。冀州鼎名武兴,雍州鼎名长安,兖州名日观,青州名少阳,徐州名东原,扬州名江都,荆州名江陵,梁州名成都。其八州鼎高一丈四尺,各受一千二百石。司农卿宗晋卿为九鼎使,都用铜五十六万七百一十二斤。鼎上图写本州岛山川物产之像,仍令工书人著作郎贾膺福、殿中丞薛昌容、凤阁主事李元振、司农录事钟绍京等分题之,左尚方署令曹元廓图画之。鼎成,自玄武门外曳入,令宰相、诸王率南北衙宿卫兵十余万人,并仗内大牛、白象共曳之。则天自为曳鼎歌,令相唱和。[1]

"一丈八尺"的神都鼎,统御着各依方位布置的"一丈四尺"八州之鼎,列布于明堂空间,配合着八角形的明堂置于都城宫中,确立了武周神都"国家空间中枢"意义,显然是在宇文恺东都城设计思想基础上的再度创作(图3)。

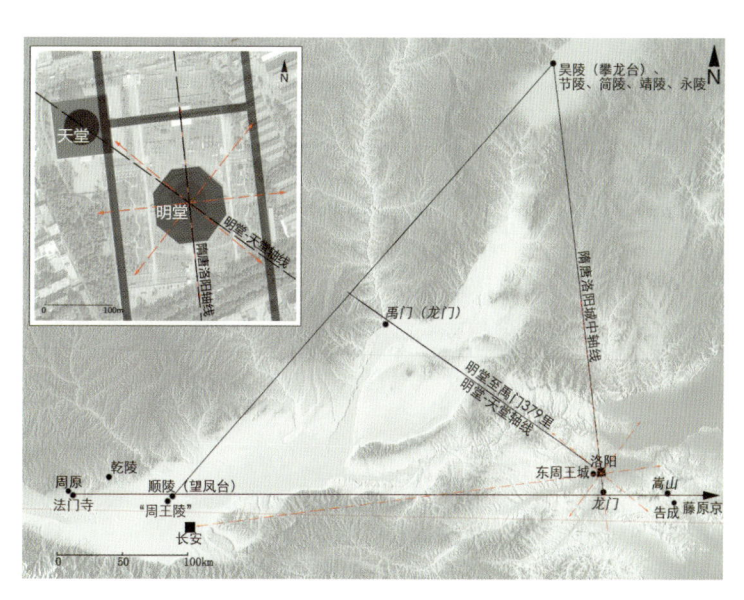

图3 武周明堂、天堂及宫庙陵墓地理空间关系分析

---

1 (后晋)刘昫:《旧唐书》卷二二《礼仪志》,第867~868页。

二　从武氏陵墓到神都天堂

武后称制、称帝时期，追尊武氏先祖为皇帝、皇后并造陵墓、宗庙，进行了一系列礼制改革活动，独树"周"制，以革唐鼎。文明元年（684），追谥父武士彠为太师、魏王，母杨氏为魏王妃；永昌元年（689），追尊父为忠孝太皇、母为忠孝太后，"以文水墓（武士彠墓）为章德陵，咸阳墓（杨氏墓）为明义陵"[1]；天授元年（690）"立武氏七庙于神都。尊周文王为文皇帝，号始祖，妣姒曰文定皇后；武王为康皇帝，号睿祖，妣姜曰康惠皇后；太原靖王为成皇帝，号严祖，妣曰成庄皇后；赵肃恭王为章敬皇帝，号肃祖，妣曰章敬皇后；魏义康王为昭安皇帝，号烈祖，妣曰昭安皇后；祖周安成王为文穆皇帝，号显祖，妣曰文穆皇后；考忠孝太皇为孝明高皇帝，号太祖，妣曰孝明高皇后……以始祖冢为德陵，睿祖为乔陵，严祖为节陵，肃祖为简陵，烈祖为靖陵，显祖为永陵，章德陵为昊陵，明义陵为顺陵"[2]；长寿二年（693），"追尊烈祖昭安皇帝曰浑元昭安皇帝，显祖文穆皇帝曰立极文穆皇帝，太祖孝明高皇帝曰无上孝明高皇帝"[3]。

武士彠昊陵（章德陵）在武氏祖籍、今山西文水县北南徐村附近，并有武士彠以上四代祖先的节陵、简陵、靖陵、永陵。此五陵虽因地貌变迁而难觅地面踪迹，但南徐村则天庙，史载至明代仍露于地面的"攀龙台碑"（武士彠墓碑），附近章多（音近"章德"）村、大陵庄、武陵村村名皆是明证。近年南徐村东因村民挖沙而发现了两尊高近3米的盛唐石狮，并列坐西向东，当为昊陵遗物。察文水陵区方位，正在神都洛阳中轴北延近300公里处，这应是对西汉高祖长陵定位以汉都长安轴线、唐太祖永康陵定位以大明宫轴线这一历史传统的继承，以此手法，建构起武周王朝的"宗法之轴"。

杨氏顺陵（明义陵）在陕西咸阳洪渎塬，至今仍存有封土、门阙及巨大的石刻。《大周无上孝明高皇后碑铭并序》载杨氏"以其年庚午闰九月辛丑朔廿一日辛酉，迁座于雍州咸阳县之洪渎原郑恭王（杨氏之父）旧茔之左"。洪渎塬乃秦王汉帝、北周隋唐贵胄聚葬之地。武曌称帝后改墓称陵，但不改其地，其决定性因素当为此地与武氏国号"周"渊源颇深。顺陵附近有多座墓冢被传为"西周王陵"，据冢前清代碑刻，周陵镇北战国秦王陵被认

1　（宋）欧阳修等：《新唐书》卷七六《则天武皇后列传》，中华书局，1975，第3480页。

2　（宋）欧阳修等：《新唐书》卷七六《则天武皇后列传》，第3481～3482页。

3　（宋）欧阳修等：《新唐书》卷四《则天皇后本纪》，第93～94页。

为是周文王、武王陵；镇南汉渭陵王皇后陵被认为是周康王陵、镇西汉平陵王皇后陵被认为是周成王陵、镇西南战国秦王陵被认为是周共王陵。《魏书》地形志"咸阳郡"条记"石安，石勒置。秦孝公筑渭城，名咸阳宫。有四皓祠、安陵城、杜鄠亭、窦氏泉、周文王祠"[1]，由此地所出北周墓志推知"石安县"即周陵镇一带。宋开宝六年（973）《大宋新修周武王庙碑》记"我皇所以览虎观之史籍，披职方之图志，丰邑故地，得其旧陵。因命守臣，躬往省视：乃曰陵寝如故，而荒榛之路弗禁于樵探；庙宇甚陋，而牲牢之奠无闻于俎馔……"碑立于宋初，并称已有"庙宇"，结合《魏书》"周文王祠"记载，则见唐时应已有周陵之说。顺陵陵地之延续，当因其地正为武氏追尊的"祖先之陵"所在。虽然武周之国号初源于武士彟被追封为周国公，但咸阳塬上鳞次栉比的"周王陵"，无疑契合了武曌的礼制需要。顺陵陵园规划有内、外两重空间，内垣墙围合而成的空间方约280余米，象征性的"外城"东门、西门石狮间距约866米，南门、北门石狮间距约926米，按唐陵门狮与陵门间距多20余米的规则，顺陵外城深广约为东西816米×南北876米。而其西南的"周文王陵"与"周武王陵"，据勘探其也规划有内、外两重垣墙，内重东西236.5米×南北422米，外重东西528米×南北833米。二者虽时代迥异，而空间形制与规模却极为相似。据"周王陵"勘探简报，其"部分保存较好的围墙在现代耕土层下即已暴露出来"[2]，因此其墙在唐代应尚清晰。顺陵的规划，尤其是武后称帝后扩建时，当有意比照了"始祖文皇帝""睿祖康皇帝"陵墓的规制。

在垂拱四年营造明堂的同时，武后"又命怀义作夹纻大像，其小指中犹容数十人。于明堂北起天堂五级以贮之，至三级则俯视明堂矣"[3]。天堂的位置颇为特殊，"位于明堂遗址的西北155米，处于宫城轴线区域西侧，是一处方形台基上有五重圆形承重基础的建筑基址……基址仅存台基基础，其东面与宫城西步廊相连，北面与东西向步廊房相接，西面有砖铺散水并有宽4.33米的东西向步廊与其他建筑相连"[4]。从考古遗迹看，天堂位于宫中步廊的交接转角处，更在中央殿廷廊院西外侧，不但位置不正，且周围空间逼仄，方形的台基甚至侵入了东回廊，颇与天堂巨大的体量、隆重的地位不相匹配，令人费解。不惜破坏原有宫殿的完整格局也要将天堂选址此

---

[1] （北齐）魏收：《魏书》卷一〇六《地形志》，中华书局，1974，第2608页。

[2] 陕西省考古研究院等：《咸阳"周王陵"考古调查、勘探简报》，《考古与文物》2011年第1期，第3～10页。

[3] （宋）司马光：《资治通鉴》卷二〇四《唐纪二十·则天顺圣皇后》，中华书局，1956，第6455页。

[4] 石自社：《河南洛阳隋唐城明堂和天堂遗址的发掘》，《中国文物报》2011年4月15日，第4版。

处，可见武后应有别样的意图。今将神都天堂、明堂连线向西北延伸，恰好交于昊陵、顺陵连线中点附近。结合二陵区墓主的家族关系、营造历史及昊陵、顺陵在武周时代又名攀龙台、望凤台的对仗式名谓，推测武周明堂、天堂的方位设计，意在使明堂-天堂形成的新轴线，成为父母之陵的方位对称轴，以达到完整构建武周王朝宗法空间的目的。这种空间布置方式，有似于古代帝王宗庙、陵墓礼制所重的"昭穆"秩序，其在空间上的典型表达是中为第一代"祖位"、两侧分别为第二代"昭位"与第三代"穆位"，《旧唐书·礼仪志》对于唐宗庙"左昭右穆"规则有明确记载。然而若用这种规则审视武周陵墓，发现处于"昭位"的是武曌父族，处于"穆位"的是武曌母族。这种特殊的方位布置，推测是因武曌以身为女性而登帝位，在按照以男系相传为基础的儒家宗法制度布局皇室陵墓过程中产生矛盾时采取的一种折中手法。即"祖位"为神都洛阳，其所指即"天"本身。上元元年（674）"秋八月壬辰……皇帝称天皇，皇后称天后"；载初元年（689）春正月"神皇亲享明堂，大赦天下……神皇自以'曌'字为名，遂改诏书为制书"；证圣元年（695）"秋九月，亲祀南郊，加尊号天册金轮圣神皇帝，大赦天下，改元为天册万岁"；神龙元年（705）春正月，武氏退位后徙居上阳宫，"戊申，皇帝上尊号曰则天大圣皇帝"[1]。洛阳宫中新建的巨大圆形建筑也名曰"天堂"，内供巨大佛像，联系武则天曾在登基前造《大云经》宣称自己为弥勒佛转世，则建造天堂时，已将"天"与"佛"视为一体，称己为"天""佛"合一的化身。以此手段，有意树立自己成为"宗法权威"与"人间权威"的合体。因此，武周的陵寝"昭穆"是因地制宜、不拘成规，以"天"为祖，以"远祖"及母族陵区为"右昭"，以父族近祖陵区为"左穆"，建构起武周女系特殊的"宗法秩序"。较方形建筑，八边形的明堂与圆形的天堂更具有方位引导的灵活性，在附会古典的同时，便于实现武周都城-陵墓空间布局的多重深意，因而能够在整体空间方位营造中起到更加微妙的作用。而明堂-天堂基线较明堂延向东北方的基线略偏于南，更精确地直指于黄河禹门。关中-运城-临汾盆地空间在地理大势上有如拱卫洛都的巨大羽翼，中央则有黄河出禹门奔涌直下，咸阳、文水陵区正在两翼之上。武曌利用此地作为明堂、天堂轴线延伸的具象空间节点，以达到彰显其陵寝规划"化家为国"的目的。（图3、图4）

---

[1] （后晋）刘昫：《旧唐书》卷五《高宗本纪》、卷六《则天皇后本纪》，第99、120、124、132页。

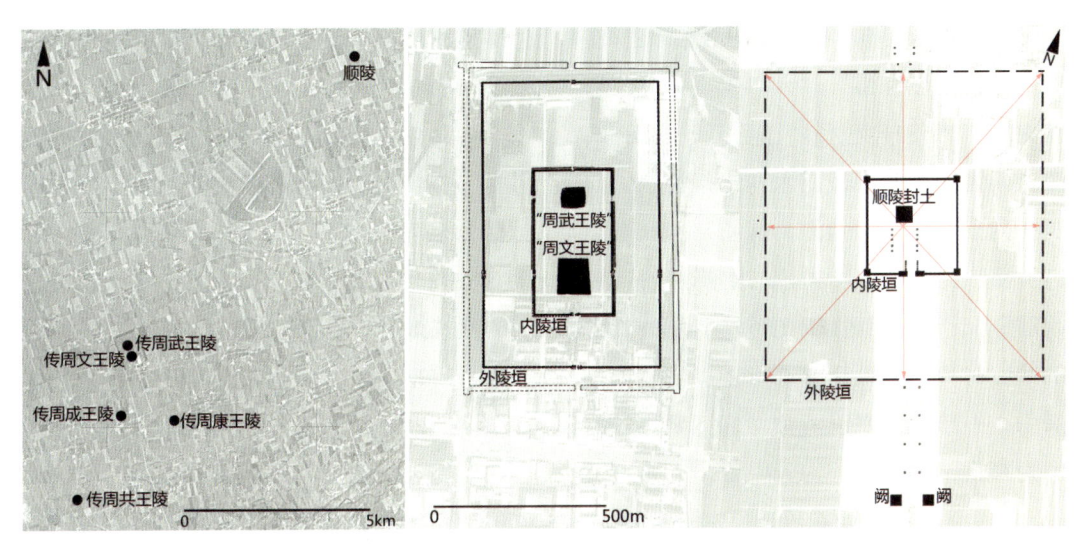

图4 顺陵附近传"周王陵"布局及同一比例尺下"周陵"陵园与顺陵陵园格局比较

三 从奉先嵩岳到法门周原

隋唐洛阳城轴线南指伊阙龙门处有唐奉先寺石窟，内雕巨大的卢舍那及阿难、迦叶、菩萨、力士像。石窟约开凿于咸亨三年（672），武曌追尊父母为太原郡王及王妃、葬杨氏于洪渎塬均在高宗咸亨元年（670），石窟开凿之时，上距武则天母杨氏去世19个月。据题记，武曌为造此窟捐助脂粉钱两万贯，比照"奉先"之名及其主尊卢舍那摹武后面容而作的传说，这处寺院很可能是武曌为父母"追冥福"所建。考察其宏观空间方位更可进一步确证——由文水陵区而来穿神都洛阳的中轴线、自咸阳顺陵（约北纬34°28'）向正东皆指向奉先寺（约北纬34°33'），此寺建造的"追福"深意可明。

伊阙正东则为嵩山（北纬34°26'~34°34'），此山因地处中原核心而自古被赋予了特殊的国家空间中心地位。嵩山南麓告成镇有"周公测影台"，传为周公测定"天下之中"所在。"日至之景尺五寸，谓之地中，天地之所合也，四时之所交也，风雨之所会也，阴阳之所合也。然则百物阜安，乃建王国焉"[1]，此"地中"即被认为在嵩山一带。"时天后自封岱之后，劝上封中岳。每下诏草仪注，即岁饥、边事警急而止"[2]。垂拱四年（688），武后开始为正式登基做准备："庚午，毁乾元殿，作

---

1 （后晋）刘昫：《旧唐书》卷三五《天文志》，第1303页。
2 （后晋）刘昫：《旧唐书》卷五《高宗本纪》，第111页。

明堂"；"五月庚申，得宝图于洛水。乙亥，加尊号为圣母神皇"；"六月丁亥朔，日有食之。得瑞石于氾水。七月丁巳，大赦，改宝图为天授圣图，洛水为永昌洛水，封其神为显圣侯，加特进，禁渔钓。改嵩山为神岳，封其神为天中王、太师、使持节、大都督"。称帝后更是不遗余力地提升嵩山的地位："则天证圣元年（695），将有事于嵩山，先遣使致祭以祈福助，下制，号嵩山为神岳，尊嵩山神为天中王，夫人为灵妃。嵩山旧有夏启及启母、少室阿姨神庙，咸令预祈祭。至天册万岁二年（696）腊月甲申，亲行登封之礼。礼毕，便大赦，改元万岁登封，改嵩阳县为登封县，阳成县为告成县。粤三日丁亥，禅于少室山。又二日己丑，御朝觐坛朝群臣，咸如乾封之仪。则天以封禅日为嵩岳神祇所佑，遂尊神岳天中王为神岳天中皇帝，灵妃为天中皇后，夏后启为齐圣皇帝；封启母神为玉京太后，少室阿姨神为金阙夫人；王子晋为升仙太子，别为立庙。登封坛南有槲树，大赦日于其杪置金鸡树。则天自制升中述志碑，树于坛之丙地"[1]。1982年5月，在祭祀中岳的封祀坛边石缝中发现武则天久视元年（700）所投"除罪金简"，内容为"大周国主武曌好乐真道，长生神仙，谨诣中岳嵩高山门，投金简一通，乞三官九府，除武曌罪名。太岁庚子七月甲申朔七日甲寅，小使臣胡超稽首再拜谨奏"。种种事例说明，嵩山是武则天借以树立"正统"地位、祈求佑护的主要场所。

周公于嵩山确立的这一"尺五寸""地中"位置正西，则过顺陵而直抵传藏"佛指舍利"的法门寺（约北纬34°26'），而法门寺西北约7.5公里处，就是周文化的发祥地——周原。不但传周太王陵在周原，周祖后稷为姜嫄踏巨人足迹而生的传说，更为"周"蒙上了一层女系色彩。因这两重特质的影响，武后对寺藏"佛骨"更加供养有加。显庆四年（659）高宗诏将佛骨迎入长安宫中，半年后移至洛阳宫中，直至龙朔二年（662）方才送归。其间献绢一千匹，施所寝衣帐等，并为舍利造金棺银椁，数有九重，雕镂穷奇。这一时期也建成法门寺四层木塔，后几经扩建而成"瑰琳宫"二十四院的宏大规模。久视元年（700）四月，有胡僧奏请武则天启法门寺地宫供养佛骨舍利，但因侍郎同凤阁鸾台平章事狄仁杰力谏而未成。长安四年（704）冬，西京大荐福寺主、华严宗祖法藏在内道场说到岐州舍利是阿育王灵迹，武氏特命凤阁侍郎崔玄暐与法藏、文纲等到法门寺迎奉佛指舍利入宫供养。次年正月十一日，舍利入神都洛阳。神龙元年（705）十一月，武氏病逝于洛阳上阳宫，直到景龙二年（708）初，中宗才派律僧文纲等送舍利往无忧王寺（法门寺别称）入塔。

1　（后晋）刘昫：《旧唐书》卷二三《礼仪志》，第891页。

顺陵处于东有奉先嵩岳、西有法门周原的"镇护"空间之中，暗示了崇佛奉周的武曌将母陵选址于此处的另一重深意。其既近周王之陵，又与嵩山同一纬度，测影可得"尺五寸"（1.5尺），便与武后树立武周地位的意图更加暗合。以故顺陵迥异于唐陵，设计为两重正方空间，除却仿象"周陵"，亦有比附《考工记》王城格局的意味，以使其更具"周"之特质。

四　从难波藤原到飞鸟陵墓

按《日本书纪》记载，6世纪末至7世纪初的日本推古女帝时期，"大王"家族的绝对性统治地位尚未确立。摄政的圣德太子颁布"冠位十二阶""宪法十七条"，欲建立以"大王"为中心的集权政体，并派出遣隋使前往大陆王朝。然而直至圣德、推古离世后，苏我氏豪族势力仍继续在舒明帝、皇极女帝时期把持朝政。公元645年，以中大兄（舒明之子）与中臣镰足刺杀苏我入鹿、苏我虾夷自焚、苏我家族覆灭为标志，豪族势力终于遭到重创。皇极女帝退位，其弟孝德帝改元大化，当年十二月宣布迁都难波。公元647年制定"冠位十三阶"，两年后又制定"冠位十九阶"，规定官员每日须到宫中朝参，仿照大陆确立了中央集权体制，并决定在难波营造新宫。三年后新宫落成，即今所称的难波宫，成为日本中央集权体制下营造的第一座宫室。翌年，继舒明帝之后派出第二次遣唐使，后年又派出第三次遣唐使，此后直至公元669年的17年间，共7次派出遣唐使。

如同隋唐两京宫室确立的中轴对称形制一样，难波宫也具有明确的南北正向中轴线，其主体自南向北为朝堂院、内里殿院、内里。朝堂院为群臣议政之所，位置、用途颇似大陆王朝南北朝时期的朝堂、中书省等中央官署机构空间。内里殿院主体为内里前殿、内里后殿，前殿为帝王临朝听政空间、后殿为帝王寝殿，显然是模仿了大陆王朝"前朝后寝"制度。特殊之处是，在内里殿院东南、西南角之外各有一院对称布局，院内各有一八角形建筑基址。有研究者以其与时代相近的法隆寺梦殿、兴福寺南圆堂形制相似，认为是对佛教中须弥山形象的模拟。但观其位置特殊，当与当时政治文化更加相关。中央集权的体制预示着列岛统一国家意识的形成，王都空间的设计又紧密关联于政权运作。在唐文化密集输入的时代，这一空间设计思想有很大可能是源自大陆"八方之基，以象地形"的概念，以寓意列岛一统于"大王"朝廷。

公元654年，孝德帝崩，皇极女帝重祚，称齐明。国都复迁回飞鸟旧宫之地，再建的宫室名"后飞鸟冈本宫"，这座宫室虽然规模小于难波宫，然而体现律令国家宫室体制的格局要素却也如难波宫般一应俱全，暗示着大化改新确定下来的国家体制正在巩固延续。公元661年齐明女帝崩，中大兄摄政期间颁布了《近江令》，继续巩固大化改新成果，中大兄后即位为天智帝。天智崩后，子大友与弟大海人争位，史称"壬申之乱"。大海人于公元

672年即位为天武帝，其宫仍在齐明帝后飞鸟冈本宫，更名为"飞鸟净御原宫"，格局不改。

天智时期与大陆间的"白江村之战"失利以后，天武帝意欲加速推进建立完善的律令制国家，在制定"飞鸟净御原令"、编制户籍的同时，着手全面营造大陆都城式的"新益京"，即今所称藤原京。天武的继承者持统女帝（天武之妻）即位后，这一计划得以全面完成。新都城呈现出更为显著的大陆特质：宫选址于具有"四象"意义的"大和三山"环抱空间中，有明确中轴线，以大极殿为中心，前置朝堂官署，后置内里，宫外布置里坊以居臣民。宫殿屋顶也一改此前传统的草葺为大陆技术的瓦葺，意欲不再遵循此前宫殿屡迁的旧制，使之成为一座永久性的都城，以象征律令制国家的确立。但与大陆长安、洛阳有别之处是，里坊围绕宫城四面布置，使宫城居于整个京城的中心，而非居于中轴北端，整个城市较大陆具有更强烈的向心式格局特征。更可注意的是其外廓边长约5.3公里，正合隋唐十里。以方一里为一坊之地，则城中恰为"九经九纬"，与《考工记》同；以四坊为宫室规模，则一同东都洛阳，可见这着实为一座较大陆王朝都城更为刻意地比附《周礼》描述的"王城"。藤原京的位置，也恰好与大陆"中岳"嵩山同处于北纬34°30′上下，与嵩山具有相同影长的藤原京之地，显然被赋予了列岛"天下之中"的意义。这进一步暗示藤原京很可能是根据遣唐使携来的《周礼》相关典籍，参照唐王朝当世都城设计而成。史料与考古发现显示，这一时期的日本朝廷更加积极地引进大陆天文技术与图像。据《日本书纪》，天武帝四年（675），日本建造了"占（瞻）星台"，这应是模仿了农业社会体制下的大陆君主掌握"天时"之传统。而藤原京南郊的同时期高松冢与キトラ古坟内则绘有与地理方位有关的"四神"，キトラ古坟内更发现了绘制精密的天象图，据研究，此图蓝本很可能是公元1世纪前后的长安、洛阳所见星空。以《周礼》为准设计的藤原京，正是在这样的历史背景下建设而成。

与藤原京的"地中"选址理念相配，持统时期的陵墓、祖庙布局，也与时当武曌秉政的大陆王朝高度契合。藤原京中轴线北延50余公里处为持统之父天智帝陵，有如神都轴线北延正对文水陵区。藤原京中轴线南延至城外不远处则是持统与天武合葬陵，陵东约75公里外临海处，则是持统帝时期确立二十年一次"式年迁宫"制度的皇室祖庙——伊势神宫。有研究者指出，持统帝强化伊势神宫及其中女性祖神"天照大神"的存在与地位，实际乃是在确立"天皇"家族神圣血统的同时以"女神"隐喻自身，以树立当世朝廷权威[1]。意在树立皇室"神性"的

---

1 〔日〕新谷尚纪：《伊势神宫と出云大社「日本」と「天皇」の诞生》，讲谈社，2009。

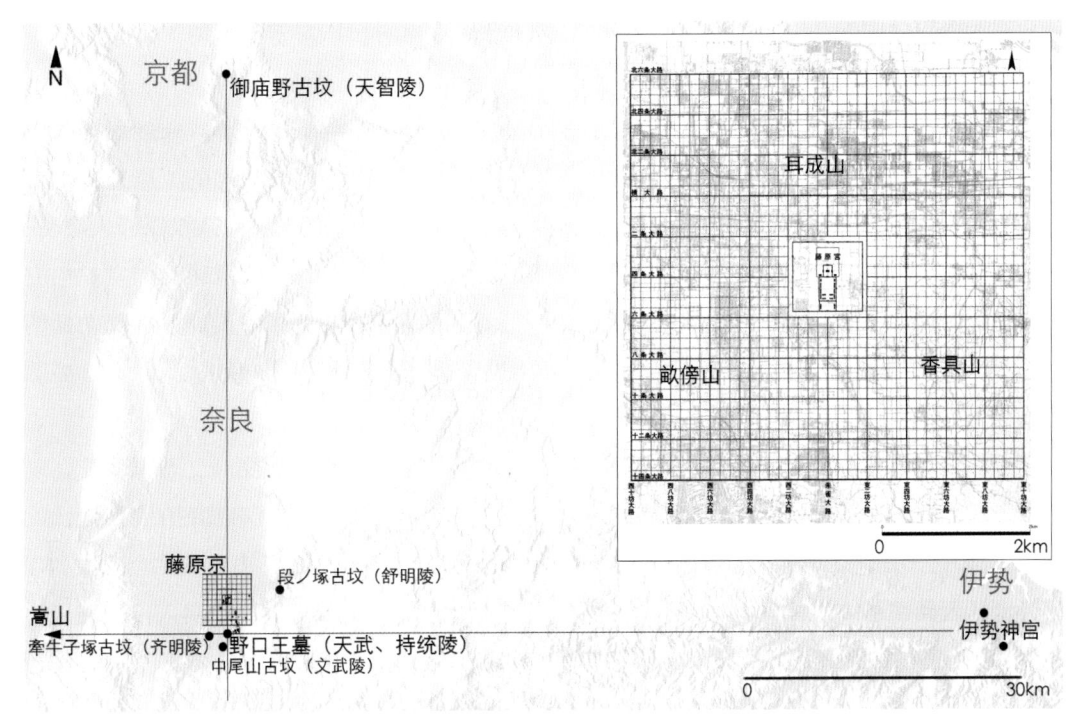

图 5 日本藤原京及相关陵墓、伊势神宫布局分析

《日本书纪》，也在天武、持统时期着手编写，甚至最新的研究表明，《日本书纪》中的神话部分很可能正是持统帝授意创造[1]。这种做法，有如武后授意编撰《大云经》，以宣称自己为"弥勒转世"，追奉周王为祖，以奉先寺向西直对具有女系特质的顺陵、"周王陵"、周原，以确立家族血统的宗法合理性。藤原城南中轴设置天武帝及自己的合葬陵墓，则如武后于神都城南龙门设隐喻自身的奉先大寺。因陵墓近京城，也有大陆王朝于城南设圜丘以祭天之意。其变坛为陵，以自身喻天，当是杂糅了大陆都城礼制空间设计的诸般特质而成（图5）。

大陆王朝发端于北周北郊坛而盛于武周明堂的八边建筑形制，也随着《周礼》的传播对日本朝廷影响日深。考古调查或发掘发现，这一时期的"天皇"陵墓也使用了八边形制，包括段ノ塚古坟（推测为舒明陵）、牵牛子塚古坟（推测为皇极－齐明陵）、御庙野古坟（推测为天智陵）、野口王墓（天武、持统陵）、中尾山古坟（推测为文武陵）。而当时的宫中正殿"高御座"据研究也使用了这一形制，则处于

---

1 ［日］森博达：《日本书纪成立の真実－书き换えの主导者は谁か》，中央公论新社，2011。

藤原宫大极殿之中的八边形"高御座",显然具有与武周神都明堂相合的空间象征意义。这种形制,意同大陆王朝高宗至武后时期的追尊各自先祖活动,很可能自孝德帝大化革新以来逐渐确立,并统一修成于"国家"与"皇统"概念加速强化确立的天武、持统时期。

1998 年,藤原京南部的飞鸟池遗址内出土了书有"天皇"字样的天武时期木简,是这一君主称号目前发现最早的文字实物,使得此前学界猜测的"天皇"称号始于天武朝又多了一重证据。天武即位后的第三年,大陆唐高宗称"天皇"、武皇后称"天后",令人猜测是不是大陆皇帝的新称号直接影响了积极引进大陆王朝文化、制度的天武朝廷,以"天皇"而代"大王"称号。而藤原京南郊一同大陆都城祭天"圜丘"之位的天武、持统合葬陵,似也可作为旁证。"天武"这一谥号,乃奈良时代淡海三船奉敕进上,以中国"武王伐纣"意指其在"壬申之乱"中消灭"暴君"大友皇子,反映了当时日本对于奉"周"为礼制之祖的大陆文化之追慕。

7 世纪后半叶唐洛阳城－武周神都的极盛时期,洛阳都城空间的《周礼》内涵与营造实践,给予了彼岸政权以极大启发,而武周以礼制建筑与陵墓建设的方式树立新王朝权威,也暗合了天武、持统朝廷的类似需要,因而终于形成了大陆王都的"镜像空间"。

孔子言"郁郁乎文哉,吾从周",以儒教为立国之本的东汉以降历代朝廷,的确将汉人整理的《周礼》视为制度之本。《周礼》记述的王城制度、周人传承的"地中"所在,也成为宣示"正统"的历代王朝在营国设计中孜孜以求的目标。以北周国号"从周"为先导,这种理念在隋唐洛阳城的设计与后续建设中被不断提及,以至扩展为武周时代的宗法空间建构,更远渡重洋、播迁海岛,定格为 7 世纪后期至 8 世纪初叶中日两国女帝时代独特的空间烙印。

新材料与北宋韩琦家族的历史"拼接"*

■ 仝相卿（河南大学）

学界对宋代家族史或家庭史的研究，在史料运用上重视墓志铭，是从20世纪90年代开始的[1]，现已形成相当丰富的成果[2]。就北宋韩琦家族个案而言，王曾瑜从起家、政治沉浮、家族迁徙、婚姻关系、教育及经济情况等出发，全面梳理了两宋相州韩氏家族的兴衰[3]；陶晋生以韩琦家族在北宋的婚姻和家庭情况为中心进行探讨，借以观察韩氏家族的运作和维持[4]；游彪深刻剖析了韩琦父亲韩国华墓志铭、神道碑等资料对韩国华形象的重新"塑造"[5]，以及韩琦对家族历史建构的曲折历程[6]。以上研究均为极具分量的作品。2012年7月，科学出版社出版了《安阳韩琦家族墓地》一书，收录了新出土韩琦家族成员墓志9方，其中6方为传世文献所无。新资料的问世无疑为韩琦家族史研究提供了新的契机，兹在已有研究基础上，结合宋代传世文献，对新出土墓志进行整理分析，以期对韩琦家族史及宋代墓志碑铭的研究有所助益。

---

* 本文为教育部人文社会科学青年项目"北宋墓志碑铭撰写研究"（15YJC770031）之阶段性成果。

1 张邦炜：《黄宽重〈宋代的家族与社会〉读后》，《历史研究》2007年第2期，第172页。

2 郭恩秀：《八〇年代以来宋代宗族史中文论著研究回顾》，《新史学》第16卷第1期，2005年3月，第125~157页；马雪、吉成名：《1991年以来宋代家族史研究述略》，《中国史研究动态》2007年第4期，第10~16页；粟品孝：《组织制度、兴衰沉浮与地域空间——近八十年宋代家族史研究走向》，《社会科学战线》2010年第3期，第81~87页。

3 王曾瑜：《宋朝相州韩氏家族》，载王曾瑜《锱铢编》，河北大学出版社，2006，第245~272页。

4 陶晋生：《北宋士族——家族·婚姻·生活》，台北：中研院历史语言研究所，2001，第245~267页。

5 游彪：《形象塑造：宋代士大夫的历史书写——以韩国华的碑铭和传记为例》，《史学史研究》2014年第4期，第22~32页。

6 游彪：《家族史的建构：宋朝士人阶层追寻的精神家园——以相州韩琦家族为例》，《北京师范大学学报》2017年第1期，第127~135页。

一 普安郡太君崔氏为韩琦之妾考

此次新出土韩琦家族墓志中，女性墓志有5方，4方为传世文献所无，非常值得关注，其中出土了韩琦夫人墓志2方，分别为"安国夫人崔氏墓志铭"和"普安郡太君崔夫人墓志铭"。孔德铭通过对新出土墓志铭的释读和分析，认为两位崔氏是韩琦的"夫人和二夫人"[1]。郑栋辉把安国夫人崔氏和普安郡太君崔氏墓志标题定为"韩琦初室崔氏墓志"和"韩琦继室崔氏墓志"[2]。实际上均不准确。

有关韩琦妻崔氏，韩琦熙宁八年（1075）六月去世之后，陈荐撰其墓志铭曰："（公）娶尚书工部侍郎崔公立之女，追封魏国夫人。柔嘉慈顺，治内事有法度，先公而亡，公之葬，祔焉。"[3] 知韩琦妻为尚书工部侍郎崔立之女，先于韩琦去世，在熙宁八年韩琦去世时追封魏国夫人。此次出土的安国夫人崔氏墓志中云："父立，方重有干略，为世吏师，位至工部侍郎致仕。夫人即侍郎之第五女也。"[4] 可知此安国夫人崔氏，即为韩琦去世之后追封的魏国夫人崔氏。

除安国夫人崔氏外，新出土《宋故普安郡太君崔夫人墓志铭》亦称其为韩琦夫人，其与韩琦之间关系究竟为何，值得深入讨论，为方便考察，现将此墓志重新录文如下：

> 宋故普安郡太君崔夫人墓志铭
> 　翰林学士承旨太中大夫知制诰兼侍读实录修撰骁骑尉南阳县开国男食邑三百户邓洵仁撰 /
> 　朝散郎试尚书工部侍郎兼详定一司敕令骁骑尉赐紫金鱼袋范坦书 /
> 　中大夫充显谟阁待制知拱州军州事充东辅马步军都总管轻车都尉赐紫金鱼袋孙鼛篆盖 /
> 　夫人崔氏，世为真定良家，少归 / 魏国忠献韩公，寔生粹彦，字师美。夫人始娠，一夕得异梦，以告忠献公。公曰 /："尔当有子而贵。"师美生十一岁而公薨，夫人抚视教育皆有法度。每以 / 忠献公平日居家事国忠孝之行以告戒之。故师美历仕在朝，以才 / 能称于时。绍圣中， / 哲宗皇帝召对便殿，称旨，遍谕二府嘉奖，命留为省官。夫人喜谓曰 /："主上褒遇甚厚，宜益尽节以图报

---

[1] 河南省文物局编著《安阳韩琦家族墓地》，科学出版社，2012，第71页。

[2] 郑栋辉：《〈全宋文〉所收碑志文补遗六篇》，《古籍整理研究学刊》2016年第5期，第50～56页。

[3] 河南省文物局编著《安阳韩琦家族墓地》，第96页。

[4] 河南省文物局编著《安阳韩琦家族墓地》，第97页。

图1　宋故普安郡太君崔夫人墓志铭

称。"师美自尚书吏部郎中出知陈州，迎奉夫人/之郡。夫人常以推行诏令恤民慎刑为戒，故师美在陈，政号循良。以师美/登朝，封仁寿县太君，/今上南郊，始得荫子，复请于朝，祈改封夫人普安郡太君，诏特从/之。夫人纯厚警敏，遇人至诚，终身无一妄语。自魏国夫人薨，忠献公即/以家政付之，夫人接遇内外亲属，无不得欢心，忠献公喜赈施，而夫人尤/能识公之意，族中每有干公者，夫人必为启赞，使各充满而去，而自奉/菲薄若韦素家。女工、音律无不精通，平居以礼自持，虽独处静室，俨若待宾。忠/献公严于家祀，夫人岁时承事，极于精洁。忠献公薨，不懈益虔。晚年奉佛尤/谨，每夙兴危坐，读诵达旦，至晡而罢。大观二年十二月六日，以疾终于相州之私第，/享年六十六，孙男十二人：长曰哲，将仕郎、霸州司理参军，蚤卒；次曰括，将仕郎、恩州武城县主簿；次曰拓，太庙斋郎；次曰极，承务郎；次曰格、曰检、曰楫、曰程、曰和，余皆不/育。孙女七人：长适宣德郎、守殿中丞蔡庄；次适宣义郎、监卫州仓草场蔡坚，并蚤

卒。/次继适庄，余皆在室。曾孙男三人：长曰永胄，次曰恟胄，次曰慎胄。曾孙女一人，并幼。/夫人侍忠献公逾二十年，堂无嫡寔，主内事而谦恭祗慎，无一毫间然，虽忠献公治家有法，亦夫人贤德所自，宗族皆谓夫人当益享荣养寿考之报。而/命胡不淑，哭者无不悲恸，殁之二日，师美梦夫人谓曰："我当往西方取经，释氏谓/净土是也，汝无过忧。"岂非夫人积善之报欤！师美以大观三年十一月二十日举/葬夫人于丰安村忠献公之茔侧，而来求铭，乃为铭。曰：/

猗欤夫人，淑慎厥德。来归华宗，内外作则。/

躬享荣养，庆流后昆。是训是承，克绍清芬。/

煌煌元勋，魏公之阡。往从安之，万祀不骞。/

大名程章刻/

墓志称普安郡太君崔氏侍奉忠献公韩琦"逾二十年，堂无嫡寔，主内事而谦恭祗慎"，可以推知其归于韩琦的时间当为仁宗至和二年（1055）前后。而新出土韩琦妻安国夫人崔氏墓志铭中显示，安国夫人崔氏"嘉祐七年九月三日薨，享年五十六"[1]，故普安郡太君崔氏归于韩琦时，安国夫人崔氏

---

1 河南省文物局编著《安阳韩琦家族墓地》，第97页。

仍健在，则她绝不可能为韩琦续娶之妻。那么，普安郡太君崔氏在韩琦家族中应属于什么身份呢？

首先，墓志开篇即言"夫人崔氏，世为真定良家"。而《宋刑统》沿袭唐代律令云："妾者，娶良人为之。"[1] 墓志中着力强调普安郡太君崔氏的良人身份，实际上恰恰是从反面说明了墓主身份非妻，若为正妻则不必言此。普安郡太君崔氏"大观二年十二月六日，以疾终于相州之私第，享年六十六"，可推知她生于仁宗庆历三年（1043），少韩琦35岁，年龄较为悬殊。前述已知其至和二年（1055）归于韩琦，即她13岁左右，当时韩琦近50岁，差距也相当大，故墓志中称她与韩琦结合为"少归魏国忠献韩公"，用"少归"这样的模糊字眼，一笔带过她非正妻的身份。

其次，墓志中叙述了崔夫人授予封号的情况："以师美登朝，封仁寿县太君，今上南郊，始得荫子，复请于朝，祈改封夫人普安郡太君，诏特从之。"知崔氏先后被封为"仁寿县太君"和"普安郡太君"，均是因为其子韩粹彦。前述已知韩琦妻安国夫人崔氏去世于宋仁宗嘉祐七年（1062），此后因韩琦罢相及去世，皆有恩荫家族成员的记录，然都没有涉及普安郡太君崔氏，也即崔氏得封乃是母以子贵而非妻以夫荣，这符合北宋妾封赠的一般情况。

最后，就墓葬形式而论，韩琦与安国夫人崔氏合葬，而普安郡太夫人崔氏墓位于韩琦墓东边约100米处，二者墓室大体东西平行，应属侍葬[2]。墓志还提及安国夫人崔氏去世后，韩琦委托她处理家政，且"忠献公严于家祀，夫人岁时承事，极于精洁。忠献公薨，不懈益虔"，说明她可以参与甚至主持韩氏家族的祭祀，在家族中有一定的地位。而宋代婢女即使为主人生育子嗣，仍不可能参与祭祀[3]。综合以上可以判断，普安郡太君崔氏应为韩琦之妾。

有关宋代妾的研究，已经形成了较为丰富的成果[4]，然北宋时期妾墓志数量极少，据学者考证仅发现5方相关墓志和1方改葬志，且其中4方与韩琦家族有关[5]。此方韩琦妾普安郡太君崔氏墓志出土，一方面，为北宋妾墓志增加了一个鲜活案例，可以进行综合考察；另一方面，妾墓志相对多地出现于韩琦家族，是一个较为有趣的现象，这当和韩琦家族的丧葬理念密切相关，可以做更为深入的研究。

---

1 （宋）窦仪等《宋刑统》卷一二《户婚律》，岳纯之校证，北京大学出版社，2015，第167页。

2 河南省文物局编著《安阳韩琦家族墓地》，第35页。

3 柳立言：《宋代的宗教、身份与司法》，中华书局，2012，第159页。

4 参见柳立言《宋代的宗教、身份与司法》，第140页。

5 赵振华：《北宋官妾的生活状态与特质——以出土墓志为中心》，《湖南科技学院学报》2012年第10期，第26~32页。

二 韩琦侄韩孝彦生平及婚姻关系的"激活"

史籍有关韩琦三兄韩琚之子韩孝彦的记载极度缺乏，仅知康定元年（1040）其父韩琚去世时为太庙斋郎[1]，韩琦熙宁八年去世时，用韩琦遗奏，"孝彦、纯彦、粹彦升一任"[2]，除此之外，传世文献再无记载。然而，出土的1方改葬志和3方墓志铭提供了更多线索，改葬志是韩僖为其母所撰，拓片长宽均55cm，现藏于国家图书馆，编号"章1284"，题名"韩僖母时氏改葬志"。其录文云：

> 大观三年十一月，/先妣永嘉郡君张氏之葬，/先公命以僖、俣所生母时氏之/柩侍葬于圹中。政和二年春，/先公寝疾，顾谓俣曰："吾近作寿棺稍/大，恐墓内无余地，它日，可迁汝/所生母于它所。"今以七月五日，葬我/先公，僖等谨遵/遗命，奉所生母柩葬于崇福院/之东，九兄所生母艾氏墓围内之/庚穴云。孤子韩僖谨记。/[3]

根据韩僖所记称永嘉郡君张氏为妣，时氏为所生母，可以得知其父妻为张氏，封永嘉郡君，大观三年（1109）十一月葬。其所生母时氏可能为父亲之妾，大观三年得以侍葬张氏圹中。政和二年（1112）七月，韩僖父去世并与妻子张氏合葬，而迁韩僖生母时氏葬于崇福院之东九兄所生母艾氏墓园当中。

韩僖所谓"九兄所生母艾氏"，墓志为韩治所撰，现藏于国家图书馆，编号"章1264"，拓片长57cm，宽58cm，其录文曰：

> 宋故夫人艾氏墓志铭
> 朝请郎尚书吏部郎中上护军赐绯鱼袋韩治撰/
> 左朝议大夫致仕上柱国赐紫金鱼袋王东琦书/
> 余九兄穆之，即/伯父朝议大夫、直秘阁讳正彦之第三子，嫡母/夫人曰王氏，寿安县君，所生母艾氏，生穆之，三/岁乃去，归父母家。后二十年，穆之既仕，知母在/外，刻志求访，一日，遇于京师，遂迎之官。孝养十余/年，元祐四年十月初九

---

1 （宋）韩琦：《安阳集编年笺注》卷四六《三兄司封行状》，李之亮、徐正英笺注，巴蜀书社，2000，第1421页。

2 （宋）李焘：《续资治通鉴长编》卷二六七，熙宁八年八月癸丑，中华书局，2004，第6548页。

3 （宋）韩僖：《韩僖母时氏改葬志》，载北京图书馆金石组编《北京图书馆藏中国历代石刻拓本汇编》第42册，中州古籍出版社，1989，第21页。

大觀三年十一月
先妣永嘉郡君張氏之葬
先公命以僖侍所生母時氏之
柩侍葬於壙中政和二年春
先公寢疾顧謂僖曰吾近作壽棺稍
大恐墓內無餘地它日可遷汝
所生母於它所今以七月五日葬我
先公僖等謹遵
遺命奉所生母柩葬於崇福院
之東九兄所生母艾氏墓園內之
東穴云孤子韓僖謹記

图2　韩僖母时氏改葬志

宋故夫人艾氏墓誌銘
朝請郎尚書吏部郎中上護軍賜緋魚袋韓治撰
左朝議大夫致仕上柱國賜紫金魚袋王東珣書

余九先穆之即
伯父朝議大夫直祕閣諱正彥之第三子嫡母
夫人曰王氏壽安縣君生母艾氏生穆之三
歲乃去歸父母家後二十年穆之既仕知
外刻志求訪一日遇于京師遂迎之官舍
年元祐四年十月初九日以疾終於密州之官
享年五十六穆之去官心喪三年紹聖三年十二
月初三日因
伯父直閣公葬相州安陽縣新安村之塋乃葬
夫人於孝親崇福院之側夫人之爲母道也肅靜
而儉約教勉厥子以有立穆之雖從仕州縣未嘗
輒廢學問蓋方進而未艾也穆之名韶今爲宣德
郎知開封府臨陵縣事云銘曰
生而亨有子之養
歿得歸新安之原
榮則多矣復何恨焉

图3 宋故夫人艾氏墓志铭

日，以疾终于密州之官舍，/享年五十六。穆之去官，心丧三年。绍圣三年十二/月初三日，因/伯父直阁公葬相州安阳县新安村之茔，乃葬/夫人于孝亲崇福院之侧。夫人之为母道也，肃静/而俭约，教勉厥子以有立。穆之虽从仕州县，未尝/辄废学问，盖方进而未艾也。穆之名韶，今为宣德/郎、知开封府鄢陵县事云。铭曰：

　　生而享有子之养，/殁得归新安之原。/荣则多矣，复何恨焉。/[1]

通过墓志可以得出以下结论，第一，韩僖与韩治所谓九兄，为韩正彦之第三子韩韶。第二，韩正彦娶妻王氏，封寿安县君，艾氏应该为韩正彦家婢女。所以在生育韩韶三年之后，仍归于父母家。第三，在韩韶的努力下，最终寻找到生母艾氏，并悉心照料十余年，且在她去世之后，侍葬韩正彦于家族在安阳的祖茔新安村之茔。由此可推知，韩僖所生母时氏政和二年迁葬艾氏墓围，也在新安茔中。

事实上，韩僖所生母时氏去世于元祐三年（1088），当时并未安葬，杨信功大观三年左右撰其墓志铭，拓片长56cm，宽52cm，现藏于国家图书馆，编号"章1285"，题名"宋故时氏墓志铭"。其中曰：

时氏汴人，自少事中散韩公、永嘉郡君张氏，服勤柔顺。永嘉抚爱特厚，相继生二子，益自抑畏。奉永嘉弥谨，从中散公通判成都，时氏以疾卒于官舍，实元祐三年三月二十日也，年二十三。所生子二人：长曰僖，登仕郎、行相州汤阴县主簿；次曰侨，将仕郎、监淮阳军宿迁县市易务。时氏之亡，中散公与永嘉甚悲怜之，故自成都数千里之远，携其丧以归，厝于相州开元寺。大观三年十一月二十日葬永嘉于新安祖茔之侧，中散公命置时氏圹中而侍葬焉。[2]

此为大观三年（1109）初葬时氏的情况，从中可知，时氏应先为中散韩公家婢，生育二子韩僖和韩侨（后改名韩俣），并从韩公仕宦成都，23岁去世，或已经成为韩氏之妾，故得以侍葬夫人张氏于新安祖茔。《北京图书馆藏中国历代石刻拓本汇编》中拟此墓志名称为"韩君妻时氏墓志"并不准确，当为误拟。另外，这里还指明了韩僖之父即韩中散公（按，中散为中散大夫简称），但并未具名。

另一方墓志铭也透露出韩僖、韩僖所生母时氏、韩僖父中散公等信息。此墓

---

[1] （宋）韩治：《宋故夫人艾氏墓志铭》，《北京图书馆藏中国历代石刻拓本汇编》第40册，第137页。

[2] （宋）杨信功：《宋故时氏墓志铭》，《北京图书馆藏中国历代石刻拓本汇编》第41册，第177页。

宋故時氏墓誌銘

承議郎新差知深州䥺陽縣事楊信功撰并書

時氏汴人自少事中散韓公永嘉郡君
張氏服勤柔順永嘉撫愛特厚相継生二
子益自抑畏奉永嘉彌謹從中散公通
判成都時氏以疾卒於官舍實元祐三年三
月二十日也年二十三兩生子二人長曰偁
登仕郎行相州湯陰縣主簿次曰僑將仕郎
監淮陽軍宿遷縣市易務時氏之亡
公與永嘉甚悲憐之故自成都數千里之
遠攜其喪以歸厝于相州開元寺大觀三年
十一月二十日癸酉永嘉於新安侍葬焉祖塋之
側中散公命置時氏壙中而觀永休衍祥
乃弗克有振振慶餘往永可量
天與茂質出險而歸
從乃安是謂不亡

志是韩治为中散韩公妾刘氏所撰,拓片长58cm,宽60cm,现藏于国家图书馆,编号"章1304",拟墓志名为"韩君姬刘氏墓志"。其中称:

> 刘氏,博野人,吾叔中散大夫之姬也。生五子,二男三女。男庆来、王老,蚤夭。宣教郎李德充、尚书吏部员外郎杨信功、将作监李被,三女之婿也。刘性谨厚,吾叔与张郡君皆倚信之。政和三年八月十三日卒于安阳之第,宣和元年九月十七日葬于水冶之茔,年六十有三,葬与时氏同穴。时氏,吾叔长子僖之所生母也。[1]

墓志显示中散韩公与永嘉郡君张氏皆倚重信任刘氏,则她侍奉中散韩公时张氏仍健在,断不可能为韩公之妻。根据韩治所言,刘氏为中散大夫韩公之"姬",这实际上是妾的另一种称谓,刘氏与时氏同穴而葬,家族地位应该大体相当,亦可佐证时氏应为中散韩公之妾。刘氏与中散韩公生育韩庆来、韩王老二男,皆早亡,三女分别嫁于李德充、杨信功和李被。刘氏政和三年去世,宣和元年与时氏同穴而葬。

此墓志中一个关键信息是韩治称"吾叔中散大夫",则韩治此叔父为何人?弄清此问题,上述墓志的有效信息就能完全利用。据陶晋生考证,北宋相州韩氏家族韩治之父韩忠彦辈计有13人[2],其中韩治之父韩忠彦出生于宝元元年(1038),既然韩治称此人为叔,则年龄当小于韩忠彦,否则应该称伯。在韩氏家族"彦"字辈13人中,早亡无嗣者3人,长于韩忠彦者4人,除了陶晋生考证的韩公彦、韩方彦和韩直彦外,还有前述韩忠彦子韩治所谓"伯父朝议大夫"韩正彦。少于韩忠彦者5人:韩纯彦妻乃令人孙氏,为孙固之小女儿,其墓志收录于《竹隐畸士集》中,令人孙氏墓志此次亦有出土(容后详述);韩粹彦"娶陈氏,资政殿学士(陈)荐之女"[3];韩嘉彦娶神宗第三女唐国长公主[4]。以婚姻关系判断,韩纯彦、韩粹彦与韩嘉彦三人均可排除,故中散韩公当为韩孝彦和韩端彦中的一位。赵振华曾猜测此中散韩公可能为韩端彦,并未论证[5]。笔者之前也曾认为,符合韩治叔父条件的仅韩端彦

---

[1] (宋)韩治:《宋故刘氏墓志铭》,《北京图书馆藏中国历代石刻拓本汇编》第42册,第103页。

[2] 陶晋生:《北宋士族——家族·婚姻·生活》,第262~266页。

[3] (宋)赵鼎臣:《竹隐畸士集》卷一七《故龙图阁学士宣奉大夫中山府路安抚使兼马步军都总管兼知定州军府事提举本府学事兼管内劝农使开封县开国子食邑六百户赠特进资政殿学士韩公行状》,《景印文渊阁四库全书》第1124册,台湾商务印书馆,1986,第242~247页。

[4] (元)脱脱《宋史》卷二四八《唐国长公主》,中华书局,1985,第8780页。

[5] 赵振华:《北宋官妾的生活状态与特质——以出土墓志为中心》,《湖南科技学院学报》2012年第10期,第29页。

宋故劉氏墓誌銘
中大夫知相州軍州事韓治撰
劉氏博野人吾叔中散大夫之姬也
生五子二男三女男慶來王考登天
宣教郎李德充尚書吏部員外郎楊
信功將作監李袚三女之壻也劉性
謹厚吾叔與張郡君皆倚信之政和
三年八月十三日卒於安陽之第宣
和元年九月十七日葬於水冶之塋
年六十有三葬與時氏同穴時氏吾
叔長子偉之所生母也銘曰
敦厥行兮福隨之
槃三女兮為士妻
安且吉兮宅於兹

图5 宋故刘氏墓志铭

一人[1]，然而这是完全错误的。

解决此问题的关键，是分析几位女性的葬地和北宋韩琦家族的祖茔特征。通过墓志可知，大观三年十一月，中散韩公安葬妻张氏于新安祖茔，妾时氏侍葬圹中。政和二年春，中散韩公病逝，要求与妻合葬，并迁妾时氏到兄韩正彦妾艾氏墓围当中。而前述已知，艾氏绍圣年间已经葬于祖茔新安茔中，故可知时氏虽经迁葬，仍是葬于新安茔中，后来与其同穴的刘氏亦然。北宋韩琦家族在相州的墓地分为两个部分，一个是以韩国华为始祖的新安茔，安葬韩国华及除了韩琦之外的子孙。另一个是以韩琦为始祖的丰安茔，安葬韩琦及其直系子孙[2]。既然这几位女性均安葬于新安茔中，则绝非韩琦直系子孙，则中散韩公绝不可能为韩端彦，当为韩孝彦无疑[3]。

基于上述考证，我们可以对韩孝彦的生平、婚姻及子嗣情况再做梳理，韩孝彦康定元年（1040）其父去世时为太庙斋郎，熙宁八年（1075）韩琦去世时，用韩琦遗奏升一任，政和二年（1112）去世，官至中散大夫，曾有通判成都府的经历。生活仕宦于宋仁宗、英宗、神宗、哲宗、徽宗五朝。韩孝彦娶张氏为妻，封永嘉郡君，大观三年（1109）去世，未见有子嗣记录，有妾时氏和刘氏二人。时氏可能先为韩孝彦家婢，后因育有二子而成为韩孝彦之妾，元祐三年（1088）去世，时23岁；她与韩孝彦生育二子：韩僖和韩俣。刘氏博野人，亦为韩孝彦之妾，政和三年（1113）去世，宣和元年（1119）葬，去世时63岁，和韩孝彦生育二男三女。男韩庆来、韩王老均早夭，女儿分别嫁给宣教郎李德充、尚书吏部员外郎杨信功和将作监李袚。

因墓志材料中墓志称谓用职官信息代替，较为隐晦，且诸多材料"支离破碎"，故研究者难以准确把握。陶晋生认为韩僖应为韩直彦第二子，然并未考虑到韩直彦卒于皇祐三年（1051），而韩僖父卒于政和二年（1112）[4]。李国玲在《宋人传记资料索引补编》中笼统记为："韩君，名未详，为中散大夫。姬刘氏，博野人。政和三年八月卒于安阳之第，年六十三。"有效信息全未发掘[5]，均不准确。

---

1 仝相卿：《墓志所见韩琦出身及婚姻关系述略——兼论北宋相州韩氏家族妾的封赠》，载常建华主编《中国社会历史评论》第15辑，天津古籍出版社，2014，第173页。

2 河南省文物局编著《安阳韩琦家族墓地》，第62～63页。

3 笔者曾寓目上海图书馆藏《羊山韩氏宗谱》，编者为民国时期韩琦后人韩百年。其中有韩百年书信云："民国十七年元月十八日，即阳历二月九日。河南浚县西关同族钦明致百年函云：'去岁，钦在安阳停住半载。因水冶先茔各墓多被不肖族人伐掘，发出古物售诸外洋。如孝彦公之如夫人时氏、刘氏，正彦公之如夫人艾氏，以及翼胄公、昷公各墓，或非先人嫡配，或为幼殇。各墓但皆祖先已属，令人可恨。'"可知，民国时期韩氏族人已经知道时氏、刘氏为韩孝彦之妾。同时也可看出，韩琦家族墓地中时氏、刘氏等人墓是1927年前后被盗掘的。见韩百年编《羊山韩氏宗谱》，上海图书馆藏，第30b页。

4 陶晋生：《北宋士族——家族·婚姻·生活》，第263页。

5 李国玲编《宋人传记资料索引补编》，四川大学出版社，1994，第1942页。

三　孙令人墓志铭对比与"拼接"

《安阳韩琦家族墓地》收录的韩纯彦夫人"宋故令人孙氏墓志铭"为残志（图版七）[1]，共33行，满行33字，计892字。释读者没有参考传世文献赵鼎臣《竹隐畸士集》卷一九已经收录的《令人孙氏墓志铭》[2]，导致文字部分缺失，未能补充。

笔者通过对出土文献与传世文献比勘，不但补充了出土文献之缺，还从二者的不同之处看出墓志铭撰写者（赵鼎臣）与求铭者（韩氏族人）在墓志写作理念上的不同之处。表1为新旧释文的对照。

因石本残泐，《安阳韩琦家族墓地》录文基本信息缺失颇多，如令人孙氏去世时间、年龄、子嗣姓名、孙辈人数等等。现笔者据传世文献予以补充14处42字，用"字"标出，仅剩一处四字传世文献亦缺而未补。根据补充信息，可以推断出孙氏生于宋仁宗嘉祐八年（1063），卒于徽宗政和八年（1118），初婚时间为宋神宗元丰二年（1079），生子一人韩裕，孙辈男女计8人，宣和元年（1119）葬，这些都是仅通过出土文献无法得知的。另外，原有释文中有5处错读，见

表1 《宋故令人孙氏墓志铭》石本缺补

位置	原释文	新释文
行17	□十七	五十七
行18	□曲折	族，曲折
行19	□□家居	赐告家居
行20	□□令人	礼待令人
行21	□□□相约	生子，因相约
行22	□□□弗忍食	言矣，吾弗忍食
行23	□□□文林郎	男曰裕，文林郎
行24	□□□□和元年	八人以宣和元年
行25	□□□□王	管城人，魏王讳
行26	□□□□其表	传载，虽然，视其表
行27	□□□□□行于家	者，则其化之行于家
行28	□□之庆	令人之庆
行29	□□□公	不显韩公
行30	□□□□	我预燥湿

1　河南省文物局编著《安阳韩琦家族墓地》，第100~101页。
2　（宋）赵鼎臣：《竹隐畸士集》卷一九《令人孙氏墓志铭》，《景印文渊阁四库全书》第1124册，第262~263页。

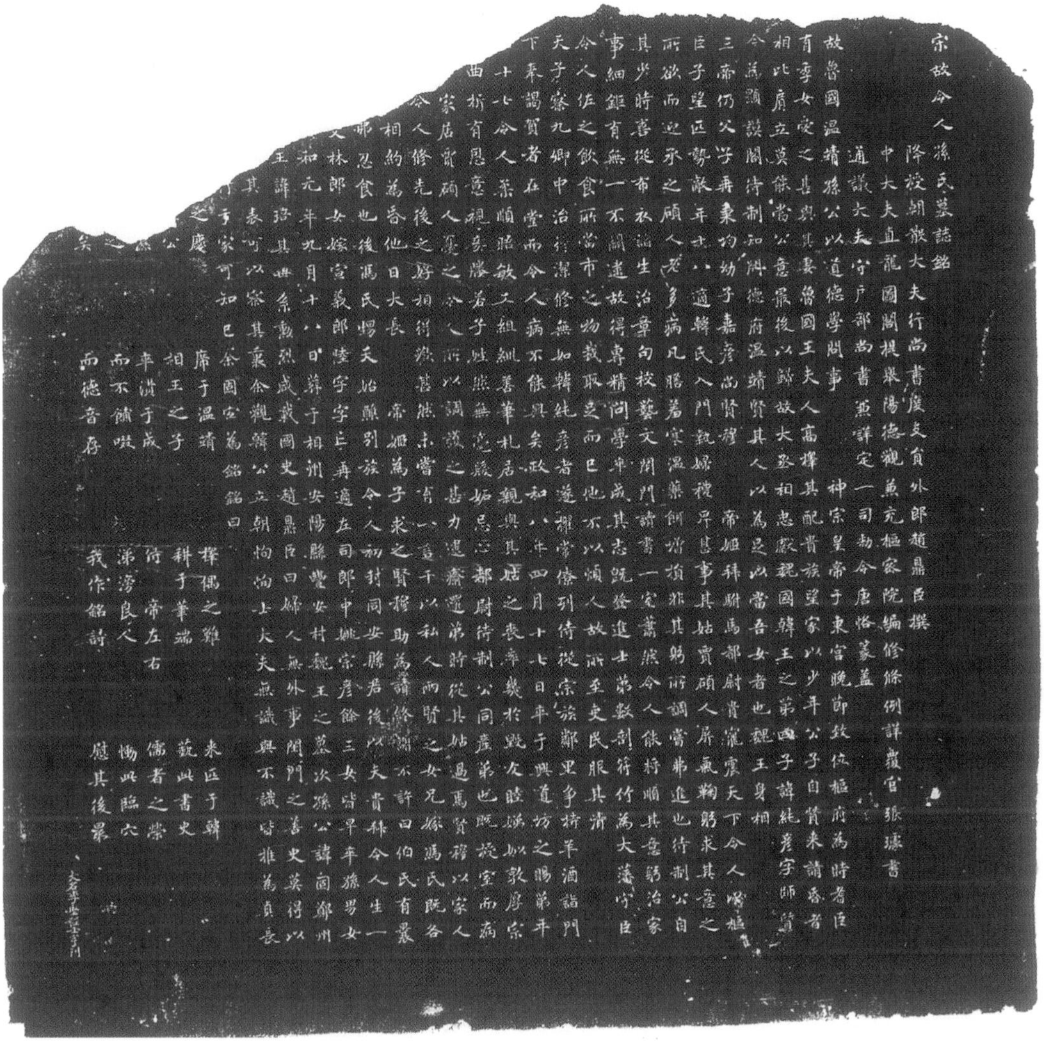

图6 宋故令人孙氏墓志铭

表 2。

此外，笔者还通过对校的方法对比了出土文献和传世文献有关内容，歧互之处附表 3 显示。

表 2 《宋故令人孙氏墓志铭》石本误录指瑕

位置	原释文	新释文	备注
行 10	入门执妇礼畀甚	入门执妇礼卑甚	碑文清晰，"畀甚"语意不通
行 14	裁取足而已	裁取足而已	碑文清晰，"而已"语意不通
行 19	逮愈沓第	逮愈还第	碑文清晰，"沓第"语意不通
行 25	魏王讳培	魏王讳琦	碑文清晰，乃避韩琦讳缺末笔，应释为琦
行 32	慰其后舅	慰其后昆	碑文清晰，异体字

表 3 《宋故令人孙氏墓志铭》集本、石本异同

位置	传世文献	出土文献	备注
行 6	贵族家	贵族望家	文异义同
行 7	魏国韩王之第三子	魏国韩王之第四子	文异义别，出土文献为是
行 8	徽猷阁待制	显谟阁待制	文异义别，应据出土文献
行 9	贵震天下	贵宠震天下	文异义同
行 11	硕人老病	硕人老多病	文异义同
行 13	既策进士第	既登进士第	文异义同
行 14	裁当而已	裁取足而已	文异义同
行 15	无如韩某者	无如韩纯彦者	文异义同，填讳所致
行 15	宗族乡里持	宗族邻里争持	文异义同
行 16	而令人病不能兴矣，年五十七。待制公拊棺而哭曰："子昔与我同处其约，今不共享其泰，岂不酷哉！"闻者悲之。政和八年卒	而令人病不能兴矣，政和八年四月十七日卒	文异义别，出土文献中韩纯彦对妻去世后的心境描写略于传世文献，应是韩氏后人刻意删除的结果
行 17	令人柔顺悟敏	令人柔顺晤敏	文异义同
行 18	亲妾媵若子姓然	视妾媵若子姓然	文异义同
行 19	令人调护之	令人所以调护之	文异义同
行 20	修前后之好	修先后之好	文异义同
行 20	女兒嫁马氏	女兒嫁冯氏	文异义别，当以出土文献为准
行 22	吾不忍食也	吾弗忍食也	文异义同
行 22	后马氏甥夭	后冯氏甥夭	文异义别，当以出土文献为准
行 22	一（男）	生一（男）	文异义同
行 23	女嫁左司郎中姚宗彦，早卒	女嫁宣义郎陆字，字亡，再适左司郎中姚宗彦。余三女皆早卒	文异义别，应以出土文献为准
行 24	宣和元年九月十七日葬	宣和元年九月十八日葬	文异义别
行 26	推其真长	推为真长	文异义同
行 28	席于温清	席于温靖	文异义别，温靖为孙固谥号
行 29	相国之子	相王之子	文异义同

通过表3，我们可以看出传世文献与出土文献计有23处不同，影响实际意义的有8处。这大体可以反映赵鼎臣（撰铭者）和韩氏族人（求铭者）对撰写墓志的理念和心态不同。

一方面，韩氏家族对墓志铭求其真，故在刻石时改正了韩纯彦为韩琦第四子、韩纯彦职官、孙氏之姊嫁于冯氏、令人孙氏葬期及孙固谥号温靖等内容。甚至这种求真达到近似实录的标准，如韩纯彦女先嫁"宣义郎陆字，字亡，再适左司郎中姚宗彦。余三女皆早卒"，传世文献中仅记其嫁"左司郎中姚宗彦，早卒"。单凭传世文献，我们不但了解不到韩纯彦之女的改嫁信息，还会误以为韩氏嫁姚宗彦后早卒，这是完全错误的。传世文献中隐藏的改嫁信息是否赵鼎臣刻意为之，我们不能遽下结论，但有一点可以肯定，就是韩氏族人要求墓志铭尽可能呈现事实情况。另外，因墓志铭隐恶扬善的写作方法，对墓主或其家族不利的事情绝口不提，若改嫁在当时社会为不光彩之事，应当不会被墓志所提及，这也可为北宋晚期社会及士人家族对改嫁的态度提供一个鲜活实例[1]。

另一方面，既然韩氏族人对墓志的撰写持尽量真实的态度，有一个有趣现象值得关注，即两种墓志对孙氏去世后韩纯彦反应的描写大不相同。出土文献有意回避韩纯彦拊棺而哭的一段话："子昔与我同处其约，今不共享其泰，岂不酷哉！"这一回避显然并非墓志撰写者的本意。在赵鼎臣笔下，韩纯彦对其妻孙氏的去世极其悲伤，但这点似乎并不被韩氏族人所认同，我们认为这是有原因的。古代婚姻在于和"两姓之好"，故墓志中称结婚常有"遂合姓焉"[2]的说法，这与当代婚姻两情相悦有较大区别。墓志中还经常称夫妻之间"相敬如宾"，实际上是保持一种有距离的亲密感，既没有缠绵悱恻的浪漫情调，也没有横眉冷对的不和谐因素。这样既不至于因夫妻关系不好而影响缔结婚姻双方家族之间的友好关系，也不至于因夫妻关系太好而消磨丈夫建功立业的雄心。韩氏族人对令人孙氏去世后韩纯彦反应的刻意回避，笔者认为是他们觉得韩纯彦的举动应"动乎情而止乎礼"，拊棺痛哭似乎有违礼法，宁可不书，也不能给人留下韩纯彦对妻亡事太过伤心，二人关系太过亲昵的印象，故此处在刻石之时予以删去。此外，这也可以说明，随着北宋墓志铭有公开性的倾向，像这样丈夫在妻子去世后痛哭之任情、纵情而不合世间礼法的态度[3]，即便撰写者不惮载入墓志，亦会被丧家所否定。

---

1 相关研究参见柳立言《浅谈宋代妇女的守节与再嫁》，载柳立言《宋代的家庭和法律》，上海古籍出版社，2008，第211~240页。

2 （宋）苏颂：《苏魏公文集》卷六二《长安郡太君高氏墓志铭》，王同策点校，中华书局，1988，第950页。

3 参见卢建荣《北魏唐宋死亡文化史》，台北：麦田出版社，2006，第37页。

结　语

就新出土韩琦家族墓志而言，普安郡太君崔氏墓志的出土，提供了一个北宋妾墓志的鲜活个案，能够让我们有机会更为深入地了解北宋妾的生存和生活状态。而且以此为基础，能够考察韩琦的实际婚姻情况，厘清学界悬而未决的疑案[1]。另外，新出土墓志还"激活"了之前较为"支离破碎"的材料，通过对韩琦家族成员数方墓志铭的考证分析，我们大体掌握了韩琦侄韩孝彦的生平、婚姻及子嗣情况，以补充正史之不足，更可以纠正研究者的疏漏及谬误。

令人孙氏墓志铭的出土，则从另一方面为我们的研究提供了新的思路与视野。宋代经济发达，刻书业兴盛，文人所撰墓志碑铭大量保存在宋人文集当中，而新出土墓志碑铭中有些在传世文集中亦有保存，对校之下二者并不一致，许多学者已经注意到了此现象，并从文字校勘的层面来进行论述[2]，然而，相同的出土文献和传世文献歧互现象在宋代墓志碑铭中实非个案，其中最直接的反映是墓志碑铭的撰写者和求铭者之间理念和心态并不相同。北宋以后的墓志铭大多数为丧家求得，然墓志撰写者的文章有时候并不能令求铭者完全满意，往往会出现丧家在刻石时擅自修改的情况，反映了墓志铭的撰写者与求铭者的写作理念和内心感受并不一致，亦即欧阳修所谓墓志碑铭撰写过程中"朋友、门生、故吏与孝子用心常异"[3]。这包含了政治生态、人际关系、个人风格等多种因素在内，又是一个值得深入探讨的话题。

新材料对于历史研究的意义极大，但新材料的发现，未必即能还原出历史的本来面目，或许带给我们更多的是由此产生的新问题。而学者的任务正在于从这些新出现的问题出发，寻求更多材料的支持，找出解决各类新问题的途径与方法[4]。韩琦家族墓志的出土，无疑会大大加深学界对北宋韩琦家族史的研究，并进而推及宋代政治、社会生活等诸方面的研究。

---

1 仝相卿：《墓志所见韩琦出身及婚姻关系述略——兼论北宋相州韩氏家族妾的封赠》，载常建华主编《中国社会历史评论》第15辑，第166~174页。

2 陈柏泉、黄宽重和马玉臣等先生都曾以新出土墓志与传世文献对比，尤其是马玉臣先生用传世文献对校了新出土富弼家族墓志中富弼与富绍京二人石刻墓志，有132处不同。参见陈柏泉编《江西出土墓志选编》，江西教育出版社，1991，第34~37页，第146~150页；黄宽重《宋史研究的重要史料——以大陆地区出土宋人墓志资料为例》，《新史学》第9卷第2期，1998年6月，第143~185页；马玉臣《宋代富弼家族墓志史料价值刍议》，《史学史研究》2012年第1期，第78~92页。

3 （宋）欧阳修：《欧阳修全集》卷七〇《与杜訢论祁公墓志书》，李逸安点校，中华书局，2001，第1020页。

4 卢向前：《新材料、新问题与新潮流——关于隋唐五代制度史研究的几点看法》，《史学月刊》2007年第7期，第11~14页。

高丽时代接受《史记》《汉书》的表现及其影响

■ 翟金明（中国社会科学院中国边疆研究所）　　左全琴（江西理工大学期刊社）

魏晋时期，《史记》《汉书》开始传入朝鲜半岛。这与两书自汉唐以来空间传播范围不断扩大，以及朝鲜半岛汉文化水平不断发展密不可分。不过，此时两书的传播途径仍以官方赐予为主。而且，史料记载的中国与朝鲜半岛的书籍交流活动中，《史记》《汉书》往往夹杂在儒家经典、佛教典籍、医卜杂书等书籍的传播潮流中。

此时，在朝鲜半岛的三国时代，社会上流行的是儒、释、道三教。儒家典籍《五经》等早已传入朝鲜半岛，高句丽设太学，以教育子弟，而儒家伦理道德也成为社会行为的准则，进而影响了相关礼仪制度。小林兽王二年（372），秦苻坚遣使送佛经给高句丽。五年（375），创建肖门寺与弗兰寺。道教则在唐太宗时传入。盖苏文对高句丽宝藏王说三教"譬如鼎足，阙一不可"[1]。这种情况随着高句丽的对外战争、文化交流，也影响了百济、新罗。与儒释道相比，史学典籍的传播与接受，相对来说比较薄弱，史料记载也比较缺乏。本文以《高丽史》及高丽文人文集为主要资料，探讨高丽时代接受《史记》《汉书》的表现及其影响。

一　《史记》《汉书》典故与儒家思想

高句丽时期，宪德大王（810～826）之弟秀宗[2]感疾，召集国医诊治，国医称病在心脏，需要服龙齿汤。因此，秀宗告假20多天，不见宾客。禄真求见，遭到拒绝。经过再三请求，终于获准。于是，禄真以梓人为室为例，批评了当时"徇私而灭公，为人而择官"的现状，提出正是

---

[1] 耿铁华:《高句丽儒释道"三教合一"的形成与影响》,《古代文明》2007年第4期,第72页。

[2] 即兴德大王，又名秀升、景徽，827～836年在位。

这种情况使人"亦劳且病"。所以，要求"当官清白，莅事恪恭，杜货赂之门，远请托之累，黜陟只以幽明，予夺不以爱憎"，只有这样才会"刑政允穆，国家和平"，即便是"开孙弘之阁，置曹参之酒"，也是可以做到的[1]。这里所引公孙弘与曹参的典故，分别见于《汉书·公孙弘传》与《史记·曹相国世家》。《公孙弘传》称"开东阁以延贤人"[2]，《曹相国世家》则以曹参日夜饮醇酒的记载，形象地说明曹参"一遵萧何约束"的做法。再如，唐将李世勣征高句丽。高句丽将领高延寿等迎战，对卢高正义对延寿说，"秦王内芟群雄，外服戎狄，独立为帝，此命世之才"，明显是引用秦统一六国的相关史料。又如实兮，"性刚直，不可屈以非义"，遭到奸佞珍堤的谗言，被贬谪。有人问他为什么不辩解，实兮以"屈原孤直，为楚摈黜。李斯尽忠，为秦极刑"的史实回答，并称这种事情自古有之，何必悲伤。

以上是《三国史记》中关于朝鲜半岛三国时期君臣引用《史记》《汉书》的记载。在儒释道盛行的背景下，对《史记》《汉书》的接受与引用，往往有赖于文人个人的关注，这种做法稍显孤单。不过，从另一方面来说，禄真、高正义与实兮也只

有在熟悉相关《史记》《汉书》文本并理解文意的前提下，才能把有关史实运用得恰如其分。或许在当时汉文化程度较高的高句丽文人中，引用《史记》《汉书》典故，如同引用儒家经典一样，是较为普遍的事情。

新罗文人崔致远在唐咸通九年（868）入唐，中和四年（884）离开。在《桂苑笔耕集》和《孤云先生文集》中，就有大量引用和评论《史记》《汉书》的内容，如：

> 谨按《史记》释云：天子车驾所至，则人臣为侥幸。赐人爵有极数，或赐田租之半，故因谓之幸也。[3]

这一段文字，见于《史记·孝文本纪》，原文："五月，匈奴入北地，居河南为寇。帝初幸甘泉。《集解》蔡邕曰：'天子车驾所至，民臣以为侥幸，故曰幸。至见令长三老官属，亲临轩，作乐，赐食帛越巾刀佩带，民爵有级数，或赐田租之半，故因是谓之幸。'"[4] 崔致远所引内容明显属于间接引用，而且引文中将"民臣""民爵"作"人臣""人爵"，与现存诸本不同，或据唐代流行版本，避唐太宗李世民之讳，

---

1 〔高丽〕金富轼撰、杨军校勘《三国史记》卷四六《列传五·禄真》，吉林大学出版社，2015，第641页。

2 （汉）班固：《汉书》卷五八《公孙弘传》，中华书局，1962，第2621页。

3 〔新罗〕崔致远：《桂苑笔耕集》卷五《奏论天征军任从海等衣粮状》，《韩国文集丛刊》第1册，韩国景仁文化社，1990。

4 （汉）司马迁：《史记》卷一〇《孝文本纪》，中华书局，2013年修订本，第532页。《汉书·文帝纪》作民臣、民爵。

故将"民"作"人"。

崔致远在文章中引用《史记》《汉书》的地方有多处,但均不是直接引用,如又卷九"虽汉代诸侯,亦流恩于异姓"(护军郓公甫将军第三,即汉高祖封异姓王事),"张良正遇于汉恩,敢言绝迹;范蠡未除其越耻,讵欲逃名"(前左省卫增常侍)。卷十一"是故汉代微臣,有倾产助边之请"(告报诸道征促纲运书。事见《史记·平准书》《汉书·卜式传》),"昔汉朝匈奴叛党来附,景帝便欲与之封。周亚夫曰:'彼背其主而见赏,何以责人臣之节?'"(浙西周宝司空书)卷十二"日磾载美于《汉书》"(淮口镇李质)。《孤云先生文集》卷三"意得《西汉书·留侯传》尻云:'良所与上从容言天下事甚众,非天下所以存亡,故不著',则大师时顺闲事迹,荦荦者星繁,非所以警后学亦不书,自许窥一斑于班史然"等[1]。"时和而罢问喘牛。"(大嵩福寺碑铭并序,汉相丙吉事)从以上文字看,崔致远关注的《史记》《汉书》人物有汉高祖、汉文帝、范蠡、张良、周亚夫、金日磾、卜式、丙吉等。

崔致远入唐时只有12岁,在唐懿宗咸通十五年(874)进士及第,而此时"三史"科早已施行了半个多世纪。崔致远应该在这段时间的学习与应对进士科考试时,对"三史"掌握比较熟练。《桂苑笔耕集》《孤云先生文集》是崔致远在淮南节度使高骈幕府四年间所作诗文汇编而成,虽然其中引用《史记》《汉书》与原书文本有一定的差异,但亦显示出崔致远对两书文本和史实能够比较准确地理解和运用。

二 经史并重,古为今用

高丽通过与宋朝的交流,获得了大量汉籍,并且已刊刻《汉书》,徐兢称当时高丽"临川阁藏书至数万卷,又有清燕阁,亦实以经史子集四部之书"[2]。而当时朝鲜半岛的古代史书,基本上没有遗留下来,金富轼撰《三国史记》,涉及早期历史的编纂时,也不得不利用中国史书。因此,高丽君臣无论是出于仰慕中国历史和文化,还是从现实需要出发,对中国经史文献是比较熟悉的。以至于金富轼在《三国史记》序中评论当时的高丽士大夫,对于"秦汉历代之史"能够比较熟悉,对于高丽本国历史,则茫然不知,这种情况"甚可叹也"。金富轼的说法虽有些夸张,但这种现象某种程度上是确实存在的。

高丽文人重视"秦汉历代之史"的原因,还与当时的科举制度有关。高丽时代早期的科举考试内容包括诗、赋、颂、时务策等,"大抵其法颇用唐制"。而11世

---

[1] 〔新罗〕崔致远:《孤云先生文集》卷二《无染和尚碑铭》,《韩国文集丛刊》第 1 册,韩国景仁文化社,1990。

[2] (宋)徐兢:《宣和奉使高丽图经》卷四〇《同文》,商务印书馆,1937,第 139 页。

纪之后，宋制对高丽时代科举的影响更为深刻。唐代科举与宋代有着明显的差异，对文人的读书选择产生了不同影响。有学者认为，从唐至宋，出现了唐代文人喜《文选》，宋代文人嗜《汉书》的区别。具体表现在，宋人对于唐人喜读《文选》提出了批评，以苏轼的观点为例，认为《文选》代表了"齐梁文字衰陋"。唐人喜《文选》与唐代科举重诗赋、重文采密不可分。而宋代科举则重视策论，重视文人气节与品德的修养。所以，宋人嗜《汉书》，崇尚儒学，借鉴其中人物的气节与品德[1]。不过，在诏书、书信等实用文体中，唐宋文人都十分重视儒家经典与史书典故的运用。

高丽建国之初的诏书中，有很多典故引用自《史记》《汉书》。如太祖元年八月诏："朕闻，昔汉高祖收项氏之乱后，令民保山泽者，各归田里，减征赋之数，审户口之虚耗。又周武王黜殷纣之虐，乃发巨桥之粟，散鹿台之财，以给贫民者。"[2] 对此，诏书评论说，实行这些做法是因为战乱之后，人不乐其生。下令免民三年租役，让流离四方者，回归田里，与民休息。汉初与高丽建国之初的情况有些相似，都是战乱后需要社会安定，恢复生产。太祖十一年（928），王建在给甄萱信中，希望双方息兵，结束战争，其中以"仗义尊周，谁似桓文之霸；乘间谋汉，唯看莽卓之奸"来比喻此时双方所处的位置。王建早已获得后唐的册封，自比为尊周攘夷的齐桓公，而把甄萱比作篡汉的王莽、董卓之流，这种写法，除了显示仁义与残暴的对比之外，更在于使自己的做法符合《春秋》大义中的"尊尊"原则，从而使对方陷入理论劣势。在列举了大量高丽军队战胜的事例后，表示"必期泜水营中，雪张耳千般之恨；乌江亭上，成汉王一捷之功"[3]。以汉代张耳、刘邦最后成功的关键史实，说明自己取得胜利是必然的，有"天之所助"，并且抬出了吴越王对王建平定战乱的要求，自诩正统。太祖二十六年（943）夏四月，王建亲授大匡朴述希《训要》，其中说"朕闻大舜耕历山，终受尧禅；高帝起沛泽，遂兴汉业"[4]，认为他统一三韩的过程，与舜受禅让、汉高祖起布衣一样，说明创业艰难，希望后世子孙以《训要》为龟鉴。太祖末年，王建引汉文帝遗诏"天下万物之萌生，靡有不死。死者，天地之理，物之自然，奚可甚哀"，称自己"视死如归，有

---

[1] 张海沙：《唐人喜〈文选〉与宋人嗜〈汉书〉——论唐宋文人不同的读书趣向》，《唐代文学研究》2006年第11辑，第92~97页。

[2] 孙晓主编《高丽史（标点校勘本）》卷八〇《食货三》，西南师范大学出版社，2014，第29页。

[3] 孙晓主编《高丽史（标点校勘本）》卷一《太祖一》，第29页。

[4] 孙晓主编《高丽史（标点校勘本）》卷一《太祖一》，第42~43页。

何忧也"[1]。景宗元年（976）冬十月，加政丞金傅为尚父，制曰："姬周启圣之初，先封吕望；刘汉兴王之始，首册萧何。"成宗九年（990）十二月，以侄诵为开宁君，教曰："周开麟趾之封，礼崇藩屏；汉叙犬牙之制，义笃宗支。"同月，出于对当时高丽书籍缺失情况的考虑，教曰："秦皇御宇，焚三代之诗书；汉帝应期，阐五常之载籍。"以"崇儒"为出发点，搜集四部典籍，藏于两京，所以有令诸生抄书史籍的做法[2]。《高丽史》中所收的教、制等文字，其行文首句往往引用有关经义、史书，其中引《史记》《汉书》的不在少数。这种情况出现的前提是，当时教、制等的撰写者，对《史记》《汉书》的内容比较熟悉，能够恰当引用，同时《史记》《汉书》相关内容与教、制要表达的意思之间，有紧密的联系，所以能够类比。这种做法在以史为鉴的同时，还在于古为今用，把古代史实视作与经义具有同样的说服力。

这种做法在高丽大臣的奏疏中也有相关事例。如睿宗年间（1106～1122），郑克永上表认为，当时高丽社会的情形危机四伏，如同《汉书》中徐乐所说的"天下之患，在于土崩"[3]，需要睿宗重视历史教训，延请大臣共同商议对策。恭愍王元年，李穑上疏论御倭，文武不可偏废，称"唐虞三代，邈哉邈乎。且以两汉言之，高祖之与楚角也，有如萧何者，运筹而无汗马之功，此文也；有如韩信者，分兵而有攻战之劳，此武也。光武中兴之时，投戈讲艺，息马论道，则其文武并用，经纬俱张，而为后世之不可及也"。对于高丽文人而言，唐虞三代的史实并不如两汉详细，《史记》《汉书》对汉初史实的全面记载，使得有关人物的事迹充实且特点显明，具有强烈的影响力。

有一个记载可以说明高丽大臣对于《史记》《汉书》的熟悉程度。显宗五年（1014），上将军金训、崔质等作乱，造成"武臣用事，悍夫凶竖，并带文官，羊头狗尾，布列台阁，政出多门，朝纲紊乱"[4]的局面，时任和州防御使王可道对日直金猛说："王何不效汉高云梦之游乎？"即以汉高祖伪游云梦而斩韩信的史实，作为应对办法。金猛把这个办法密奏给显宗，显宗采纳并任王可道为书记，授西京留守判官。第二年，显宗至西京，设宴招待群臣，并趁机率兵擒击了金训、崔质及其同党等。

刘勰在论"诏策"中说，策制诏敕"并本经典，以立名目"，所以，引经据典

---

[1] 孙晓主编《高丽史（标点校勘本）》卷一《太祖一》，第42～43页。

[2] 孙晓主编《高丽史（标点校勘本）》卷三《成宗》，第73～74页。

[3] 孙晓主编《高丽史（标点校勘本）》卷九八《郑克永传》，第3034页。郑克永（1067～1127），字师古，树州金浦县人。明敏好学，擢魁科。睿宗时，累迁左谏议大夫、中书舍人。

[4] 孙晓主编《高丽史（标点校勘本）》卷九四《王可道传》，第2931页。王可道，初名子琳，清州人，本姓李。成宗朝擢魁科，补西京掌书记。

是此类文献常用的做法。同时，这种做法也符合经史之学经世致用的要求。儒家经典自然不必说，其本身就具有教化的特性与作用。而对于史书来说，以史为鉴只能说是了解历史，避免历史的教训，更进一步的要求是能够古为今用。当时高丽君臣在引用《史记》《汉书》文本内容，以史为鉴的同时，也能熟悉并理解相关史实，运用到教、制或者奏疏里，作为经典论据，增强权威性与说服力，并能指导现实活动。

三 征诸人事，将施有政

对于历史的古为今用，当然不限于寻找历史依据，借鉴历史经验，还在于如杜佑在《通典》序中所说的"征诸人事，将施有政"。

成宗九年（990）七月，下教褒奖金审言（？~1018）所上封事二条，其中一条全引《说苑》六正六邪与《汉书》刺史六条[1]。成宗命将六正六邪文及刺史六条，"于二京六官诸署局，及十二道州县官厅堂壁，各写其文，出入省览，以备龟鉴"[2]。

德宗（1032~1034）初，崔冲再次建议书写揭示这两段文字[3]。朝鲜仁祖二十三年（1645），右议政李景奭将《周礼》荒政、《说苑》"六正六邪"、《汉书》"刺史六条"附于所上奏札。孝宗朝，执义沈之汉又书写这两段文字呈进。可见，在高丽与朝鲜两个时代，两段文字作为对官员道德与行为的要求，不断被强调。如丁若镛（1762~1836）就认为"凡行台察物，唯汉刺史六条之问，最为牧民之良法"[4]。

成宗十二年（993）二月，置常平仓，"昉于汉唐"[5]，具体来说，就是对于常平仓的运作方式，参照《汉书·食货志》中提到的管仲相齐采用的方式，"以年丰歉，行籴粜，民有余，则敛之以轻，民不足，则散之以重"的原则，具体措施是"以千金准时价，金一两直布四十匹，则千金为布六十四万匹，折米十二万八千石。半之为米六万四千石，以五千石，委上京京市署籴粜，令大府寺、司宪台，共管出纳。余五万九千石，分西京及州郡仓一十五所，西京委分司司宪台、州郡仓，委其界官员管之，以济贫弱"[6]。高丽通过与宋、辽、

1　汉设刺史，以六条问事。见（汉）班固《汉书》卷一九上《百官公卿表上》颜师古注引《汉官典职仪》，中华书局，1965，第741页。

2　孙晓主编《高丽史（标点校勘本）》卷九三《金审言传》，第2901页。

3　孙晓主编《高丽史（标点校勘本）》卷九五《崔冲传》，第2939页。

4　［朝鲜］丁若镛：《与犹堂全书》第五集《牧民心书》卷四《吏典六条·察物》，《韩国文集丛刊》第285册，韩国景仁文化社，1990。

5　"汉唐"在某些特定的语境中，并不是汉代与唐代的合称，而更偏重于表达自汉代以来。

6　孙晓主编《高丽史（标点校勘本）》卷八〇《食货三》，第2557~2558页。

金、元、明几朝的交流，借鉴和学习各朝的制度与文化，但在某些方面，却像中国很多朝代一样，在制度设计上参照古典，引用相关文献记载，作为理论基础。这次引用《汉书·食货志》也是如此。因为在此前两年，宋太宗淳化二年（991），宋朝已经设置常平仓，更不用说之前的历朝，常平仓制度一直存在。所以，高丽以《汉书·食货志》的记载作为常平仓制度设计的范本，其经典意义要大于具体措施的参考价值。如忠宣王元年（1309），置典农司，也宣称效法汉常平仓。

仁宗即位时（1123），因为外祖父李资谦在朝廷的班次礼数问题，让大臣商议办法。宝文阁学士郑克永、御史杂端崔濡，按照"天子有不臣者三"的原则，认为仁宗外祖父李资谦属于不臣者之一的"后之父母"，应该不称臣，不与百官一样在殿廷朝贺，应该直接"诣幕次拜，上答拜而后坐殿"。这个建议得到了大多数人的赞同。但是宝文阁待制金富轼却不这样认为，他举了汉高祖尊太公为太上皇、东汉不其侯伏完、东晋穆帝母褚太后、魏帝父燕王宇的故事，并按《仪礼》五服，认为仁宗的外祖父并不属于特别尊亲的人。所以，李资谦应该上表称臣，在王庭行君臣礼，在宫闱则行家人礼。仁宗同意了这种做法。金富轼所依据的事例取自两汉、东晋、曹魏等，但作为根本原则的，仍是汉高祖拜其父为太上皇的例子，并认为"以此论之，虽天子之父，若无尊号，则不可令人主拜也"[1]。

熙宗四年（1208）十月，"改定昭穆位序，有所乖戾"，令大臣等据典籍与高丽礼制，展开讨论，一时众说纷纭。有人就举了《汉书》"父昭，子穆，孙复为昭"与《公羊传》"父为昭，子为穆，孙从王父"的例子，说明昭穆的顺序应该是固定的，只有这样才合乎礼制[2]。此前的靖宗二年（1036）十二月，徐讷、黄周亮等曾经讨论过昭穆的问题，以与始祖亲疏远近来确定昭穆，这种做法可能会使一些比较疏远而亲尽的被毁庙。现在按照《汉书》与《公羊传》的提法，就不存在这种问题。

恭让王三年（1347）三月，中郎将房士良上书，首先引《货殖列传》"用贫求富，农不如工，工不如商，刺绣文不如倚市门"，强调高丽当时的四民之中，以农最苦，工次之，而商人则"游手成群，不蚕而衣帛，至贱而玉食，富倾公室，僭拟王侯，诚理世之罪人也"[3]，应当将商人经营的纱罗、绫段、绢子、棉布等，施以官印，并根据其重量长短收税。如有逃税者，按律治罪。这次上书或许是针对高丽末年严重的社会问题。高丽末期，土地兼并严重，

---

[1] 孙晓主编《高丽史（标点校勘本）》卷九八《金富轼传》，第3017～3018页。

[2] 孙晓主编《高丽史（标点校勘本）》卷六一《礼三》，第1959页。

[3] 孙晓主编《高丽史（标点校勘本）》卷七九《食货志二》，第2524页。

大司宪赵浚等上书，称此时出现了"跨州包郡，山川为标"的私人农庄，许多良人农民沦为其奴婢。这样国家正常的租税收入受到了很大影响。或许出于这种原因，只能通过向商人征税的方式，增加国家的收入。

不过，在高丽时期，君臣引用《史记》《汉书》作为廷议论证与典章制订的依据，这种情况并不是绝对普遍的，只能说是相对于其他中国史书来说，比较突出。与引用儒家经典相比，引用《史记》《汉书》不仅有经典权威的意义，更有可以参考的具体措施。以上所举的高丽君臣利用《史记》《汉书》的例子，其所引文本与原文相差比较多，多数情况下只能算作义引，甚至如刺史六条这样著名的文献，高丽所引的也并非今本《汉书·百官公卿表》注中的内容，而是引《文选》卷五九《齐故安陆昭王碑文》注引《汉书音义》所列的六条。据《九朝律考》考证，这六条实为曹魏时贾逵任豫州刺史所定。金审言、沈之汉等引刺史六条时，明确说引自《汉书》，或许是受《文选》记载的影响，产生了错误的认识。

四 文章当须慕班马

《史记》《汉书》作为经典，在高丽君臣中影响广泛。除了以上诏书奏疏中引用相关史实，以及廷议论据与典章参考之外，在文学方面也对高丽文人产生了影响。

应该说，《史记》《汉书》的文学性，很早就被古代学者所重视。汉魏时期，司马迁因《史记》被当作文章家，《史记》文章叙述多受赞扬。唐代则出现了把《史记》当作"古文典范"的古文运动。宋代则开始从文学创作及人物描写角度对《史记》进行评论和研究。明清时期，则着重在《史记》的文章结构、写作艺术等方面[1]。而历代对于《汉书》文学性的考察，则不如《史记》丰富，主要原因在于《汉书》叙事工简，体例严整[2]。《史记》《汉书》作为史学名著，其文章风格也得到了历代文人的推崇与模仿，如论《史记》多以"文质""雄奇"称许，而对于《汉书》的评价，则是"博厚""高简""严整"，清代学者总结《史记》《汉书》的区别，认为《史记》"圆而神"，《汉书》"方以智"，被后世学者认为是精到之论。这是就《史记》《汉书》影响中国古代文学的时代特色而言，而对高丽文人的影响则可以具体到文章风格方面。

有学者认为，高丽时代早期，文人专习四六骈俪文，中期渐渐崇尚汉文与唐诗，末期兼习宋文[3]。如林椿在其《东行记》中记载自己在游历南国及溟原二州之后，认

---

1 可永雪：《〈史记〉文学成就论衡》，中央民族大学出版社，2012，第 12～17 页。张大可先生将《史记》的文学特质归结为四点，见氏著《司马迁评传》，可参看。

2 潘定武：《〈汉书〉文学论稿》，安徽大学出版社，2008，第 6～8 页。

3 〔韩〕金台俊：《朝鲜汉文学史》，张琏瑰译，社会科学文献出版社，1996，第 39 页。

为"向之所历者,宜皆逊让屈伏,无敢与抗矣",感叹风景"奇胜绝物""恍然若别造一世界",以为《史记》的文章风气,与司马迁游历四方奇景有很大关系。

> 昔司马太史尝游会稽,窥禹穴,以穷天下之壮观,故气益奇伟,而其文颇疏荡而有豪壮之风。则大丈夫周游远览,挥斥八极,将以广其胸中秀气耳。余若桎梏于名检之内,则必不能穷其奇,掺其异,以赏其雅志也,有以见天之厚余多矣。[1]

林椿是郑仲夫武臣之乱后出现的"海左七贤"之一。林椿在乱中仅一人幸免,又不应科举,故其为文常常悲叹科场困厄的境遇[2]。如他在与人信中论及自己科举不中,以项羽"天亡我,非用兵之罪"作比,"求试于有司,凡二举而不中。后遭难依违,迁就至今,才三举而须鬓几白。又辄废以疾病,则彼漠漠者,固有使之然耳。此项羽所谓天亡我,非战之罪也"[3]。又借《史记》《汉书》人物事迹,说明"将以有为,必资知己"的观点:

> 冯唐不遇于三世,空叹为郎。其或张子房贱为布衣,万户封侯足矣。金日䃅出于降虏,七叶内侍盛哉。以李广猿臂善射也,困于数奇。虽韩愈虎跃高文也,犹以贬老。苟无相拯而相援,安免自炫以自媒。是以毛遂为平原而请行,譬以处囊之颖。冯骥与孟尝而求见,乃悲弹铁之歌。[4]

在评论司马迁文风的同时,林椿以自己能感受司马迁的文风为庆幸,也不免为自己不第做一番解释。他以唐韩愈为文学典范,作品多关注社会问题[5]。韩愈是唐代古文运动的代表人物,为文仿先秦两汉,尤其重视《史记》。其《张中丞传后叙》历来被认作韩文继承《史记》的代表作品。不仅如此,在李朝文人中也有相同的认识,如南公辙称"张中丞传后叙似子长"[6],蔡济恭以"昌黎文百世师也。张中丞传后

---

[1] 〔高丽〕林椿:《西河集》卷五《东行记》,《韩国文集丛刊》第1册,韩国景仁文化社,1990。

[2] 〔韩〕李家源:《韩国汉文学史》,赵季、刘畅译,凤凰出版社,2012,第140~141页。

[3] 〔高丽〕林椿:《西河集》卷四《与赵亦乐书》,《韩国文集丛刊》第1册,韩国景仁文化社,1990。

[4] 〔高丽〕林椿:《西河集》卷六《上某官启》,《韩国文集丛刊》第1册,韩国景仁文化社,1990。

[5] 〔韩〕尹勇植:《西河林椿文学研究》,博士学位论文,檀国大学,1993,第39页。《西河集》卷二《次韵李相国见赠长句》中有"文止退之,书止颜真卿",可见林椿对韩愈的推崇,《韩国文集丛刊》第1册,韩国景仁文化社,1990。

[6] 〔朝鲜〕南公辙:《金陵集》卷二四《书画跋尾·柳公权兰亭书帖墨刻》,《韩国文集丛刊》第272册,韩国景仁文化社,1990。

叙，尤奇壮悲惋，尽是太史公亚匹"[1]。故而，林椿对于《史记》文风的欣赏，除了读《史记》原文之外，也应该与韩愈文章有关。

李朝中期文人申维翰在为《西河集》所作的跋中说：

> 不佞少读太史氏书，夫固以彼其才，落魄雁殃，至欲述空言而藏之名山大川，希觊夫不必然之境，其叙致胡伤而志胡迂也……先生视太史犹贤。[2]

林椿的个人遭遇与司马迁有相似之处，故申维翰以司马迁与林椿作比。至于申维翰以林椿贤于司马迁，还在于《西河集》被发现时的神话色彩。申维翰在跋中讲述了《西河集》发现的过程，是1716年由云门寺僧印淡梦见一个道士指点，在若耶溪旁松石间掘得一铜塔，内有铜盦，其中有《西河集》。由此，《西河集》便被赋予了灵性，成为天地万物、山川鬼神都护佑的神物，这当然比《史记》要高明得多。

高丽末有安辅（1302～1357），史称其人"性刚直廉洁，喜读《史记》《汉书》，为文章，去华取实，达而已矣"[3]。安辅的事迹仅见于《高丽史》，附于《安轴传》，其文章著作并没有保存下来，风格是否与《史记》《汉书》相同，也就无从比较。不过，李穀（1298～1351）《稼亭集》中有《送安员之曝史南归》诗，首句称"文章当须慕班马，事业亦可窥伊吕"，应该是对安辅文章风格的写照。

李仁老（1152～1220）在《破闲集》中记载了黄彬然向金莘尹学习《汉书》的佚事。

> 江夏黄彬然未第时，与两三友读书湍州绀岳寺。时金东阁莘尹名士也，醉发狂言，忤当时贵幸，徒步出城归绀岳，自云："老兵将还乡，请寄宿。"彬然悯其老且困，许焉。终日在床下无一言，偶取火箸画灰成字，势座皆指目："这老汉颇解文字也。"诘朝，公之子蕴琦，已登第也，率苍头两三人，负酒壶往寻及门。问于人曰："昨者家公出都门抵此，今在否。"答曰："但有一老兵来宿，安有金东阁耶？"蕴琦突入拜庭下，彬然伏地愧谢。公笑曰："措大尔安得知范雎之已相秦耶？"相与登北峰，坐松下石，共饮极欢。命座客赋松风各一韵，"断送玄猿

1　[朝鲜] 蔡济恭：《樊岩先生集》卷五九《杂著·书张中丞传后叙后》，《韩国文集丛刊》第236册，韩国景仁文化社，1990。

2　[朝鲜] 申维翰：《青泉集》卷五《林西河集跋》，《韩国文集丛刊》第200册，韩国景仁文化社，1990。

3　孙晓主编《高丽史（标点校勘本）》卷一〇九《安轴附安辅传》，第3339～3340页。

啸，掀扬白鹤冲"，彬然，"厌喧欹枕客，怕冷拾枯童"，宗昑，"冷然姑射吸，飒尔楚台雄"，无名，"鹤寒难得睡，僧定独如聋"，东阁也。是夕，剧饮而罢，彬然叩头愿受业，留数月，读《前汉书》毕方还。士林至今以为口实。[1]

金莘尹是高丽时代中期诗人，官至左谏议大夫等，其作品收入《东文选》。黄彬然，事迹不详。从以上事迹可以看出，金莘尹对于《史记》《汉书》应当比较熟悉，可以很恰当地运用《范雎传》的典故，并且家有藏书，可以教授学生读《汉书》。

五　成一家之史

朝鲜半岛早期史书如"留记""古记""传记""别记""乡传""别传"等，大多是故事体或传记体的。新罗、高句丽时期出现了以儒家思想为指导，并参考中国史书重修的史书，这些史书带有很强的神话色彩[2]。高丽时期，金富轼撰《三国史记》，徐居正称"富轼祖马史而编摩，所失者缀拾苴补"[3]，评价并不很高。所谓"缀拾苴补"，即《笔苑杂记》卷二中所说"掇拾《通鉴》《三国志》南北《史》、隋唐《书》为传记表志"，似不涉及《史记》《汉书》。不过，从前文所涉金富轼在仁宗外祖父李资谦问题上引用中国史书作答来看，他对《史记》《汉书》等书应当比较熟悉，在史书编纂与内容上，对两书有所参考。

高丽之前的修史体裁多是编年体或传记体，而金富轼撰《三国史记》采用了《史记》的纪传体。这种做法除了金富轼本人比较熟悉《史记》《汉书》，希望借鉴纪传体之外，还在于当时纪传体是中国历代正史的标准体裁。在《三国史记》之前，高丽时代的史书大多佚而不传。故金富轼认为当时士大夫"至于吾邦之事，却茫然不知其始末，甚可叹也"[4]。这是就史书缺乏、史实不明而言。另外，《三国史记》的编纂出于仁宗的授意，由金富轼撰进，属于官修史书。同时，金富轼还认为，《三国史记》的编纂，为"克成一家之史"[5]。所谓"成一家之史"，与《史记》"成一家之言"并不相同。司马迁的开创在于史书体例和历史叙述。《三国史记》虽然沿用了纪传体，记载了前代史书所缺的相关史实，

1　〔高丽〕李仁老：《破闲集》卷中《江夏黄彬然未第时，与两三友读书湍州绀岳寺》，韩国国立中央图书馆藏显宗元年（1659）刊本。

2　徐健顺：《朝鲜早期史书辨析》，《东疆学刊》2006年第2期，第51页。

3　〔朝鲜〕徐居正：《四佳集》补遗二《杂著类·进三国史节要笺》，《韩国文集丛刊》第11册，韩国景仁文化社，1990。

4　《进三国史记表》，〔朝鲜〕宋相琦等编《东文选》卷四四《表笺》，韩国古典综合数据库，http://db.itkc.or.kr/。

5　《进三国史记表》，〔朝鲜〕宋相琦等编《东文选》卷四四《表笺》，韩国古典综合数据库，http://db.itkc.or.kr/。

但更重要的是，从高丽国家层面考虑，需要编纂一部正史[1]。这是金富轼"克成一家之史"的本意。

《三国史记》对《史记》《汉书》体例的模仿比较全面，如都有本纪、年表、志、列传，史料的安排也同于《史记》《汉书》。如本纪中对三国诸王的叙述，采用编年体；对三国年表的处理同于《十二诸侯年表》《六国年表》等，所不同的是，加入了对应的中国王朝年号；志称为"杂志"，其内容安排则不同于《史记》《汉书》依时间为序，而是按典章制度分类叙述；列传则有专传与合传；同"太史公曰"一样，《三国史记》也有以"论曰"开头的史论[2]。

《三国史记》中的史论有31篇，大多从春秋笔法与儒家伦理的角度评论三国历史，不过其中也有评论《史记》《汉书》史实的。如沾解尼师今（247～261）即位年七月，谒始祖庙，封父骨正为世神葛文王[3]。对此，金富轼认为非礼，不可法，不符合《礼记》"为人后者，为之子"的经义，并列举汉宣帝即位时，欲封自己的父母，被大臣劝阻的史实。这段史论重点在于以汉宣帝史实来强调经义，也显示出金富轼对《史记》《汉书》相关文本的熟悉程度。

由于三国相关资料的缺乏，金富轼在撰《三国史记》时，对于涉及中国的记载，基本上以中国史书为基本资料。不过，《三国史记》参考中国史书的部分，有些内容并没有保持原貌，而是经过了修改。李大龙先生在对比了《三国史记》与《汉书·王莽传》对高句丽早期历史的描写之后认为，《三国史记》对王莽改王为侯，高句丽军队被征调进攻匈奴，严尤的奏言，高句丽侯驺被杀及传首京师等记载，都有文字改动或者故意省略的问题存在[4]。

高丽时期的另外一部史书《三国遗事》，在撰写过程中也参考了《史记》《汉书》等中国史书，同时对于新罗、高句丽始祖诞生的描写，与《史记》中对商、周始祖诞生的记载如出一辙。

六 理学影响下的高丽文人史论

高丽辛禑十四年（1389）初，辛禑发兵攻辽东，大将李成桂回军，废辛禑。典校副令尹绍宗通过郑地求见李成桂，献《霍光传》。李成桂令赵仁沃读而听之，仁沃极言复立王氏为高丽国王[5]。

1　一然的《三国遗事》将《三国史记》称为国史，也是出于这种认识。

2　周海宁：《中国文化对高丽、朝鲜时代史学之影响研究——以史学体例和史学思想为中心》，博士学位论文，上海师范大学，2013，第36～44页。

3　〔高丽〕金富轼撰、杨军校勘《三国史记》卷二《新罗本纪二·沾解尼师今》，第25页。

4　李大龙：《〈三国史记·高句丽本纪〉研究》，黑龙江教育出版社，2011，第54～64页。

5　孙晓主编《高丽史（标点校勘本）》卷一二〇《尹绍宗传》，第3651页。

尹绍宗所献的《霍光传》，应当是单抄本，因为《汉书》以霍光和金日䃅同传，若是刊印本，一册最少一卷，且不只有《霍光传》，而且，尹绍宗出于引起李成桂重视的考虑，也不会随便找一册《霍光传》，应该认真地书写一篇，作为谏书。其目的当然是想借用霍光废昌邑王立昭帝的史实，希望李成桂做霍光，因为当时已经有大臣提议让李成桂做高丽国王。

然而，《汉书》以霍光和金日䃅同传，有着明确的思想倾向。《汉书·叙传下》评论霍光"权定社稷，配忠阿衡"，这是肯定的方面，但同时也有"怀禄眈宠，渐化不详，阴妻之逆，至子而亡"，而对金日䃅的评价则全是肯定，认为他"秺侯狄孥，虔恭忠信，奕世载德，贻于子孙"[1]。故此传的主要目的在于强调忠信。

尹绍宗[2]曾任史官，后转为正言，即谏官。尹绍宗多次上疏陈时事，在疏中经常引用宋儒的言论。如天位天民说，"天命之性本善无恶"，"天性之真得其养"，"纲常天下国家之大本"等，并希望"凡宫人内臣亦用程子经筵之奏"。恭让王时，欲读《贞观政要》，尹绍宗认为当讲《大学衍义》。《大学衍义》的内容均"征引经训，参证史事"（四库全书提要），尹绍宗之弟会宗，上疏论辛禑嗣高丽王位，举汉王莽、曹操事迹，认为"作史者皆书曹丕之年以帝魏矣，独朱文公修《纲目》，黜曹丕之年，而特书昭烈皇帝章武元年，以正汉家之统"[3]，说明尹氏兄弟接受了宋儒及其史学思想。

宋代史学存在理学化的趋势，这种趋势与宋代庆历年间兴起的怀疑汉经师说，以己意说经有关。在这种风气之下，学者批评汉儒的注疏、训诂，重新考辨先秦以来的典籍，进而推动了宋代史学疑古的思潮。宋儒对于《左传》这部之前并不偏重于微言大义的史书，注重其"笔法"，使之变成宋儒心目中的"经世之大法"，并影响着史学义例的创立。《春秋》大义与正名思想，反映到宋代史学上，就表现在重视儒家伦理与正统观念。宋代史学的理学化过程，至朱熹为集大成者[4]。宋儒对于史学的观点是，史学应当以明义理为第一要务，包括朱熹道学派与浙东学派在倡导"史以明义"这一点上有共通之处。这种史学方法不再满足于以实录为主要目标的史书编纂方式，转而追求历史现象中的"理"或者"道"，并推动了讲求义理、进行思辨的史论的发展[5]。

---

[1] （汉）班固:《汉书》卷一〇〇下《叙传下》，第4259页。

[2] 著有《桐亭集》。

[3] 孙晓主编《高丽史（标点校勘本）》卷一二〇《尹绍宗附会宗传》，第3658～3659页。

[4] 王东:《宋代史学与〈春秋〉经学——兼论宋代史学的理学化趋势》，《河北学刊》1988年第6期，第47～52页。

[5] 刘连开:《理学和两宋史学的趋向》，《史学史研究》1995年第1期，第50～57页。

高丽中后期，《资治通鉴纲目》《大学衍义》等宋儒著作逐渐被高丽文人所接受，宋代史学注意史论、讲求义理的特点，也在高丽文人及其著作中开始出现。尹绍宗献《霍光传》，是想借史书中的微言大义，达到进谏的目的，这种方式比起长篇大论的奏疏要有效得多。这一时期，高丽文人的著作中也出现了一些史论，如李奎报（1168~1241）的《为晁错雪冤论》《韩信传驳》《唐书杜甫传史臣赞议》《屈原不宜死论》《卫鞅传论》《秦始皇不焚周易论》，李齐贤（1287~1367）的《范增论》《伍员、苏不韦论》，李榖（1298~1351）《赵苞忠孝论》《后汉三贤赞》《吊党锢文》《杯羹说》，李詹（1345~1405）的《霍光论》等[1]。这些史论以汉唐人物为主，评价标准的基础当然是儒家伦理与道德标准。如李奎报的《卫鞅传论》认为，按《史记》载卫鞅先遗书魏公子卬，称两国不相攻，可相聚乐饮而罢，以安秦魏。但当宴饮时，卫鞅以伏甲灭魏军。这种做法"非义"。战场上的兵不厌诈，如声东击西、左实右虚之类，皆属于权谋。而卫鞅的做法，属于无信。最终得出"夫诈者，一时之利也。信者，久长之计也"的结论[2]。再比如李榖的《杯羹说》。楚汉相争时，刘项对峙于广武，项羽将太公置于高俎，欲烹之。刘邦称与项羽为兄弟，"吾翁即汝翁。必欲烹乃翁，幸分我一杯羹"。此为"杯羹说"的由来。李榖甚至因此怀疑历来关于刘邦"宽仁大度"的说法，认为刘邦仅考虑胜负，不顾及太公的安危，而且"杯羹说"出于人子之口，与项羽杀义帝一样，同属违背礼义。或者有人认为，刘邦为夺取天下，不会放弃取胜的机会，更显示其大度。况且，刘邦也认为项羽不会加害太公。对此，李榖认为，项羽不杀太公，可能是偶然情况。故刘邦虽然最终成功了，但取天下并非以仁义，否则"汉道之盛，岂止几于成康乎"[3]。以儒家伦理与道德标准来评论相关人物史实，避免功利，是高丽文人史论的主要特点。因此，秦统一六国，汉唐之治道，在后世史学家看来，有重大的历史意义，但在高丽文人看来，却是违背仁义，有"惭德于父子间"。

不仅是史论，这一时期高丽文集中还出现了大量以中国史书为体裁的咏史诗，长篇的如李承休《帝王韵纪》，李奎报《开元天宝咏史诗四十三首》，再就是李榖、李齐贤、李詹等人的文集中，也出现了大量咏史诗。这些咏史诗很多直接以中国史书中人物的名字为题，涉及先秦、秦汉、唐代等众多人物[4]。不仅如此，高丽文人在

1　分别见《东国李相国全集》卷二二、后集卷一二，《益斋乱藁》卷九，《稼亭集》卷一、七，《双梅堂箧藏集》卷二三等。
2　〔高丽〕李奎报：《东国李相国集》卷一二《卫鞅传论》，《韩国文集丛刊》第1册，韩国景仁文化社，1990。
3　〔高丽〕李榖：《稼亭集》卷七《杯羹说》，《韩国文集丛刊》第3册，韩国景仁文化社，1990。
4　师存勋：《李奎报咏史诗研究》，博士学位论文，中央民族大学，2011，第195~197页。

咏史诗中也表达了对朱子史学的推崇之情。如李穑的《咏史有感》：

> 公羊清映春秋传，司马豪留史记篇。笔削作经麟自出，考亭纲目日行天。

与《公羊传》《史记》《春秋》这些经典相比，朱熹的《通鉴纲目》如同挂在天上的太阳，成为必不可少，永恒的标准。

郑梦周（1337～1392）被推为东方理学之祖。恭愍王二十一年（1372）郑梦周出使明朝，一路所作诗文收在《圃隐集》卷一至二，其中《韩信墓》[1]一首：

> 嗣子孱柔诸将雄，高皇无复念前功。楚王饮恨重泉下，千载知心只晦翁。

郑梦周认为，只有朱熹才能了解韩信。由此可见，在评论历史人物方面，高丽文人对于朱熹及其史学思想的推崇程度。

而且，以上这些人除了儒学与诗文之外，还参与过史书编纂，如李齐贤、李穀曾参与增修闵渍的《编年纲目》，李詹曾以"史官近侍"。李齐贤不仅自己关注史学，编纂史书，而且以《史记》《汉书》教授学生。韩修（1333～1384）十余岁的时候，"以门荫再为真殿直别将，以故不永仕。讨论坟典，从益斋先生读左传、史、汉"[2]。

以上是高丽时代及之前朝鲜半岛接受《史记》《汉书》的基本情况。这种情况与当时《史记》《汉书》版本的存在方式有关。这一时期存在多个版本，包括宋元明三朝赐予的中国本及高丽刊本等，可能会有一些时间更早的抄本。由于没有实物流传下来，而且文献中相关记载也较少，我们对这些版本的细节并不了解，只能通过三国、高丽时代，相关人物及著作对《史记》《汉书》的引用和评论，了解两书传播的大体情形与特点。

高丽时代虽然已经有了雕版印刷，并能印行大型书籍，但以雕版印刷的书籍，数量十分有限，并不普及。高丽末期文人郑道传指出"所恨东方典籍少，读书无人满十箱"，因此他建议"置书铺铸字"，使"凡经史子书诸家诗文，以至医方兵律，无不印出，俾有志于学者，皆得读书，以免失时之叹"[3]。可见，高丽时代虽然有《大藏经》这样大规模的书籍，但其他经史子集诸书，仍比较稀见，故《史记》《汉书》版本也存在流布不广的现实情况。这一时期人们对《史记》《汉书》的接受并不是很广泛，基本集中于王室与中央官吏，一般

---

1 〔高丽〕郑梦周：《圃隐集》卷一《诗·韩信墓》，《韩国文集丛刊》第5册，韩国景仁文化社，1990。

2 〔高丽〕李穑：《牧隐藁》卷一五《碑铭·韩文敬公墓志铭》，《韩国文集丛刊》第3册，韩国景仁文化社，1990。按，韩信墓在淮安府城西四十里。

3 〔高丽〕郑道传：《三峰集》卷一《置书籍铺诗并序》，《韩国文集丛刊》第5册，韩国景仁文化社，1990。

文人与普通民众的相关事例则较为少见。

同时，从三国时代至高丽末期，经历了唐、五代、宋、元、明初等历史时期，其间中国历代思想、史学、文学的发展变化，也在一定程度上影响了朝鲜半岛。如在史学方面，汉唐史学长于著述，重视以史为鉴、经世致用，而宋代史学除了这两点以外，在初期继承中唐以来师法《春秋》义例，在史书中寓褒贬笔削之意的做法，又受到儒学发展变化和理学思想的影响，表现出援经入史，以史学阐示义理的特点[1]。特别是《通鉴》《纲目》等宋儒编撰史书的传入，对高丽末期文人的史学观念，产生了较大的影响。因此，《史记》《汉书》在三国时代至高丽末期的接受，也出现了从以史为鉴、经世致用向以史学阐示义理、重视史论的转变。高丽末期文人也同宋儒一样，撰写了与《史记》《汉书》人物有关的史论，以儒家伦理与道德标准来评论人物史实。同时，三国时期编纂的史书，基本上是以故事传说为主的传记体，高丽时代则出现了参考《史记》纪传体的《三国史记》《三国遗事》。而且，《三国史记》的编纂，最重要的意义在于，高丽时代有了自己国家的官修正史。在文学方面，三国时期文人如崔致远等，受晚唐骈俪文风的影响，"殊不类古作者"[2]，对于《史记》《汉书》的接受，仅限于有关典故的引用。而高丽时代则出现了金富轼、李齐贤、林椿、安辅等人对《史记》《汉书》文章风格的学习。这些表现都为朝鲜时代所继承与发扬，并呈现新的特点。

1　李峰：《北宋史学思想流变研究》，人民出版社，2013，第7页。

2　〔朝鲜〕洪奭周：《校印桂苑笔耕集序》，《韩国文集丛刊》第1册，韩国景仁文化社，1990。

五

妈祖文化与海洋史研究

试论高校传承和弘扬妈祖文化的意义
——以莆田学院的实践为例

宋建晓（莆田学院）

一 引言

妈祖文化是劳动人民千百年来尊崇、信仰妈祖过程中遗留和传承下来的物质及精神财富的总称，它肇于宋，成于元，兴于明，盛于清，繁荣于近现代，是中华民族重要的文化瑰宝之一。继承与弘扬妈祖文化，充分发挥其之于现代社会文化认同和民族认同等问题的重要价值，越来越引起学界的重视。如陈兴贵提出现代社会的妈祖信仰被赋予了文化认同、民族认同、民族凝聚力等新的社会功能[1]。陈淑媛指出妈祖信俗是以崇奉和颂扬妈祖的立德、行善、大爱精神为核心，以妈祖宫庙为主要活动场所，以庙会、习俗和传说等为表现和传承形式的民俗文化[2]。俞黎媛阐述了妈祖信俗从传统的慈善参与到社会公益是一种历史趋势，应该使这类活动社会化、生活化、常态化和制度化[3]。董菁等人基于价值判断的视角，指出妈祖文化的保护价值在于其具有博大的人文内涵、巨大的精神力量、崇高的社会理想、作为特殊的文化纽带和重要的战略资源的特殊地位[4]。苏文菁等梳理了涵江霞徐天妃宫庙创立至今的命运谱系，总结出妈祖在五个时期的社会历史功能，既体现了国家意识与民间需求的分分合合，也反映了人民在这一过程中的主体性建构作用[5]。王见川的《颜思齐传说与新港奉天宫"开台妈祖"信仰的由来》、柳秀英和黎鸿彦的

---

1 陈兴贵：《神圣与世俗 妈祖信仰的社会文化功能演变》，《中国宗教》2009年第12期，第32~33页。
2 陈淑媛：《信俗类人类非物质文化遗产的保护与开发——以莆田妈祖信俗为例》，《莆田学院学报》2011年第3期，第1~5页。
3 俞黎媛：《当前福建"妈祖热"的生态学研究》，《莆田学院学报》2014年第1期，第1~8页。
4 董菁、徐业龙：《基于价值判断的妈祖文化保护与开发利用》，《莆田学院学报》2015年第6期，第18~21页。
5 苏文菁、韩朝：《社会变迁视角下的妈祖庙功能分析——以涵江霞徐天妃宫为例》，《发展研究》2016年第5期，第85~89页。

《从六堆天后宫的兴建历史谈妈祖信仰的在地开展》、杨淑雅的《台湾高雄旗后天后宫的创建与发展》、施义修的《妈祖文化的价值观》等文献资料以生动形象的形式对台湾的妈祖信仰史做了细致的探究和说明[1]。

也有不少学者以其自身的异域视角对妈祖信俗开展过系统的研究工作，如1918年日本学者伊能嘉矩在东京大学《人类学杂志》发表了《台湾汉人信仰之海神》，率先从现代意义上研究妈祖信俗[2]。马来西亚吴明珠在其《妈祖文化在地化：马来西亚一个个案研究》一文中探讨了由华人建立的水尾圣娘庙在当地的建立和发展情况[3]。新加坡学者骆明也从民间信仰的角度，对比"关公"和"妈祖"，深入分析其由"人"至"神"的嬗变路径[4]。

客观来说，全球范围内众多宗教林立，以及妈祖信俗传播受众的有限性导致了目前学界对妈祖研究较多的国家仍是以妈祖信俗诞生国——中国为主，国际学者大多仅仅是将妈祖作为一种宗教信仰来研究。在国内，绝大多数关于妈祖文化与妈祖信俗的研究亦是依然停留在考察妈祖的神格化形象及其神职功能对信众的教化意义。大陆对妈祖信俗的研究侧重于相关文献资料和档案的整理，主要集中于介绍妈祖文化在世界非物质文化遗产保护中的重要性以及妈祖文化的传承价值，存在的主要问题是研究成果雷同现象颇为严重。而台湾由于其特殊条件而形成的台湾妈祖信仰文化，既与大陆民间信仰文化有着千丝万缕的联系，又带有其特殊的乡土文化的印记。但截至目前，台湾关于妈祖信俗的研究也仅仅局限于表面现象或是具体行为的描述，妈祖信仰与社会结构关系等议题亦亟待受到重视。

从目前国内外研究来看，忽视了妈祖信俗这一民间信仰所形成的文化在"一带一路"背景下对高校发展所起的作用，另外，也缺乏对妈祖文化育人方面的探讨思考。因此，本文着重在"一带一路"背景下探讨妈祖文化对高校发展所起的作用，将妈祖文化与高校管理相结合，使之成为能够助推高校治理方式创新的一股重要力量，并以莆田学院为研究对象，深入分析其在传承和弘扬妈祖文化方面的有益经验，进而提出培养妈祖文化传

---

[1] 孟建煌、许元振：《弘扬妈祖文化精神，架设两岸交流桥梁——2013年海峡两岸妈祖文化学术研讨会综述》，《国家航海》2013年第2期，第127~133页。

[2] 〔日〕伊能嘉矩：《台湾汉人信仰之海神》，《人类学杂志》第303卷第6、第8号，1918年。

[3] 吴明珠：《妈祖文化在地化：马来西亚一个个案研究》，《2016年国际妈祖文化学术研讨会论文汇编》（下），福建莆田，2016年10月。

[4] 骆明：《从"人"到"神"的递嬗：说"关公"与"妈祖"》，《2016年国际妈祖文化学术研讨会论文汇编》（下），福建莆田，2016年10月。

播使者、服务国家"一带一路"倡议的思路。

二 高校传承和弘扬妈祖文化的重大意义

妈祖文化是集中华儒、释、道文化与海洋文化的一种"活态"文化。2009年，妈祖文化核心部分"妈祖信俗"入选世界非物质文化遗产名录，成为我国首个也是目前唯一的信俗类世界遗产。2016年3月，"发挥妈祖文化等民间文化的积极作用"写入国家"十三五"规划，成为国家战略。2013年以来，在"一带一路"的国家倡议下，聚焦构建互利合作网络、新型合作模式、多元合作平台，倡导政策沟通、设施联通、贸易畅通、资金融通、民心相通，契合沿线国家的共同需求，为沿线国家优势互补、开放发展开启了新的机遇之窗。各高校积极响应"一带一路"倡议，纷纷成立相关研究平台，开展专题研究，大力实施"丝绸之路"留学推进计划，为民心相通培育使者，并全面拓展与深化教育人文交流，为民心相通系牢纽带。以妈祖文化为代表的东方海洋文明，体现了海洋精神的"和平""和谐""包容"，获得广泛的认同和接受，为海上丝绸之路沿线国家活动往来提供了稳固的文化条件，在"一带一路"倡议实施中有着重要的现实意义。因此，高校要以传承弘扬妈祖文化为切入点，积极融入"一带一路"建设，与海丝沿线国家、地区广泛开展教育文化交流，培养海丝高端人才，增进沿线国家、地区对中华文化的认同，争取在构建21世纪海上丝绸之路的文化纽带中赢得先机。高校传承和弘扬妈祖文化，意义重大。

近年来，随着内地（大陆）与台港澳地区民间交流的增多，高校也成为交往的主体，表现在教师的考察访学、互派交换生和各类型的参访等。如南京大学从2000年开始，每年举办重点对台交流项目，邀请台湾高校师生来大陆进行为期一周左右的主题考察学习，举办了"我们共同拥有21世纪""两岸大学生研习营""心园、校园、家园——两岸大学生精神文化溯源之旅"等活动，台湾地区参加师生360人次，使台港澳地区参加学生对祖国产生强烈的感情，在社会上引起了较大的反响[1]。在台港澳地区，妈祖文化影响深远，仅台湾妈祖信众就达1000多万人，占台湾人口的2/3[2]。作为民族文化象征的妈祖文化既是联结台港澳人民感情的纽带，也是沟通台港澳民间往来的桥梁。因此，内地（大陆）高校以妈祖文化为纽带，加强与台港澳地区民间交往，必将增进相互认同，

---

[1] 《江苏积极开展与台湾教育领域的交流与合作》，http://www.jyb.cn/china/gat/200912/t20091210_329264.html。

[2] 宋建晓：《21世纪海上丝绸之路中的妈祖文化》，《光明日报》2015年7月22日，第10版。

凝聚广泛共识，扩大合作范围，推动互利共赢。

三 莆田学院传承和弘扬妈祖文化的路径探析

莆田学院位于妈祖的故乡——福建省莆田市，是一所百年地方本科高校，办学历史可追溯到1898年创办的兴化圣教医院附设护士训练班。近年来，莆田学院注重以人才培养为中心、以平台建设为依托、以服务社会为宗旨，集中全校力量，协同校外资源，在传承和弘扬妈祖文化方面逐渐形成地方高校办学特色。

（一）以培养有特色应用型人才为中心

学校加强妈祖文化人才培养的顶层设计，成立了"妈祖文化传播学院"，将妈祖文化融入应用型人才培养的全过程，着力培养特色鲜明的妈祖文化应用型人才。一是推进妈祖文化人才培养模式改革。在本科生中开设"妈祖文化传播人才培养特色班"，2016年第一届有49名学生，培养为"海丝"建设服务的妈祖文化传播应用型专门人才，在全国高校中开妈祖文化本科专门人才培养的先河，并设立湄洲妈祖祖庙董事会专项奖学金，奖励妈祖文化课程成绩优秀的学生。围绕培养妈祖文化传播的高层次人才，申请"社会学（妈祖文化）"学术型硕士建设培育点，与福建师范大学联合培养社会工作（妈祖文化）方向硕士研究生。鼓励教师吸收学生参与妈祖文化相关的科研课题，至目前学生共申请妈祖文化研究课题25项，学生将妈祖文化作为毕业论文或设计作品共有700余篇（件）。二是推进妈祖文化与课堂教学相结合。把妈祖文化作为社会主义核心价值观的重要载体，开设"妈祖文化概论"等全校性"妈祖文化"公共选修课，出版《妈祖文化教育概论》等教材，加强思想政治理论课建设，打造妈祖文化特色通识课程。在旅游管理、汉语言文学、新闻学、广告学等专业中开设"妈祖文化活动策划""妈祖文化产业""妈祖文化传播"等专业选修课。在音乐、学前教育、工艺美术、视觉传达、体育教育等专业开展融合妈祖文化的专业实践活动。在创新创业教育中融入妈祖文化元素，激发学生创意思维，指导学生策划妈祖文创产品。三是推进妈祖文化进入第二课堂。立足专业特色，创新载体，开展形式多样、丰富多彩的妈祖文化第二课堂活动，形成校园文化特色品牌。如举办了大爱校园·妈祖文化知识竞赛、妈祖明信片设计大赛、妈祖主题征文比赛、妈祖祭祀舞蹈"三献礼"表演、妈祖文化名家讲座、融合健身操和妈祖文化的妈祖颂等系列活动。2016年妈祖文化艺术节获福建省高校校园文化建设优秀成果二等奖。

（二）以打造高端妈祖文化研究平台为依托

学校2005年4月成立妈祖文化研究所，2008年1月升级为妈祖文化研究中心，2012年12月在此基础上成立妈祖文化研究院。目前已获批福建省社科妈祖文化研究基地、省高校特色新型智库、"妈祖文化传承与发展省级2011协同创新中心"等妈祖文化科研创新平台,为整合校内外资源发挥资政作用,提供了重要条件。中国社会科学院历史研究所文化史研究室主办的《形象史学》开设妈祖文化研究栏目,也为海内外妈祖文化研究专家学者搭建了高水平的学术交流平台,并集聚了一批以教授、博士为核心,包括多学科在内的专门人才。以平台建设为依托,扎实推进妈祖文化研究,取得丰硕的学术成果,不断丰富妈祖文化教材和教学内容,为提升应用型妈祖文化人才培养质量和妈祖文化师资水平奠定坚实基础。先后承担妈祖文化研究的国家社科基金项目6项,教育部社科项目2项,福建省社科基地重大项目7项、省社科一般项目9项、省自然基金项目1项、省科技厅软科学项目1项、教育厅项目36项,莆田市科技局项目4项,横向项目12项。出版《妈祖学概论》、《妈祖文献史料汇编》(第一、二、三辑)、《妈祖文献整理与研究丛刊》(第一、二辑)、《妈祖文化研究论丛》(Ⅰ、Ⅱ、Ⅲ、Ⅳ)等50多部著作,在CSSCI等刊物上发表190多篇论文,获福建省、莆田市社科奖等14项。打造妈祖文化研究资料信息基地,建有国内最大的妈祖文化电子资料库和图书资料库,与湄洲妈祖祖庙董事会联合建设妈祖宫庙数字信息服务平台。聘用海外特约研究员,调查和研究日本、韩国、马来西亚、新加坡妈祖文化传播发展的历史与现状。与厦门大学、福建师范大学合作编撰的《妈祖信仰世界传播史》已进入出版阶段。2006年开始,《莆田学院学报》创办妈祖文化特色专栏,已刊发6期《妈祖学刊》,创办学术刊物《妈祖文化研究》,在妈祖文化研究界产生了较大的影响力。

(三)以开展妈祖文化对外交流活动为载体

利用文化资源和区位优势,承办第三届、第四届、第七届海峡论坛,主办第一届、第二届海峡两岸妈祖文化研究学术研讨会,第一届、第二届、第三届国际妈祖文化学术研讨会,多次组团赴台湾开展妈祖文化学术交流,与台湾高雄海洋科技大学、台湾中台科技大学、新港奉天宫世界妈祖文化研究暨文献中心等建立妈祖文化研究合作关系。开展海峡两岸妈祖文化体验周、台湾大学生八闽行活动,通过妈祖文化互动教学、参访妈祖宫庙、制作创意产品等方式,增进台湾民众对中华文化的认同,传承和弘扬中华优秀传统文化,促进两岸青年交流。举办华裔子弟寻根夏令营活动,增进祖地文化认同,建立各国青年之间交流的渠道。与此同时,大力推动妈祖文化志愿服务活动,如莆田学院参与省运会、世博会、农运会、天下妈祖回娘家、妈祖金身巡安兴化等大型活动的妈祖文化民俗表演,2011年起承担春秋妈祖祭典的表演任务。将妈祖精神融入志愿服务工作,引导学生做"立德、行善、大爱"妈祖精神的建设者、传播者、倡导者,开展社区医疗服务、医学知识宣传、暑期医学社会实践等活动,培育医学生的医学人文素养。

四　莆田学院进一步打造妈祖文化品牌的思路

莆田学院作为一所地方本科高校，位于福建沿海中部，靠近宝岛台湾，对台联系很密切，而且处在妈祖文化发祥地，拥有丰富的妈祖文化资源，对于进一步传承弘扬妈祖文化，彰显其在"一带一路"建设中的作用，具有独特的优势。

（一）聚焦培养妈祖文化传播使者

随着妈祖文化在海外的传播扩大，妈祖文化已成为全人类尤其是21世纪海上丝绸之路沿线国家、地区共属的精神财富。为了更好地传承和发展妈祖信俗这种非物质文化遗产，莆田学院自觉担负起了培养妈祖文化传播使者的重任，让妈祖文化的力量得以薪火相传。一是要推进妈祖特色学科建设。学科是教学、科研和人才培养的结合点。学科建设是知识传承创新与学科优势累积的过程，是学术水平和核心竞争力的重要体现。虽然"妈祖学"学科的创立受到学术理论界的肯定，但部分学科基础理论问题还有待突破；妈祖学作为综合性、交叉性学科的目标定位不明确，与政治、经济、社会、宗教、民俗、建筑等众多领域的融合度不高。因此，要按照"分层建设、重点突破、整体提高"的思路，把握学科建设方向，构建学科配套支撑和专业结构布局合理的"妈祖学"学科体系，打造省级乃至国家级特色重点学科，使"妈祖学"学科成为学校办学特色中最主要和最鲜明的标志。坚持学科建设与人才培养的实践统一，以学科发展带动专业建设，整合社会学、宗教学、汉语言文学、艺术学、建筑学、体育学等学科研究力量，打造妈祖文化特色应用学科群和专业群，把培养妈祖文化传播使者作为目标追求。二是要探索妈祖文化育人模式。在人才培养内容上，把妈祖文化编入教材，使之走进课堂和实验实训场所，在学生人文素养、职业素养和专业素养教育中体现妈祖精神，特别是将思想政治工作寓于妈祖文化传承中，挖掘妈祖文化与社会主义核心价值观一脉相承的内涵，使社会主义核心价值观更加接地气。在人才培养载体上，通过开展妈祖舞功操、纪念日民俗系列活动等，理解妈祖文化的内在要求，让妈祖精神入脑入心，转化为实际行动。在人才培养环境上，实施"馨香传承、大爱莆院"妈祖文化工程，推进教风学风建设，让"立德、行善、大爱"的妈祖精神融入师生日常生活，表现在言行举止方面，成为师生自觉的行为规范。

（二）着眼构建世界妈祖文化研究中心

平台基地建设是提升学科建设水平，发挥文化优势的重要手段。莆田市以举办世界妈祖文化论坛为载体，加快建设具有两岸融合、海丝精神、国际影响的集朝圣、论坛、旅游、交流、展示、研究、教育、创意于一体的世界妈祖文化中心。在这一发展机遇下，莆田学院寻找自身定位，着力搭建世界妈祖文化研究平台。本文认为，应从以下几个方面着手。一是突出资源整合。依托福建省妈祖文化研究会，与国内外知名机构"高位嫁接",推动成立世界妈祖文化研究会。充分发挥妈祖文化传承与发展协同创新中心作用,有效利用中国社会科学院历史研究所、厦门大学、福建师范大学、华侨大学、世界妈祖文化研究暨文献中心(台湾)等协同单位的学术力量,申请国家社科基金重大招标项目,推进妈祖文化与"一带一路"倡议、妈祖文化与社会治理、妈祖信仰与两岸关系、妈祖"世界非物质文化遗产"传承与传播、妈祖文化产业、妈祖学学科理论体系等领域的研究。构建全方位、立体化、互动式的文化交流合作机制,进一步整合校内外资源,尤其是海峡两岸及海外科研机构的研究力量,继续收集整理妈祖文献,统筹编纂"妈祖藏",开展全球妈祖文化普查工程,建立全球妈祖文化信息数据库,使莆田学院成为世界妈祖历史文化资料中心。二是突出人才支撑。加大对妈祖文化高层次创新人才和领军人才的引进力度,培养妈祖文化研究的后备力量,形成一批为国内外所认可的知名妈祖文化专家队伍。优化专家聘请工作机制,不断探索高层次研究人才聘用方法和途径,建立健全客座教授、海外特约研究员、民间研究力量等专家聘用管理机制,为可持续、高水平的妈祖文化研究人才队伍建设提供有力保障。三是突出成果转化。注重追求学术前沿,服务国家战略和地方社会经济发展需求,坚持基础研究与应用研究相结合,加大培育和组织申报力度,开展高水平的妈祖文化研究。进一步完善妈祖文化研究培育体系,设立妈祖文化基金和研究开放课题,加大成果资助奖励力度,鼓励海内外力量参与妈祖文化研究。优化科研工作评价体系,鼓励和引导严谨治学,深入开展妈祖文化社会实践和田野调查,不断提高妈祖文化理论研究的社会价值。以举办妈祖文化国际学术研讨会为契机,不断提升妈祖文化学术交流层次,丰富妈祖文化学术交流成果。

(三)立足服务于"一带一路"国家倡议

服务社会是人才培养和科学研究功能的延伸。莆田学院自觉把服务于"一带一路"国家倡议作为立足点,不断推动妈祖文化走出国门,使之成为一张亮丽的世界名片。一是助推妈祖文化软实力的提升。积极参与联合申报"海上丝绸之路·中国史迹"世界文化遗产,深度参与妈祖文创产品研发中心建设,结合莆田工艺美术产业优势,进一步开拓妈祖文创产品市场。着力提高旅游产业规划水平和旅游人才培养质量,推动莆田市妈祖文化旅游产业发展。创新妈祖文化传播方式和载体,打造莆田妈祖文化节。挖掘医学志愿服务的妈祖文化内涵,建构妈祖文化志愿服务内涵体系。深化闽台区域文化交流,建立省级对台妈祖文化交流基地,巩固和提升妈祖文化在两岸和海外华人之间的精神桥梁和文化纽带作用。二是助推妈祖文化影响力的扩大。按照"特色凝练—品牌打造—品牌传播—特色品牌形成"路径建设学校妈祖文化品牌,充分体现办学定位和特色,在更高起点、更宽视野、更广领域传承和弘扬妈祖文化。开发国际汉语推广外派教师和妈祖文化志愿者人才库,推动在海外孔子学院,尤其是向"一带一路"沿线国家传播妈祖文化,宣扬妈祖文化是中国传统文化的重要组成部分,构建有影响力、可接受的话语体系。依托海外宫庙妈祖文化资源,传播和弘扬妈祖文化。加入"新海上丝绸之路"大学联盟,推动在校际人才培养、科学研究、文化沟通等领域开展交流合作,将妈祖文化打造成"一带一路"建设的文化支点,让妈祖成为人类命运共同体的文化使者。

综上所述,莆田学院立足服务于"一带一路"国家倡议,着眼构建世界妈祖文化研究中心,聚焦培养妈祖文化传播使者的思路,不仅仅是地方高校落实立德树人根本任务的创新举措,更是传承发展地方文化的探索实践,对于地方高校融入全局、找准位置、追求特色发展很有借鉴意义。

清代海路针经中"印礁"之神明因素探析
——以"妈祖印（礁）"为主

■ 叶文艳（福建师范大学社会历史学院）

一 何为海路针经

古代航海者航行于变幻莫测的汪洋大海，必须熟悉不同航线的方向、气候、洋流、潮汐，以及各个地方的沙线、水道、礁石、泥底、石底、停泊点的深浅等，海路针经即是记载这些重要信息的海上导航手册。

海路针经包括海道针经（或称为"航海针经"）和水路簿（或称为"针路簿""更路簿"）两大类。

水路簿是指流传于民间的海上导航手册，为渔民、水手海上航行经验的总结，多以口头或者手抄本的形式流传下来，主要记载各条航线所经的港口、岛礁等地名，以及航行方向（即针位）、距离（即更数）和各条航线的注意事项（包括气候、潮汐、洋流、暗礁等）。内容相对简要实用。

海道针经是指经过文人整理加工而成的海上导航手册，它以民间的水路簿、针路簿、更路簿为基础，整理、综合多种针簿的主要内容，编辑成册，内容比水路簿丰富复杂。其中"针路"是海路针经最主要的内容，在航海罗盘的指引下，从甲地到乙地的某一条航线上有不同地点的航行方向，将这些航向连接成线，就是针路，即今日航线之意。大凡针路，都写明开船地、航向、航程、水深、到达地，有的还包含礁石、天气、祭拜的神明等注意事项。

二 清代海路针经中冠以神明名号的"印礁"史料

海路针经内容丰富，其中记载有部分冠以神明名号的礁石，并往往称之为"印"或"印礁"，如"妈祖印""妈祖印礁""王爷印""大王印""关帝印"等。为何把冠以神明名号的礁石称为"印"？笔者认为，之所以称为"印"，是因礁石的礁面平整如印章。将"印礁"冠以神名，体现该神明的传播范围和影响力。

据2016年2月出版的《中国历代海路针经》所载，清代海路针经中出现不少礁石冠以神名的现象，兹将相关史料辑录如下（部分地名后加括号为笔者所注的地名今地所在）。

（一）泉州佚名《源永兴宝号航海针簿》

泉州《源永兴宝号航海针簿》（图1），收藏于泉州海外交通史博物馆。该针簿中记载有"香港敲出目门关"航线，此航线是由香港至厦门，其中就涉及"妈祖印"的记载：

> 食蛋奥好抛船，打水五六托。内鼻有拖尾，不可太倚。奥底有礁一块，名曰妈祖印，水退打水，出水，南北可过。[1]

该针簿还有一条"厦门往北敲垵边"航线，是由厦门港出发，往北至浙江的航线，其中也出现10条关于"妈祖印""妈祖印礁""关帝印礁"的记载：

> 妈祖印直看广山顶内洴搭海塂白石盘，有石头一块，名曰洴石，与内洴獭入，下洴石獭出正身办。[2]

> 米盾仔鼻头内，西南有网尾礁一块沉水，水退犯船。西有妈祖印礁，初二、十六出水。……入内广山下抛船之处，奥南下妈祖印礁。[3]

> 大坠（即大坠岛，位于福建泉州湾入海口，今属福建省泉州市惠安县张坂镇）宫口有妈祖印礁。……横看加坑尖耽大橄乡并中门礁，北面宫仔口有妈祖印礁，马头密门，即可头起外面过，妈祖印礁西过。[4]

> 洋隔门出船，有妈祖印礁。……香炉屿上北去，鼻北有纺车礁（在福建平潭岛西南部的金盏、银台附近）一块，不可太倚妈祖印礁。……平海（即平海卫，今福建省莆田市秀屿区平海镇平海村）虎角沙奥开有礁生外，水退乾出水，行船不可太倚，抛北风，是涂地。出船之时，东面鼻头有妈祖印礁。[5]

> 再看山步，荦罗门妈祖宫树出芭蕉山南，直入荦罗门。妈祖宫口有妈祖印礁一块沉水。……

---

[1] 陈佳荣、朱鉴秋主编《中国历代海路针经》下册，广东科技出版社，2016，第703页。

[2] 陈佳荣、朱鉴秋主编《中国历代海路针经》下册，第711页。

[3] 陈佳荣、朱鉴秋主编《中国历代海路针经》下册，第711~712页。

[4] 陈佳荣、朱鉴秋主编《中国历代海路针经》下册，第713页。

[5] 陈佳荣、朱鉴秋主编《中国历代海路针经》下册，第716页。

图1 清代泉州佚名《源永兴宝号航海针簿》书影(陈佳荣、朱鉴秋主编《中国历代海路针经》下册,第675页)

黄岐(即福建省福州市连江县东北黄岐半岛的黄岐镇)奥好抛北风。奥口有妈祖印礁。[1]

北边龟镇奥(位于福建省宁德市霞浦县三沙镇东北角),奥口有妈祖印礁一块,水退乾出水。[2]

黄门(在浙江省台州市玉环县)鼻北面有沉水礁,东面亦有拖尾。东去外门亦有妈祖印礁一块,水退七八分出水。……再看山步,龙湾头出黄门东南鼻,是妈祖印礁外过。[3]

雨伞礁内有妈祖印一块,生在横屿尾内,离有二箭远,春水大涝乾有碍也,小船不防矣。[4]

石浦奥(石浦,即浙江省宁波市象山县石浦镇)大门中不可逃台。妈祖宫前倚有妈祖印礁,驶船倚可防。……兴化屿尾有妈祖印礁一列二、三块。[5]

上东北去是关帝屿(当在浙江省宁波市象山县东北面连礁洋一带海域上),关帝屿东南鼻有拖尾礁生开,名曰关帝印礁带,不

---

[1] 陈佳荣、朱鉴秋主编《中国历代海路针经》下册,第724页。
[2] 陈佳荣、朱鉴秋主编《中国历代海路针经》下册,第727页。
[3] 陈佳荣、朱鉴秋主编《中国历代海路针经》下册,第730页。
[4] 陈佳荣、朱鉴秋主编《中国历代海路针经》下册,第732页。
[5] 陈佳荣、朱鉴秋主编《中国历代海路针经》下册,第734页。

可太倚。关帝屿西南势亦有平板礁一块，名曰关帝印礁，驶船不可太倚，流半水，小船就无犯也。[1]

(二) 泉州佚名《石湖郭氏针路簿》抄本

《石湖郭氏针路簿》（图2）收藏于泉州海外交通史博物馆，原收藏者郭庆隆出生于1933年，是今泉州市所辖石狮市蚶江镇石湖村的老船工。

该针路簿有一条"海南往永安针法（并北往粤、闽、浙、江）"的针路，即海南往上海的航线，其中有5处出现冠以神名的"印礁"：

阳江大奥（位于广东省阳江市阳东区东平镇东南）好抛船，打水三、四潜，好逃台。内有流水，又有大王庙甚灵。……若港中开船，北津奥（广东省阳江市阳东区南面的海湾）中有礁，名曰大王印。[2]

遮浪（今属广东省汕尾市城区东部的遮浪街道）奥内有妈祖庙，好抛船。奥口西南有礁，又有妈祖印。[3]

磁头（在福建省晋江市金井镇围头湾一带）宫仔前好抛船。……奥下有妈祖印，网桁门内塘东门口有白沙尾可逃台。……如有妈祖印礁，北看山头尖一员石搭海墘鹿耳礁正，西南看双乳山东一山尖搭甲屿正。[4]

但此平海南进屿，若要对进屿内门入，对进屿入。妈祖宫出，头起离妈祖印，至内山鼻尾，牵落离鼻尾内礁。[5]

黄岐奥有妈祖印礁，上下俱可过。[6]

(三) 窦振彪《厦门港纪事》

《厦门港纪事》系广东高州人窦振彪（1785～1850）提督福建水师所作，成于道光二十三年（1843）前。此书中有3条航线涉及冠以神名的"印礁"。

（1）"南往北敲东各澳深浅目录"，此即海南往广东的航线："洋江大澳（即阳江大澳），好泊船，打水三、四托。澳前有礁打涌，名为'王爷印'。行船可防。"[7]

（2）"洲（舟）山回南埃边针路"，此即浙江舟山往广州的航线："……阿娘澳

---

1 陈佳荣、朱鉴秋主编《中国历代海路针经》下册，第736页。
2 陈佳荣、朱鉴秋主编《中国历代海路针经》下册，第822页。
3 陈佳荣、朱鉴秋主编《中国历代海路针经》下册，第824页。
4 陈佳荣、朱鉴秋主编《中国历代海路针经》下册，第828页。
5 陈佳荣、朱鉴秋主编《中国历代海路针经》下册，第831页。
6 陈佳荣、朱鉴秋主编《中国历代海路针经》下册，第836页。
7 陈峰辑注《厦门海疆文献辑注》，厦门大学出版社，2013，第171页。

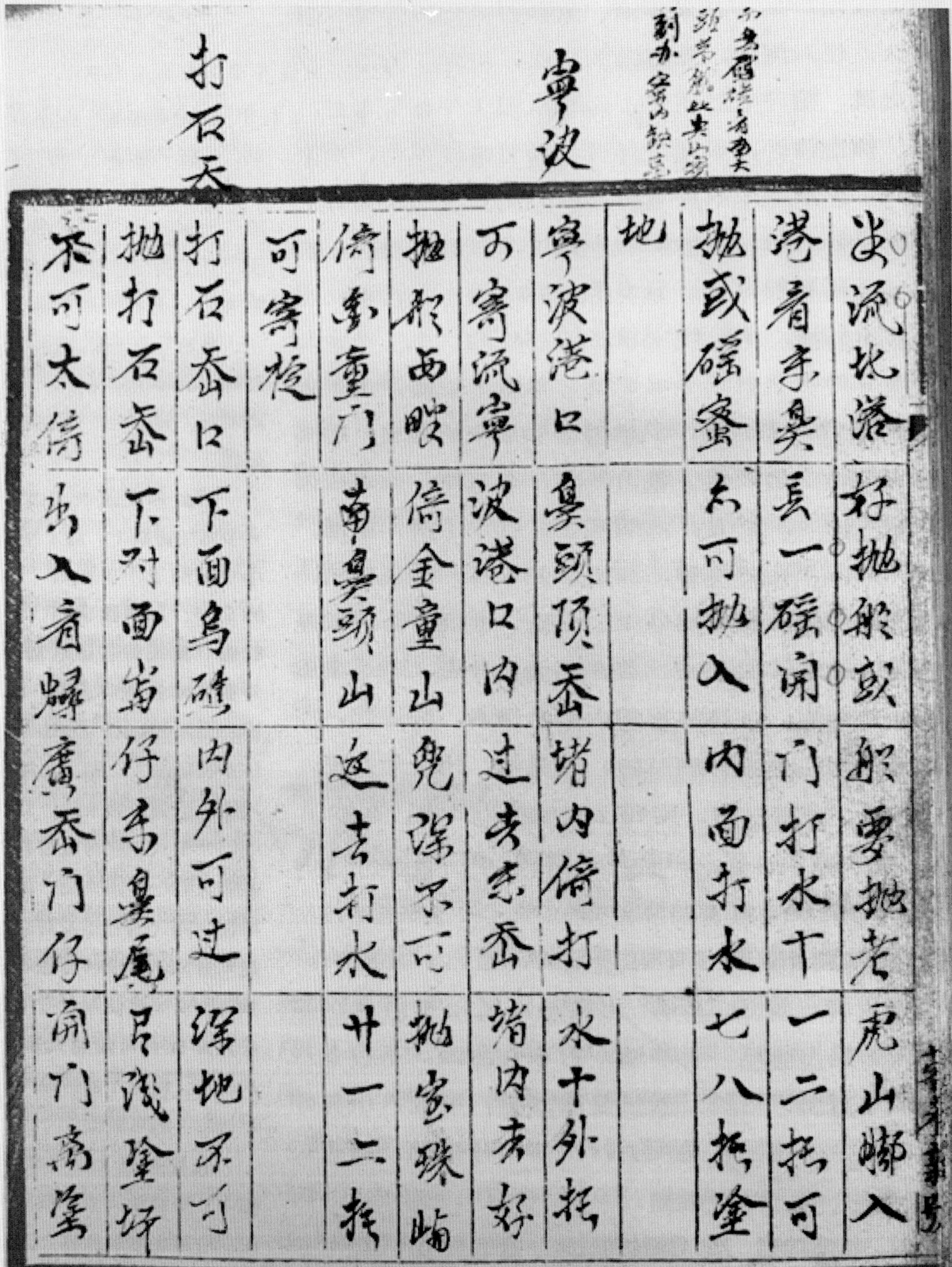

图2　清代泉州佚名《石湖郭氏针路簿》抄本书影（陈佳荣、朱鉴秋主编《中国历代海路针经》下册，第820页）

（当为娘澳湾，在广东省台山市北海湾口西侧、北陡镇的沙咀至尾角南面海湾），用卯酉取阳江大澳。澳内甲寅针路妈祖印一大片，收入下澳到鼻头，用坤艮并申寅妙，神艮。（阳江）大澳，用甲寅取四弼澳（在广东省阳江市东平港至海陵岛一带海域）下妈祖印，可并坤艮。"[1]

（3）"厦门澳头往上海"，此即厦门往上海的航线："去是大坠岽，内有礁名曰'妈祖印'，抛船可防。……上去是魏港（当在福建省莆田市平海湾一带），好抛船。台垵好上去，平海好抛船，出入可防。妈祖印礁，东看挖仔合楼儿乙畔，可头起。"[2]

三 清代海路针经中冠以神明名号的"印礁"及民间信仰的区域特征

民间信仰是指在民间自发流传的庶民信仰，由于其自发性，故区域性特征鲜明，这一点在清代海路针经中也得到反映。从上述三本海路针经的相关记载便可发现，不同海域的"印礁"冠以神明的名号有所不同，广东沿海地区出现了"大王印""王爷印"，浙江普陀地区则出现了"关帝印礁"，而无论是在福建还是在浙江、广东沿海地区都有"妈祖印"，且数量占绝对多数，既反映了妈祖为清代影响最大的海神这一历史事实，也折射出清代海神信仰有一定的区域性特征。

（一）浙江的"关帝印礁"

众所周知，浙江普陀山是观音信仰的道场，因此浙江地区的观音香火也最为旺盛，影响最大。然而，有趣的是在清代海路针经中，浙江沿海海域"印礁"是以关帝名号命名而不是以观音名号命名，其原因何在？

姜彬先生认为，海岛神灵可分为护岛神和巡洋神，护岛神主要负责岛屿上的安危，而岛屿附近海域的安危则由巡洋神去担当。为此，担任巡洋神的，定是武圣神或历史上的名将[3]。也就是说，浙江沿海的关帝信仰与观音信仰略有不同，观音在普陀山被奉为护岛神，而关帝被奉为巡洋神。实际上，关帝被航海者崇拜，并作为"印礁"命名的选项，还有两个原因，一是关帝在明代万历年间被封为"三界伏魔大帝神威远镇天尊关圣帝君"，之后，更是在国家祭典中成为与"文圣"孔子并肩的"武圣"，其影响迅速扩大。二是明初在东南沿海地区设有大量卫、所、水寨，以加强海防。在这些卫、所、水寨中往往建有关帝庙，供水军及其家眷、百姓祭拜，关帝信仰在航海者中的影响逐渐扩大，有些地方

---

1 陈峰辑注《厦门海疆文献辑注》，第 154 页。

2 陈峰辑注《厦门海疆文献辑注》，第 142～143 页。

3 姜彬：《东海岛屿文化与民俗》，上海文艺出版社，2005，第 490 页。

甚至超过妈祖信仰。如福建东山岛建有所城，关帝为当地影响最大的神明，渔船神龛中供奉的神明也多为关帝[1]。航海者需要用关帝的"义"来凝聚船员力量，齐心协力克服惊涛骇浪等种种苦难。

（二）广东阳江的"大王印""王爷印"

在广东阳江附近的海域出现了"大王印"，是广东地区洪圣大王信仰影响的结果。关于广东的洪圣大王信仰，目前有两种较为流行的说法。说法一称洪圣大王本名洪熙，为唐代广州刺史，廉洁爱民，且精通天文地理；曾设立天文气象观测所，使出海渔民及商人广受其益。故其死后受到人们的敬仰和供奉，成为当地的海神。从唐朝开始，历代对其不断加封，唐朝天宝年间（742~756）封为"广利王"，宋朝加封"洪圣""威显"，元朝诏尊为"广利灵孚王"，清朝雍正时（1723~1735）又封为"南海昭明龙王之神"。民间则称之为"广利洪圣大王"。广东全省的洪圣庙、广利庙、南海神庙不下500座，规模大小不一，最大的要属广州东郊的南海神庙，其神诞是农历二月十三日，每年举办隆重的诞会[2]。

说法二认为"大王"是洪圣龙王，即南海洪圣大王，又称洪圣爷或赤帝，其实是南海神和海龙王两位神祇的合称[3]。

而在阳江附近出现名为"王爷印"的礁石，或与闽南地区的王爷信仰有关联，极有可能是闽南沿海地区的民众在此海域活动时将王爷信仰带到广东地区。

明代中后期，由于人口与土地的矛盾日益尖锐，福建出现大规模对外移民的高潮，广东毗邻福建，乃闽南人移居的首选地，王爷信仰也自然随着闽南移民的足迹传播到广东，包括阳江一带。王爷在闽南地区多为驱除瘟疫的神明，每逢端午节或神诞或瘟疫流行，有些地方便会举行送瘟船仪式，即把安奉王爷神像和丰富祭品的"王爷船"，放入海里，使其随洋流漂去，寓意瘟疫被王爷驱赶出海外。那么，驱瘟赶疫的王爷为何能成为海神呢？根本上与王爷船无人驾驶，有时却能迎风破浪，安全航行到台湾省和东南亚一些国家的海边的神奇现象有关[4]。在百姓看来，王爷船能如此神奇，定是王爷船上王爷的法力所致。因此，一些地方的王爷便具备指引航向、保佑航海平安的功能，如石狮市蚶江答王爷就具有保佑航海安全的职能[5]。

---

1 参见林国平、钟建华主编《漳州民间信仰与闽南社会》上册，中国社会科学出版社，2016，第256~304页。

2 王钊宇总纂、岭南文化百科全书编纂委员会编《岭南文化百科全书》，中国大百科全书出版社，2006，第640页。

3 司徒尚纪：《中国南海海洋文化史》，广东经济出版社，2013，第106页。

4 郑衡泌、林国平：《海峡两岸：闽台地缘》，社会科学文献出版社，2015，第230页。

5 中国新闻社泉州支社主编《泉州宗教大观》，香港：中国新闻出版社，2004，第444页。

(三) 闽粤浙沿海的"妈祖印""妈祖印礁"

清朝统治者对妈祖信仰的重视与扶持，加上民间海上贸易的发展，使妈祖信仰达到鼎盛，并使之随着各类人群的活动传播到各地。

妈祖信仰在清代得到国家的重视，重要原因之一是其助战的职能大大加强。无论是在平定沿海的寇乱与反清势力中，抑或是在收复台湾、抵御西方殖民者的入侵中，妈祖都"显灵助战"，成为一个海洋女战神[1]。当然，这与参战者多为妈祖的信奉者有关，这点也可说明，民间信奉妈祖的信众，才是妈祖信仰传播的主力军。清代统治者对妈祖信仰的重视主要表现在对妈祖信仰的历次赐封，"随着收复台湾与琉球外交、漕运等国家大事对妈祖神灵的依赖，清廷对妈祖一再加封，并多次御赐匾额"[2]。妈祖由此成为国家祭祀体系中的重要神灵，妈祖信仰的影响范围不断扩大（图3、图4）。

"妈祖印""妈祖印礁"是妈祖信仰在东南沿海海域传播的一个重要见证。福建的海上活动群体对妈祖信仰传播起着重要的推动作用。由于海上无法预测的风险，福建的渔民、海商都会将神明的香火带到船上，其中妈祖神像是首选，称之为"船仔妈"[3]。在遇到风起浪涌的时候，人们都会跪求妈祖显灵相救，平安回港后也会去妈祖庙酬谢神灵，感谢妈祖在航海过程中的庇护[4]。闽人对于妈祖的信奉十分虔诚，每到一个新的落脚地，都会在当地建造妈祖庙、天妃宫。另外，由于妈祖乃海边的一位女子演变为海神，其慈祥仁爱，有求必应，比原有的南海圣王、伏波神、海龙王等男性海神更具亲和力，故其影响逐渐超过当地原有的海神信仰，成为全国性的海神。记载闽、粤、浙三地海上航线的海路针经中出现多处的"妈祖印""妈祖印礁"，从一个方面反映了清代妈祖信仰在沿海地区已占据主导地位。

四 结语

分析目前所发现的三本清代海路针经，可发现针路中出现了沿海部分礁石以神名命名，并冠以"印""印礁"的现象。这些"印礁"被冠以神名，是所经地区神明信仰的一个表现，折射出清代海神信仰具有一定的区域性特征；出现最多的"妈祖印""妈祖印礁"则体现了清代妈祖信仰在沿海地区已占据主导地位。

---

1 刘福铸：《从清代台湾妈祖宫庙题匾看妈祖的助战功能》，《广东海洋大学学报》2009年第5期，第20～24页。
2 郑丽航：《宋至清代国家祭祀体系中的妈祖综考》，《世界宗教研究》2010年第2期，第131页。
3 蒋维锬、朱合浦主编《湄洲妈祖志》，方志出版社，2011，第350～351页。
4 林国平主编《福建省志·民俗志》，方志出版社，1987，第27页。

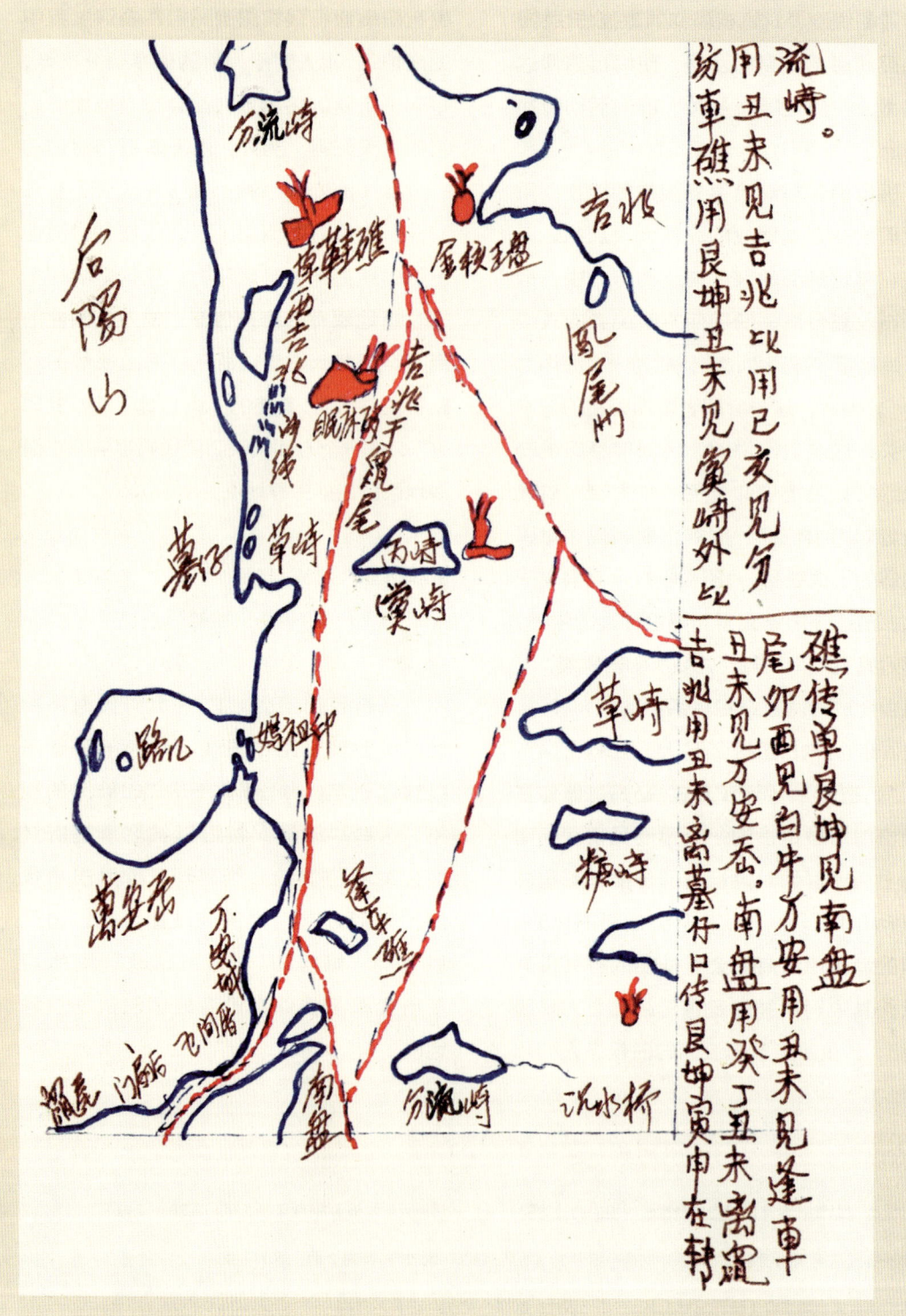

图3 《闽浙针路图解》中海坛海峡附近的"妈祖印"(《闽浙针路图解》,《妈祖文献整理与研究丛刊》第2辑第1册,海峡文艺出版社,2017,第525页)

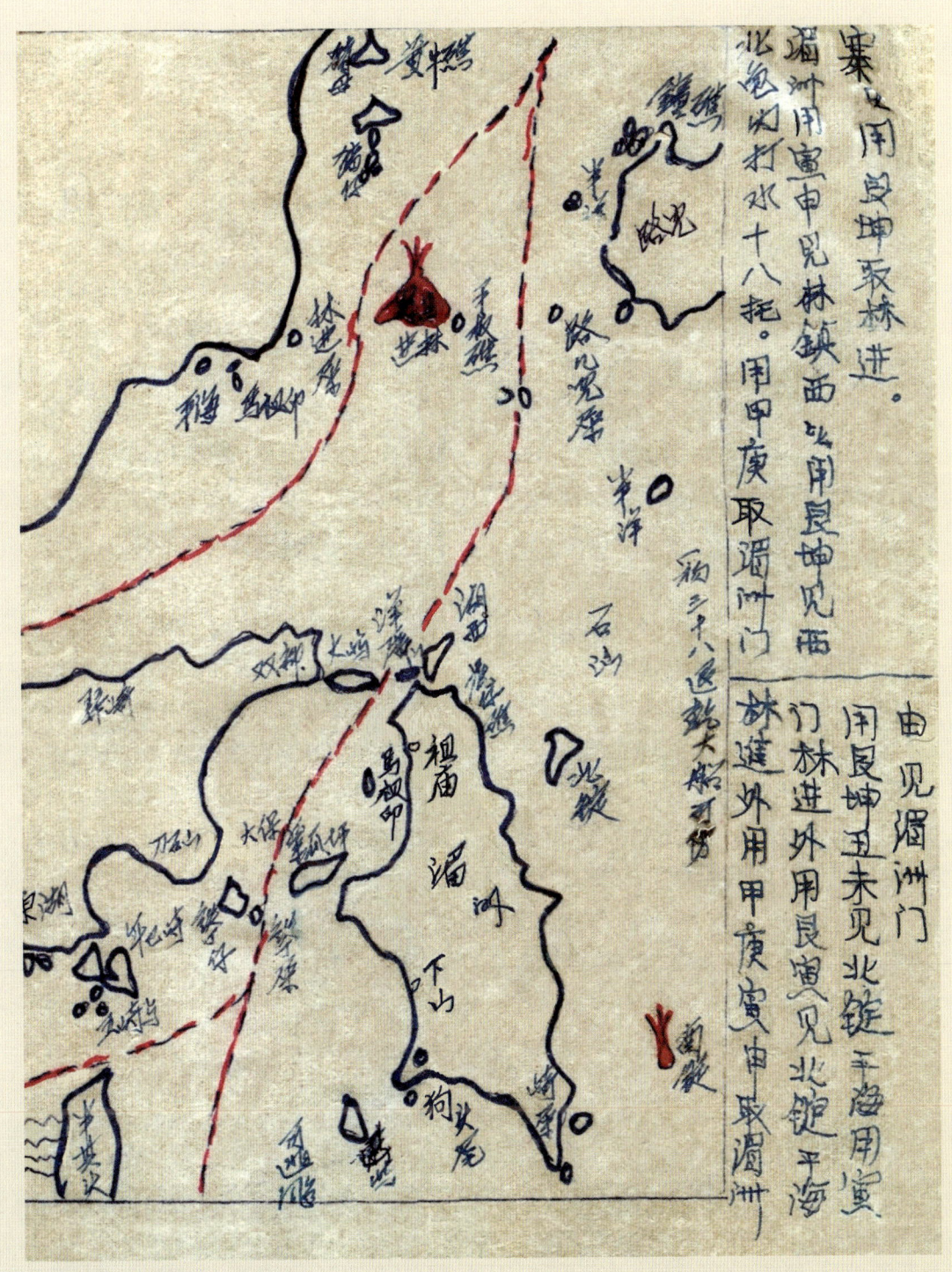

图4 《闽浙针路图解》中湄洲岛附近的"马（妈）祖印"（《闽浙针路图解》，《妈祖文献整理与研究丛刊》第2辑第1册，第523页）

《形象史学》征稿启事

《形象史学》是由中国社会科学院历史研究所文化史研究室主办、面向海内外征稿的中文集刊，每年出版两辑。凡属中国古代文化史研究范畴的专题文章，只要内容充实，文字洗炼，并有一定的深度和广度，均在收辑之列。尤其欢迎利用历史上流传下来的各类形象材料进行专题研究的考据文章，以及围绕中国古代文化史学科建构与方法探讨的理论文章。此外，与古代丝路文化和碑刻文献研究相关的文章，亦在欢迎之列。具体说明如下。

一、本刊常设栏目有名家笔谈、理论探讨、器物与图像、考古与文献、妈祖文化与海洋史研究等，主要登载专题研究文章，字数以2万字以内为宜。对于反映文化史研究前沿动态与热点问题的综述、书评、随笔，以及相关领域国外学者的最新研究成果（须提供中文译本），亦适量选用。

二、来稿文责自负。请提供word电子版，使用简化字（请参照国家语言文字工作委员会1986年重新发布的《简化字总表》）。如为打印稿，须同时提供电子版。文中附图须提供清晰的照片、底片或翻转片（图片大小应在3M以上），并确保无版权争议。

三、来稿章节层次应清晰明了，序号一致，不建议采用英文、拉丁文等字母（包括大小写）标列序号，建议采用汉字数字、阿拉伯数字。举例如下。
第一级：一 二 三；
第二级：（一）（二）（三）；
第三级：1. 2. 3.；
第四级：（1）（2）（3）。

四、中国历代纪年（1912年以前）在文中首次出现时，须标出公元纪年。涉及其他国家的非公元纪年，亦须标出公元纪年。如清朝康熙六年（1667），越南阮朝明命元年（1820）。

五、来稿请采用脚注，如确实必要，可少量采用夹注。引用文献资料、古籍须注明朝代、作者、书名、卷数、篇名、版本；现当代出版的论著、图录等，须注明作者（或译者、整理者）、书名、出版者、出版年、页码等；期刊论文则须注明作者、论文名、刊物名称、卷期等。同一种文献被再次或多次征引时，只须注出书名（或论文名）、卷数、篇名、页码即可。外文文献标注方法以目前通行的外文书籍及刊物的引用规范为准。具体格式举例如下。

（1）（清）张金吾编《金文最》卷一一，光绪十七年江苏书局刻本，第18页b。

（2）（元）苏天爵辑《元朝名臣事略》卷一三《廉访使杨文宪公》，姚景安点校，中华书局，1996，第257～258页。

（3）（清）杨钟羲：《雪桥诗话续集》卷五上册，辽沈书社，1991年影印本，第461页下栏。

（4）金冲及：《二十世纪中国史纲（简本）》上册，社会科学文献出版社，2012，第295页。

（5）苗体君、窦春芳：《秦始皇、朱元璋的长相知多少——谈中学〈中国历史〉教科书中的图片选用》，《文史天地》2006年第4期，第46页。

（6）林甘泉：《论中国古代民本思想及其历史价值》，《光明日报》2003年10月28日。

（7）Marc Aurel Stein, *Serindia* (London: Oxford Press, 1911), p.5.

（8）Cahill, Suzanne, "Taoism at the Song Court: The Heavenly Text Affair of 1008," *Bulletin of Sung-Yuan Studies* 16(1980): 23-44.

六、来稿一律采用匿名评审，自收稿之日起三个月内，将通过电话或电子邮件告知审稿结果。稿件正式刊印后，将赠送样刊两本。

七、本刊地址：北京市建国门内大街5号中国社会科学院历史研究所，邮编：100732。联系电话：010-85196443。电子邮箱：xxshx2011@yeah.net。

图书在版编目(CIP)数据

形象史学.2017.下半年：总第十辑 / 刘中玉主编
. -- 北京：社会科学文献出版社，2018.6
　ISBN 978-7-5201-2551-2

　Ⅰ.①形… Ⅱ.①刘… Ⅲ.①文化史 - 中国 - 文集
Ⅳ.①K203-53

中国版本图书馆CIP数据核字（2018）第073888号

形象史学　2017下半年（总第十辑）

主　　办 / 中国社会科学院历史研究所文化史研究室
主　　编 / 刘中玉

出 版 人 / 谢寿光
项目统筹 / 郑庆寰
责任编辑 / 郑庆寰　徐成志

出　　版 / 社会科学文献出版社·皮书出版分社 (010) 59367127
　　　　　 地址：北京市北三环中路甲29号院华龙大厦　邮编：100029
　　　　　 网址：www.ssap.com.cn
发　　行 / 市场营销中心 (010) 59367081　59367018
印　　装 / 北京盛通印刷股份有限公司
规　　格 / 开　本：787mm×1092mm 1/16
　　　　　 印　张：14.25　字　数：280千字
版　　次 / 2018年6月第1版　2018年6月第1次印刷
书　　号 / ISBN 978-7-5201-2551-2
定　　价 / 78.00元

本书如有印装质量问题，请与读者服务中心（010-59367028）联系

▲ 版权所有　翻印必究